PHILIPPIKA
Marburger altertumskundliche Abhandlungen 40

Herausgegeben von
Joachim Hengstl, Torsten Mattern,
Robert Rollinger, Kai Ruffing
und Orell Witthuhn

2010
Harrassowitz Verlag · Wiesbaden

Staatsverträge, Völkerrecht und Diplomatie im Alten Orient und in der griechisch-römischen Antike

Herausgegeben von
Martin Lang, Heinz Barta
und Robert Rollinger

2010
Harrassowitz Verlag · Wiesbaden

Schriftführender Herausgeber: Robert Rollinger

Gedruckt mit Untersützung des Bundesministeriums für Wissenschaft und Forschung, Wien sowie der Universität Innsbruck.

Bibliografische Information der Deutschen Nationalbibliothek
Die Deutsche Nationalbibliothek verzeichnet diese Publikation in der Deutschen Nationalbibliografie; detaillierte bibliografische Daten sind im Internet über http://dnb.d-nb.de abrufbar.

Bibliographic information published by the Deutsche Nationalbibliothek
The Deutsche Nationalbibliothek lists this publication in the Deutsche Nationalbibliografie; detailed bibliographic data are available in the internet at http://dnb.d-nb.de.

Informationen zum Verlagsprogramm finden Sie unter
http://www.harrassowitz-verlag.de

Gedruckt auf alterungsbeständigem Papier.
Druck und Verarbeitung: Hubert & Co., Göttingen
Printed in Germany

ISSN 1613-5628
ISBN 978-3-447-06304-3

Inhalt

Einleitung

Martin Lang, Innsbruck

Mit dem vorliegenden Band gelangen die Akten der nunmehr vierten Innsbrucker Tagung „Lebend(ig)e Rechtsgeschichte“ zur Veröffentlichung. Die für 7.-9. Mai 2008 anberaumte Konferenz hatte zum Ziel, den interdisziplinären Austausch über das Wesen von internationalen Beziehungen, von diplomatischem Austausch und von Staatsverträgen zu intensivieren und zu pflegen. In den Diskussionen zu den Beiträgen waren häufig zwei thematische Komplexe greifbar: Zum einen wurde immer wieder die Frage über die Rechtsnatur bilateraler Verträge im Altertum aus komparatistischer Perspektive gestellt, zum anderen wurden strukturelle Parallelen zum modernen Völkerrecht angesprochen.

Ein Grundsatz der Tagungsreihe ist, jungen Wissenschaftlerinnen und Wissenschaftlern eine Möglichkeit zur Präsentation ihrer Arbeiten zu geben. Alessandro Hiratas Beitrag über die alexandrinischen Dikaiomata war als Vorstellung seines Dissertationsprojekts gedacht und führt demnach über die thematische Grenzziehung der Tagung hinaus. Von der breiten Palette der im Tagungsprogramm angeführten Vorträge konnten bedauerlicherweise vier nicht zur Veröffentlichung gelangen, sodass die entwicklungsgeschichtlich wichtigen Zeugnisse des dritten, vorchristlichen Jahrtausends aus Ebla, die Dokumente der neuassyrischen Epoche, die Politik der Achaimenidenherrscher sowie das reiche Material über Politik und Diplomatie Roms mit den Parthern und Sasaniden hier nicht zur Sprache kommen. Die Herausgeber sind dennoch zuversichtlich, dass die Beiträge den einen oder anderen „fresh look“ auf das Thema der internationalen Beziehungen im Altertum zu geben imstande sind.

Für die Erstellung des Orts- und Namensverzeichnisses sind wir Frau Simone Heimerl sehr zu Dank verpflichtet. Für die großzügige Unterstützung bei der Finanzierung der Drucklegung richten wir unseren Dank an die Universität Innsbruck sowie das Bundesministerium für Wissenschaft und Forschung der Republik Österreich.

Eröffnungsrede

Heinz Barta, Innsbruck

Sehr geehrte Damen und Herren,
Ich freue mich, Sie namens der Veranstalter zur 4. Innsbrucker Tagung „Lebend(ig)e Rechtsgeschichte“ begrüßen zu dürfen. Allen die zum Gelingen dieser Tagung beigetragen haben, danken wir herzlich; ganz besonders gilt das für die Vortragenden.

Wir gehen auch dieses Mal (mit dem gewählten Thema) bewusst über das Privatrecht und Strafrecht hinaus und beziehen Völkerrecht, Staatsverträge und Diplomatie ein. Diese Rechts- und Politikgebiete werden von den Referenten und unserer Referentin für verschiedene Gebiete und Epochen des Alten Orient, Griechenlands und Roms beleuchtet. Ich selbst werde über „Die Entstehung von Rechtsgefühl und Rechtsbewusstsein“ sprechen, ein Thema, das nicht auf Anhieb einen Zusammenhang mit dem Schwerpunktthema erkennen lässt, obwohl ein solcher besteht. Ich will hier nur so viel andeuten: Das Völkerrecht steht nicht am Beginn der Rechtsentwicklung (in einem Gemeinwesen), sondern setzt eine beachtliche inner(staatlich)e Rechtsentwicklung voraus. Die mehr oder weniger ausgeprägte Völkerrechtspraxis lässt daher Rückschlüsse auf das historische Entwicklungsniveau eines Gemeinwesens zu.

Im Oktober 2004 fand die erste Tagung mit dem Titel „Lebend(ig)e Rechtsgeschichte“ statt; der Untertitel lautete: „Beispiele Antiker Rechtskulturen: Ägypten, Mesopotamien und Griechenland“. Schon damals war es unser Ziel, über das römische Recht hinaus zu gehen und auch Griechenland und den Alten Orient einzubeziehen, schon damals referierten Schafik Allam, Hans Neumann und Robert Rollinger. Veranstalter dieser ersten Tagung waren Theo Mayer-Maly, Fritz Raber und ich. – Ich darf bei dieser Gelegenheit daran erinnern, dass Theo Mayer-Maly im Dezember des Jahres 2006 verstorben ist, und möchte ihm für sein fachliches Interesse und seine freundschaftliche Unterstützung danken. Fritz Raber ist mittlerweile im Ruhestand. – Der Tagungsband ist 2005 im LIT-Verlag (Wien) erschienen.

Die zweite Tagung fand im Oktober 2005 statt, Veranstalter waren Robert Rollinger und ich. – Der präzisierende Schwerpunkttitel lautete: „Rechtsgeschichte und Interkulturalität: Zum Verhältnis des östlichen Mittelmeerraums und ‚Europas‘ im Altertum“. Neben den Veranstaltern referierten erneut Schafik Allam und Hans Neumann sowie Herbert Niedermayer, Gerhard Thür und Ingomar Weiler. Der Tagungsband ist 2007 bei Harassowitz erschienen.

Die dritte Tagung fand im Dezember 2006 statt. Das Schwerpunktthema lautete: „Menschliche und göttliche Gerechtigkeitsvorstellungen in den antiken Welten“. –

Eröffnet wurde diese Tagung von Frau Vizerektorin Margaret Friedrich und als Referenten dabei waren neben Winfried Schmitz, Karlheinz Kessler, Martin Lang, Joachim Quack, Josef Wiesehöfer und Janni Lanfranchi erneut Schafik Allam und Hans Neumann – Philipp Scheibelreiter, der auch dieses Mal wieder vorträgt, hielt den Eröffnungsvortrag und stellte sein Wiener Dissertationsprojekt vor: „Rechtspraktiken im Kontext des attisch-delischen Seebundes". Wir haben uns nämlich vorgenommen am Beginn unserer Tagungen Nachwuchswissenschaftler/innen zu Wort kommen zu lassen. Auch dieses Jahr konnten wir diese Zielsetzung mit Alessandro Hirata verwirklichen. Der Tagungsband ist 2008 wieder bei Harassowitz erschienen.

Über die diesjährige 4. Innsbrucker-Tagung wird Robert Rollinger einige Worte an Sie richten. – Ehe ich ihm das Wort übergebe, möchte ich daran erinnern, dass mit dem Tagungstitel „Lebend(ig)e Rechtsgeschichte" zum Ausdruck gebracht werden soll, dass die Rechtsgeschichte – trotz des allenthalben festzustellenden Rückzugs aus den akademischen Studienplänen immer noch lebt und eine ‚lebendige' Disziplin sein kann. Dafür braucht es Interdisziplinarität, die wir durch die Zusammenarbeit zwischen rechts- und geisteswissenschaftlichen und anderen Bereichen fördern wollen. – Mein Anliegen diese Veranstaltungsreihe ins Leben zu rufen war es, sowohl das griechische als auch das altorientalische rechtsgeschichtliche Denken zu fördern – also über Rom hinauszugehen und dadurch das Rechtsdenken in der Alten Geschichte und Altorientalistik wieder zu beleben; „wieder" insofern, weil dies unter den großen österreichen Rechtshistorikern des ausgehenden 19. und der ersten Hälfte des 20. Jahrhunderts schon einmal der Fall war. Die Namen Ludwig Mitteis, Egon Weiss, Leopold Wenger, Paul Koschaker und Arthur Steinwenter sind nicht vergessen. – Auch wir wollen als Veranstalter in bescheidenem Maße deren Zielsetzungen aufgreifen und weiterentwickeln.

Grundlagen

Zum Entstehen von Rechtsbewusstsein und Rechtsgefühl

Heinz Barta, Innsbruck

Die ‚Goldene Regel' als Rechtsprinzip

Geschichte und Rechtsgeschichte laufen immer wieder Gefahr, den Wald vor lauter Bäumen nicht zu sehen, womit gemeint ist: Disziplinäre Grundfragen dürfen, ob der vielen Einzelprobleme, die es rechtsgeschichtlich zu lösen gilt, nicht vernachlässigt werden. – Ich behandle daher nicht zufällig ein Grundlagenproblem: Die Frage des Entstehens von Rechts- oder Unrechtsbewusstsein oder – wie es auch genannt wird – von Rechtsgefühl oder Rechtsgesinnung. Dabei geht es mir nicht um ein zeitliches Festlegen dieses Phänomens,[1] sondern um die (nur interdisziplinär beantwortbare) Frage, ob Rechtsbewusstsein dem Menschen angeboren ist, also zu seiner Erbausstattung gehört – oder ob es sich dabei um eine kulturell-evolutionäre Errungenschaft des Menschen handelt. Ich behandle nicht alle Fragen in diesem Umfeld, sondern greife aus der umfangreichen Literatur Beispiele heraus und stelle eigene Überlegungen an. Ich gehe aber davon aus, dass es so etwas wie Rechtsbewusstsein und Rechtsgefühl gibt, obwohl auch das bezweifelt werden kann. – Eine Verbindung zum Tagungsthema ‚Völkerrecht, Staatsverträge und Diplomatie' besteht insofern, als auch die Goldene Regel der Entwicklungslinie folgt, wonach Rechtsgefühl zuerst in kleinen, ‚gewachsenen' Gemeinschaften (von ‚unten' nach ‚oben') entsteht und von hier aus – stark zeitverschoben – auf die Außenbeziehungen einer Gemeinschaft übertragen wird. Ich entwickle dazu eine Hypothese.

Gustav Rümelin

Die Frage, was Recht ist und wo Unrecht beginnt, trieb Menschen immer wieder und schon früh um.[2] Aber jede Zeit muss das, was sie für gerecht hält, nicht in jeder,

1 Diese Entwicklungen sind zeitlich und räumlich sehr unterschiedlich verlaufen.

2 Ich gehe darauf in ‚Graeca non leguntur'? Kapitel IX, insbesondere Pkt. 7 ein. Kapitelverweise beziehen sich auf dieses Werk, das sich in Druckvorbereitung befindet und dessen erster Band

aber doch in mancher Hinsicht neu bestimmen. In Fragen wie dieser ist man aber gut beraten, sich nicht nur von (rechts)philosophischer Spekulation, sondern von Rechts-Tatsachen leiten zu lassen.[3] – Das zeigt etwa die Kanzlerrede Gustav Rümelins (aus dem Jahre 1875), der für das Entstehen des menschlichen Rechtsgefühls noch von Voraussetzungen ausgeht, die heute nicht mehr aufrecht erhalten werden können. Rümelin unterschied drei Klassen „von humanen Trieben" (Mitgefühl, Erkenntnistrieb und Ordnungstrieb), die das Entstehen eines menschlichen Rechtsgefühls bewirkt haben sollen.[4] – Ich versuche, gewarnt durch Rümelins Annahmen, mich mit Vorsicht und Realitätssinn meinem Thema zu nähern. Für Rümelin stammen die sittlichen Anlagen der menschlichen Natur und die dem Rechtsgefühl innewohnende Idee des Guten, „aus einem ursprünglichen Trieb und festen Willensansatz der menschlichen Natur, der sich, wie die anderen höheren Anlagen,[5] erst allmählich im Lauf der Jahrtausende zur vollen selbständigen Entwicklung seines Wesens herauf[ge]arbeitet" hat. Rümelin befindet sich damit – cum grano salis – überraschender Weise in Übereinstimmung mit dem Begründer der Vergleichenden Verhaltensforschung Konrad Lorenz, der – angeregt durch Juristenmeinung (!) – ebenfalls vermutet hat, dass es sich beim Rechtsgefühl um eine dem Menschen angeborene Anlage handelt. – Homer und der verstorbene Innsbrucker Althistoriker Franz Hampl, belehren uns eines Besseren und bewahren vor einem ‚idealistischen' Irrtum.

Konrad Lorenz

Nach Meinung von Lorenz (und der Vergleichenden Verhaltensforschung) besitzt der Mensch als „Sozietätsmitglied höchst spezifische Reaktionsweisen, mit denen [er] auf asoziales Verhalten anspricht". Nach Lorenz empört sich jeder Mensch darüber, „wenn er Zeuge wird, wie ein Kind misshandelt oder eine Frau vergewaltigt wird". Eine vergleichende Untersuchung der Rechts-Struktur verschiedener Kulturen zeige eine Übereinstimmung, die bis in Einzelheiten geht und sich nicht aus kulturhistorischen Zusammenhängen erklären lässt.[6] Der Glaube an die Existenz eines von kulturgebundener Gesetzgebung unabhängigen Naturrechts sei – so Lorenz – offenbar von alters her mit der Vorstellung verbunden, dass dieses Recht „außernatürlicher, unmittelbar göttlicher Herkunft" sei.[7] – Lorenz spielt hier offenbar mit

bereits in Druck gegangen ist.

3 Zu erinnern ist deshalb daran, dass Rechtsgeschichte eine empirische Disziplin ist.

4 1875/1948, 9 ff. – Wie K. Lorenz (in: ‚Die Rückseite des Spiegels') und K. Meuli (1946, 251 und dazu in Kapitel I 7 von ‚Graeca': ‚Die Griechischen Opferbräuche') gezeigt hat, sind diese ‚humanen Triebe' nicht angeborenen.

5 Für Rümelin sind das Religion und Moral, Kunst und Wissenschaft: aaO 17.

6 Lorenz zitiert den Satz Goethes: „Vom Rechte, das mit uns geboren ist, von dem ist, leider, nie die Frage."

7 K. Lorenz 1973/2005[33], 53. – Die Naturrechtsvorstellungen von K. Lorenz waren schon zur

dem Gedanken, an die Stelle alter, naturrechtlich-religiöser Vorstellungen, seine Auffassung von Natur setzen zu können und berichtet von einem „merkwürdigen Zusammentreffen": Er habe an dem Tag, als er gerade dieses Kapitel von *„Die acht Todsünden der zivilisierten Menschheit"* (1973) zu schreiben begann, einen Brief von dem „vergleichenden Rechtswissenschaftler Peter H. Sand" erhalten, der ihm u. a. folgendes geschrieben habe:

„Neuere rechtsvergleichende Untersuchungen beschäftigen sich zunehmend mit den Struktur-*Ähnlichkeiten* zwischen verschiedenen Rechtssystemen der Welt (so zum Beispiel ein vor kurzem veröffentlichtes Team-Projekt der Cornell-Universität, 'Common Core of Legal Systems'). Für die tatsächlich relativ zahlreichen Übereinstimmungen wurden bisher hauptsächlich drei Erklärungen angeboten:[8] [1.] eine *metaphysisch-naturrechtliche* (entsprechend den Vitalisten in der Naturwissenschaft), [2.] eine *historische* (Ideenaustausch durch Diffusion und Kontakt zwischen den verschiedenen Rechtssystemen, d. h. also durch Imitation erlerntes Verhalten) und [3.] eine *ökologische* (Anpassung an Umweltbedingungen bzw. Infrastruktur, d. h. also durch gemeinsame Erfahrung erlernte Verhaltensweisen). [4.] Dazu tritt nun in allerjüngster Zeit eine *psychologische* Erklärung des gemeinsamen 'Rechtsgefühls' (Instinktbegriff!) aus typischen Kindheitserfahrungen, in direkter Berufung auf Freud (so vor allem Prof. Albert Ehrenzweig in Berkeley mit seiner 'psychoanalytischen Jurisprudenz').[9] Wesentlich an dieser Neuorientierung ist die Erkenntnis, dass hier das soziale Phänomen 'Recht' auf Individualstrukturen zurückgeführt wird, nicht umgekehrt wie in der traditionellen Rechtstheorie. Bedauerlich ist dagegen m. E. die fortdauernde Betonung *erlernter* Verhaltensweisen und die Vernachlässigung möglicher *angeborener* Verhaltensweisen im Recht. Nach der Lektüre Ihrer gesammelten Abhandlungen (teils hartes Brot für einen Juristen!) bin ich fest davon überzeugt, dass es sich bei diesem mysteriösen 'Rechtsgefühl' (das Wort läßt sich übrigens weit in die ältere Rechtstheorie zurückverfolgen, aber ohne Erklärung) weitgehend um typische angeborene Verhaltensweisen handelt."

Soweit Sands Brief. – Lorenz bemerkt dazu:

> „Ich teile diese Anschauung durchaus, bin mir aber der großen Schwierigkeiten ihres zwingenden Nachweises, auf die Herr Prof. Sand in seinem Brief ebenfalls hinweist, völlig bewußt."[10]

Zeit der Publikation des genannten Werks nicht auf der Höhe der Zeit, war doch die Vorstellung eines göttlichen Naturrechts längst passé. Modernes Naturrechtsdenken ist seit der zweiten Hälfte des 18. Jhs. Kulturrechtsdenken und damit weder ewig, noch in allem unveränderlich. Ich verweise dazu auf meine Ausführungen, in: Barta/Palme/Ingenhaeff 1999, 15 ff und in: Barta/Pallaver 2007, 81 ff, insbesondere 127 ff.

8 Die Nummerierung in eckiger Klammer stammt ebenso von mir wie die Kursivsetzungen.

9 Gemeint in das Buch von Albert A. Ehrenzweig: ‚Psychoanalytische Jurisprudenz' (1973).

10 1973/2005[33], 54.

Auf Seite 58 f seines – verglichen mit anderen Publikationen – stark popularisierenden Werks die ‚8 Todsünden der zivilisierten Menschheit' legt Lorenz ‚ein Schäuferl' nach:

> „Zweifellos ist das ‚mysteriöse Rechtsgefühl', von dem P. H. Sand spricht, ein System genetisch verankerter Reaktionen, die uns gegen asoziales Verhalten von Artgenossen einzuschreiten veranlassen. Sie geben die in historischen Zeiträumen [?] unwandelbare [?] Grundmelodie an, um die herum die unabhängig voneinander entstandenen Rechts- und Moralsysteme der einzelnen Kulturen komponiert worden sind."

Lorenz schränkt anschließend erneut ein:

> „Ganz zweifellos ist die Wahrscheinlichkeit krasser Fehlleistungen dieses unreflektierten Rechtsgefühles ebenso groß wie bei nur irgendeiner instinktiven Reaktionsweise."[11]

Ich versuche anschließend zu zeigen, dass das menschliche Rechtsgefühl nicht als angeborene ‚instinktive Reaktionsweise' ‚krassen Fehlleistungen' ausgesetzt ist, sondern dass es sich dabei um eine kulturelle Entwicklung handelt, die erst spät ‚Früchte' getragen hat und bis heute nicht abgeschlossen (und daher von Rückfällen bedroht) ist. – Für Lorenz ist das mit dem Begriff ‚Rechtsgefühl' benannte „Wirkungsgefüge unserer sozialen Verhaltensweisen so unentbehrlich wie die Schilddrüse für das unserer Hormone", also etwas natürlich Gewachsenes.[12] Am Ende seines Exkurses zum ‚Rechtsgefühl' konstatiert Lorenz:

> „Es liegt die Annahme nahe, dass unsere Rechtsgefühle[13] ebenfalls auf einer phylogenetisch programmierten Anlage beruhen, deren Funktion es ist, der Infiltration der Sozietät durch asoziale Artgenossen entgegenzuwirken."[14]

Meines Erachtens handelt es sich hierbei gar nicht nur um ‚Gefühle', sondern – wenigstens überwiegend – um kulturell gewachsene Verhaltensmuster und Einsichten, die allerdings gefühlsmäßig unterlegt sein können. Das spricht für ein Zusammenwirken von Phylogenese (Stammesgeschichte) und Ontogenese (Einzelentwicklung). – Soviel zunächst zu Konrad Lorenz.

11 Der Vergleich von Rechtsgefühl und Instinkt ist verräterisch. Lorenz räumt zwar ‚Fehlleistungen' in beiden Bereichen ein, setzt aber gerade dadurch beide gleich!

12 Auch darin liegt eine Einordnung des Rechtsgefühls in unsere natürliche menschliche Ausstattung.

13 Lorenz verwendet hier den Plural und spielt damit vielleicht auf eine psychologische Fundierung des menschlichen Rechtsgefühls an.

14 1973/2005[33], 62 f.

Homer

Die Rückgriff auf Homer ist nicht nur rechtshistorisch, sondern auch für andere Disziplinen – also interdisziplinär, vielleicht auch naturwissenschaftlich – wertvoll; denn er lässt erkennen, dass noch in historischer Zeit – nämlich bei den frühen Griechen und dann, wie wir sehen werden, auch noch bei den Römern! – jener Lernprozess der Menschheit, an dessen Ende das sogenannte Rechtsgefühl (verstanden als kulturell entwickeltes Rechtsbewusstsein i. S. d. Goldenen Regel) steht, noch im Entstehen begriffen – also keinesfalls abgeschlossen war. Hier eine ausschließlich phylogenetische menschliche Anlage anzunehmen (verstanden im Sinne einer über kleinste menschliche Gemeinschaften hinausreichenden generellen sozialen Verhaltensprogrammierung), scheidet meines Erachtens mit hoher Wahrscheinlichkeit aus.[15] – Man kann dieses Ergebnis vermeiden, wenn man Homers Schilderungen als unglaubwürdig und historisch unzuverlässig abtut.[16] Allein dagegen spricht die neuere Homerforschung, die Homers Aussagen grundsätzlich ernst nimmt;[17] und dies bei allen Unterschieden der Interpretation. Auch Franz Hampl hat diese Aussagen Homers nicht angezweifelt.

Die Goldene Regel[18] ist – wie ich zeigen werde – zur Zeit von Homers ‚Odyssee' (und das umfasst, je nach Standpunkt,[19] den Zeitraum zwischen ~ 750 und etwa 650 v. C.) noch in Entstehung begriffen; und das heißt, wie die folgenden Odysseestellen zeigen, noch nicht voll (in ihrem typisch reziproken Verständnis) entwickelt; denn auf der einen Seite zeigen sich erste Ansätze ihrer Formulierung,[20] während auf der anderen Seite das Selbstverständnis und das in der eigenen Gemeinschaft (noch) anerkannte – auf alten Werten beruhende – Handeln des Odysseus und anderer Akteure der ‚Odyssee' ein anderes ist. – Das lehrt uns, wie lange die kulturell-soziale Entwicklung zur Goldenen Regel benötigte, ehe sie zu dem wurde, was sie heute ist! Der individuelle und der Gruppenegoismus waren zu Homers Zeit noch stark! Das zeigt sich bei Homer darin, dass der ‚Listenreiche' bei ‚seinen' Leuten noch reüssiert, obwohl sein Verhalten auch innerhalb der Griechen bereits Probleme verursachte; man denke an Aias[21] und insbesondere Palamedes.[22] Philippidis[23] weist für die Antike zu Recht darauf hin, dass sich in der älteren Periode das „ethische Ver-

15 Die Ansicht von K. Lorenz und der Vergleichenden Verhaltensforschung ist hier – soweit sie noch aufrechterhalten wird – zu korrigieren. – Ich führe meine Auseinandersetzung mit Lorenz nach der Darstellung der Homerstellen (und in Kapitel IX 1 von ‚Graeca') fort.

16 Diese Überlegungen sind von unterschiedlichen Homerdatierungen ebenso unabhängig, wie davon, ob Homers Erfahrungen aus seiner eigenen oder aus älterer Zeit stammen.

17 Das gilt für J. Latacz (2001 noder 2003) wie R. Schrott (2008a und b).

18 Dazu anschliessend ab Anm. 56.

19 Der Bogen reicht von J. Latacz, über Ch. Ulf, bis zu B. Patzek und R. Schrott.

20 Vgl. den Hinweis in Anm. 64: Odyssee V 188 f (Kalypso).

21 Dazu in ‚Graeca': Kapitel II 19: ‚Abspaltungen vom Totenteil: Heergewäte und Gerade'.

22 Zu Palamedes ‚Graeca': Kapitel VII 5: ‚Platon und die Rhetorik' unter Hinweis auf Buchheim 1989, 174 und Hose 2008, 123.

23 1929, 42 f.

halten des antiken Menschen nach dem Grundsatz richtet, dass der Freund durch Wohltaten, der Feind durch Schadentun zu übertreffen, zu belohnen bzw. zu bestrafen sei.“ Dabei falle der „Feind mit dem Nichtlandsmann zusammen“. Daher sei zu beachten:

„Finden wir daher in der älteren antiken Literatur den Gedanken der goldenen Regel, so haben wir immer dabei zu bedenken, daß sie doch nur innerhalb des Kreises gilt, dem der Anhänger oder Vertreter der goldenen Regel angehört. Erst in einer zweiten Periode, die sich natürlich zeitlich nicht durch eine scharfe Linie von der ersten [ab]grenzen lässt, finden wir, was man Kosmopolitismus zu nennen pflegt. Der Mensch wird lediglich als Mensch in Betracht gezogen und ist herausgefallen aus den Bindungen der Sippe, des Stammes und Volkes. Dabei gewinnt dann natürlich eine ethische Regel einen ganz anderen Sinn, eine viel umfassendere Anwendungsmöglichkeit.“

Das ‚Rechtsgefühl' früher Griechen und Römer

Franz Hampl berichtet in einem von vorbildlicher Wissenschaftseinstellung getragenen Aufsatz, ‚Stoische Staatsethik und frühes Rom' (1957),[24] von der frühen griechischen und römischen Seeräuberei/Piraterie.[25] Das Motiv für Raubzüge zur See war persönliches Gewinnstreben – um nicht zu sagen: Habgier – verbunden mit erhofftem Prestigegewinn innerhalb der eigenen Gruppe etc. (durch Mehrung des Reichtums) und mitunter wohl auch die Versorgung der Gemeinschaft mit lebensnotwendigen Gütern.[26] Noch Aristoteles[27] bezeichnet den (auch bloß privaten) Krieg seinem Ursprung und seiner Natur nach als ‚Erwerbsart' – wie die Landwirtschaft, die Fischerei uam., der sich ganze Völkerschaften verschrieben hatten.[28]

Auf die Bedeutung des ‚Raubes' und die verbreitete Anschauung, dass er in der Frühzeit weder für widerrechtlich, noch für unmoralisch gehalten wurde, sondern noch in homerischer Zeit einen legitimen Erwerbsgrund darstellte, hat schon E. F.

24 Dazu auch in den Kapiteln X 5: ‚Graeca leguntur und VI 1 von ‚Graeca' (im Rahmen meines Eingehens auf wissenschaftsgeschichtliche Zusammenhänge).

25 Dazu auch in Kapitel II 19: ‚Eigentumserwerb an Fahrnis' und die dort angeführte Literatur; thematisch geht es in der Verweisstelle um das Entstehen von Fahrnis-Individualeigentum im alten Griechenland. Dabei wird detaillierter als hier auf den (See)Raub als anerkanntem ‚(Rechts)Titel' frühen Eingentumserwerbs eingegangen.

26 Vgl. Thukydides I 5 (1).

27 Politik I 8, 1256ab; vgl. auch Platon, Nomoi VII 823b ff.

28 Auch Baltrusch 1994, 95 ff mit weiteren Hinweisen. – Nach A. Köster (1924, 37 f) kamen diese Raub- und Plünderungspraktiken erst durch die Phöniker in Mode, während die Mykener keine derartigen Praktiken kannten! Das ist für die folgenden Ausführungen insofern von Interesse, weil danach zu fragen ist, ob es sich bei den Raubzügen der Griechen in homerischer Zeit um Rückfälle (nach den Dunklen Jahrhunderten) handelte, zu denen es nach bereits höherer (mykenischer) Entwicklung gekommen war. Das würde, träfe es zu, die hier vertretene These bestärken!

Bruck hingewiesen.[29] Bruck bringt Beispiele, über den Seeraub hinaus: So ist auf dem von Homer beschriebenen ‚Schilde des Achilleus' auch eine Viehraubszene dargestellt; einschlägig ist auch die Argonautensage. Bruck erwähnt auch die in der 7. Homerischen Hymne behandelte Dionysoslegende und bezeichnet Polykrates von Samos als einen ‚Seeräuberfürsten'[30] und erinnert daran, dass noch Platon auf der Heimreise von Syrakus in die Hände von Seeräubern gefallen und der Frauenraub noch in hellenistischer Zeit verbreitet war.[31] – Über Odysseus urteilt Bruck:[32] „Ein arger Seeräuber ist schließlich der Held der Odyssee selber."[33]

Hampls Hinweise sind für das zeitliche Entstehen des Rechts- und Un-Rechtsbewusstseins im archaischen Griechenland sowie von derartigen ‚Vorstellungen' (über die eigene Gemeinschaft und allfällige Verbündete hinaus) historisch wichtig; lehren sie uns doch, dass diese ‚Zustände oder Vorstellungen' keinesfalls idealistisch geschönt werden dürfen.[34] – Hampl führt für die griechisch-homerische Seite aus:

> „Die Fürsten von Ithaka betrachten es wohl als eine Genugtuung heischende Tat, wenn messenische Männer auf der Insel landen und die Herden rauben, aber das hindert sie nicht, die Mehrung der eigenen Güter durch Seeraub auch selbst für eine ganz normale und keineswegs anstößige Beschäftigung zu halten, der sie nicht minder gern als jene Messenier nachgehen. Odysseus gibt sich nicht nur dem Eumaios und Antinoos gegenüber, und natürlich durchaus nicht in der Absicht, sich damit in ein schlechtes Licht zu setzen, als ein Mann aus, der mit seinen Gefährten fremde Küsten als Pirat heimsucht [Odyssee XIV 229 ff und XVII 415 ff], sondern er ist auch tatsächlich, wie ihn der Dichter schildert, ein solcher Mann: […] Wie wir sehen, beginnt für diese griechischen Herren einer frühen Zeit das Genugtuung heischende ‚Unrecht' erst dort, wo man selbst durch entsprechendes Verhalten anderer geschädigt ist, hier freilich ist man schon recht empfindlich und wohl auch schon geneigt, die Götter als Helfer, Schützer und Rächer mit hereinzuziehen".[35]

29 1926/1970², 45 ff und 49 ff mit weiteren Hinweisen.

30 1926/1970², 49.

31 Zum Seeraub allgemein Bruck 1926/1970², 50 ff sowie – Nestor und Menelaos betreffend – sein Hinweis auf ‚Odyssee' III 301, 310 f und ebendort IV 80 ff.

32 1926/1970², 51.

33 Bruck bringt 1926/1970², 51 ff weitere – ua. auch die hier anschließend angeführten – Beispiele; etwa Odyssee IX 39 ff (Erzählung des Odysseus vor den Phäaken) oder XXIII 356 oder XIV 229 ff (Eumaios-Erzählung des Odysseus).

34 Auf das schrittweise Zurückdrängen der noch in der Zeit Homers gültigen Raub-Vorstellungen gehe ich in Kapitel II 19 von ‚Graeca' näher ein: Erwähnt sei aber auch hier, dass auch bei Homer der Raub an eigenen Volksgenossen oder Verbündeten verpönt war. Darin liegt ein erster Ausdehnungsschritt in der Entwicklung eines wachsenden Rechtsbewußtseins; weitere Stationen bilden Hesiod, Solon und insbesondere Platon.

35 Ergänzend weist Hampl (1957, 264) noch auf eine Stelle in der ‚Odyssee' (XIV 229 ff) hin,

Soweit Hampls Ausführungen zu den homerischen Griechen. – Nicht anders empfanden und handelten die Römer, wofür Hampl ebenfalls Beispiele bringt, ua. das folgende:[36]

> „Wie weit die frühen Römer davon entfernt waren, die Vernichtung einer Stadtgemeinde durch Versklavung der Bürgerschaft und Ausplünderung als etwas an sich sittlich Anstößiges zu betrachten, tritt mit besonderer Deutlichkeit auch in einer Bestimmung des zweiten Vertrages Roms mit Karthago [Polybios III 24, 5 f][37] zutage. Karthager, die an der latinischen Küste landen, dürfen, so wird ausgemacht, latinische Städte, die Rom nicht untertänig sind, erobern und mitsamt der Einwohnerschaft ausräumen, wenn sie dann nur die leeren Städte den Römern übergeben.“

Zusammenfassend stellt Hampl nüchtern fest:[38]

> „Hätten Cicero und seine Zeitgenossen recht, würde das Altrömertum nicht nur unter den damaligen italischen Völkern, sondern überhaupt unter den Völkern dieser Kulturstufe ganz aus dem Rahmen fallen, während ihm die Resultate dieser Untersuchung wenigstens hinsichtlich der behandelten Dinge einen ganz regulären Platz unter besagten Völkern zuweisen. Wir stellen es noch einmal mit Nachdruck heraus, dass die frühen Römer nach allem, was sich erkennen lässt, in bezug auf ihr Verhältnis zu besiegten Feinden und ihre Einstellung zu Krieg und Fehde wie auch sonst nicht besser und natürlich auch nicht schlechter als die anderen Völker in diesem Stadium der Entwicklung waren und von den hohen ethischen Postulaten des späten Hellenismus[39] noch ebenso weit entfernt wie etwa die Griechen der homerischen Zeit.“

Daraus folgert Hampl:[40]

eine Geschichte die Odysseus dem Eumaios erzählt: „Neunmal fuhr er mit seinen Gefolgsleuten auf Schiffen gegen fremde Völker und kam jedes Mal mit Beute beladen zurück in die Heimat und wurde so ein reicher (und wohlgemerkt auch angesehener) Mann. Dann kam der trojanische Krieg und machte diesem Freibeuterdasein ein jähes Ende.“ (Ich erinnere daran, dass sich Odysseus dem ‚Einberufungsbefehl‘ Agamemnons zu entziehen versuchte!)

36 Hampl 1957, 251 f und insbesondere 261.

37 Abgedruckt bei Bengtson/Werner 1975[2] (Staatsverträge des Altertums), II Nr. 326 und Grewe 1995, I 149 ff. – Der Vertrag wird mit 348 v. C. datiert. – Der von Hampl erwähnte Passus des Zweiten Vertrags zwischen Rom und Karthago lautet im Original: „Wenn die Karthager aber in Latium eine Stadt einnehmen, die den Römern nicht untertan ist, sollen sie Hab und Gut und die Menschen behalten, die Stadt dagegen [den Römern] übergeben.“ (Grewe, aaO)

38 1957, 270. – Dazu auch Kapitel X 5 von ‚Graeca‘.

39 Zu den Vorstellungen des *Panaitios von Rhodos* Kapitel X 5 von ‚Graeca‘.

40 1957, 261.

„Von ‚Unrecht' kann also tatsächlich in der damaligen römischen Sicht ebenso wie in derjenigen etwa der homerischen Herren nur dort gesprochen werden, wo man durch räuberisches Verhalten anderer selbst geschädigt ist."

Konsequenzen?

Was lehrt uns das? – Zunächst ist für meine Fragestellung von Bedeutung, dass das Entstehen von Rechts- und Unrechtsbewusstsein weniger eine Konsequenz eigenen Nachdenkens über Recht und Gerechtigkeit ist – und auch kein Geschenk der Natur, sondern die Folge des Umstandes, fremdes Unrecht erdulden zu müssen. Daraus bildete sich – das zeigt die frühe griechische Entwicklung – allmählich eine Frühform der Goldenen Regel,[41] deren Ursprung im Erleben und – damit verbunden, in einem allmählichen Reflektieren derartiger Situationen lag: Eigenes und fremdes Verhalten werden zueinander in Beziehung gesetzt und während einer vermutlich nicht kurzen historischen Phase fand ein Abwägen der (eigenen) Vor- und Nachteile statt.

Gerechtigkeit und Rechtsempfinden – man kann auch von Rechtsgefühl, Rechtsgesinnung oder Rechtsbewusstsein sprechen – stellen danach für die Menschen kein Geschenk der Natur oder der Götter dar, sondern diese Verhaltenseinsichten erweisen sich als schwierige und langwierige menschliche Lernprozesse, die über „trial and error" nur mühsam vorankamen. – Es ist aber davon auszugehen, dass diese Entwicklung von einer schmalen Grundlage phylogenetischer, also vererbter Programmierung im engsten Sozialbereich/-verhalten ihren Ausgang genommen hat. Entscheidend ist aber die kulturelle Überformung dieser schmalen phylogenetischen Ausgangssituation.[42]

Man kann auch nicht sagen, dass sich das frühe Rechtsbewusstsein allein aus der Einsicht in eigenes Unrecht tun entwickelt hätte; vielmehr war es wohl die immer wieder erlebte ‚Schaukelbewegung' zwischen eigenem – lange gar nicht als solches erkanntes – Unrecht tun und (selber) Unrecht-Erleiden-müssen, die Rechtsgefühl (als Produkt der eigenen Erfahrung) ‚keimen' ließen. Dabei hat sich Rechtsbewusstsein zuerst innerhalb der *eigenen Gruppe/Gemeinschaft*[43] entwickelt

41 Dazu Spendel (1967) mwH, insbesondere auf Philippidis (1929), Reiner (1948) und Dihle (1962). Vgl. auch Mayer-Maly 2001, 47 ff mwH. – Ich gehe auf die rechtshistorisch und rechtphilosophisch interessante Genese und Interpretation der Goldenen Regel noch ein.

42 Dazu auch Kapitel IX 1 von ‚Graeca': ‚Menschliches Rechtsgefühl'. – Ich gehe hier auch auf die meines Erachtens korrekturbedürftige Annahme von K. Lorenz (in: 1973/2005[33], seinem wissenschaftlich anfechtbarstem Werk) und von Vertretern der Rechtswissenschaft ein, wonach das menschliche Rechts- und Unrechtsbewusstsein (samt Gerechtigkeit) wegen seiner weltweiten Verbreitung angeboren sein könnte.

43 Auch hier lassen sich Erfahrungskreise – eine Entwicklung von unten nach oben – erkennen und ein allmähliches Erweitern dieser Einsicht feststellen: Haus / oikos / familia, Verwandtschaft / Clan, Nachbarschaft, Dorf, Polis, (Flächen)Staat etc. – Die Beziehung zu fremden

und erst später – in einem weiteren Schritt – in sich *erweiternden Außenbeziehungen*. Einen Zwischenschritt stellten befreundete oder verbündete Gemeinschaften dar. Das lehren uns die homerischen und römischen Beispiele. Vielleicht steckt in der sokratisch-platonischen und demokritischen Gerechtigkeitsmaxime, wonach es besser ist, Unrecht zu erleiden, als zu tun, eine Erinnerung an frühe Entwicklung. Eingedenk der geschilderten Entwicklung sollten auch schwere Rückfälle – wie das Eintreten für ein ‚Recht des Stärkeren' durch die Athener im Peloponnesischen Krieg[44] – nicht überraschen. – Ich stelle anschließend die bisherigen Ausführungen graphisch dar:

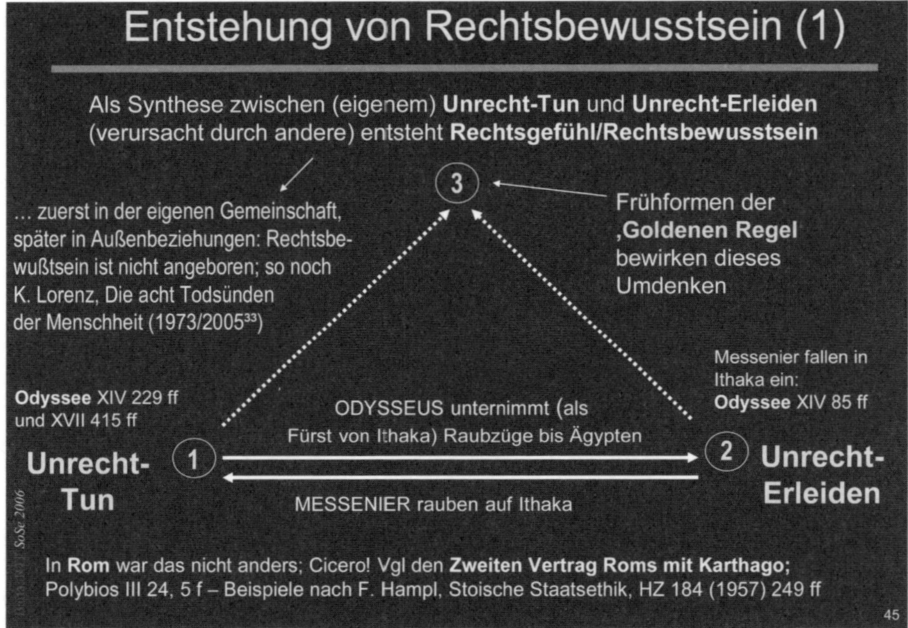

Staaten blieb davon lange unberührt; dazu in Kapitel I 9 und zur: ‚Mesopotamischen Entwicklung'

44 Dazu Kapitel IV: Melierdialog.

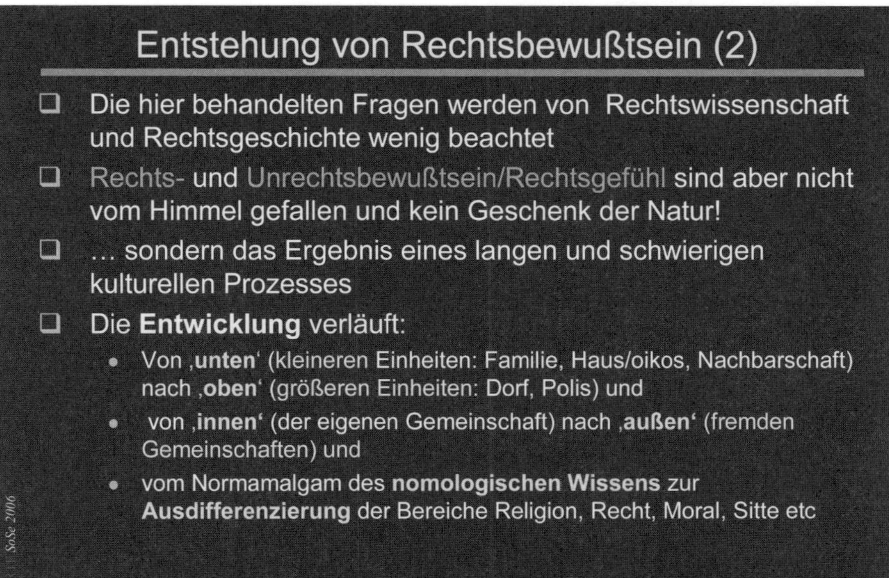

Diese Überlegungen machen weiteres deutlich: Die beiden großen europäischen Völker der Antike, Griechen und Römer, entwickelten sich in ihrer Frühzeit offenbar sehr ähnlich. Eine größere ‚Begabung' der Römer in Bezug auf die Entwicklung eines Rechts- und Unrechtsbewusstseins ist historisch, wie F. Hampl gezeigt hat, nicht erkennbar. Ciceros Darstellung besitzt keinen historischen Wahrheitsgehalt; er verkehrt vielmehr historische Realität ins Gegenteil. Der späte Entwicklungssprung Roms (im Vergleichsbereich) wird durch philosophisch gereiftes griechisches Denken (der Stoa) vermittelt.[45] – Das zeigen uns die von Franz Hampl geschilderten Beispiele. Die Begriffe ‚Rechtsidee' und ‚Rechtsbegriff' müssen daher realistisch betrachtet werden.

Zur Bedeutung und Entwicklung des Rechts in frühen Gesellschaften[46] und im archaischen Griechenland (Homer, Hesiod, Drakon, Solon) sei noch angemerkt: Die gesellschafts- und friedenserhaltende sowie die orientierende Kraft von Sozialnormen (Religion, Sitte, Brauch, Recht, Moral)[47] war früh bekannt. Ein Verstehen dieser Zusammenhänge setzt aber (Un)Rechtsbewusstsein voraus; zunächst im Inneren einer Gemeinschaft. – Der normativ-soziale Sinnzusammenhang war dabei fol-

45 Zur Vermittlungsfunktion der stoischen Staatsethik: Kapitel IX von ‚Graeca': Panaitios von Rhodos.

46 Dazu Malinowski 1926/1949[5], 1942 und 1975/2005. Malinowskis Meinung, dass die „Gesellschaft der Primitiven […] nicht beherrscht [wird] durch Laune, Leidenschaft und Zufall, sondern [bereits] durch Ordnung", hat sich durchgesetzt; vgl. P. Reiwald 2005[2], 17.

47 Dazu M. Weber 1967[2], 80 ff.

gender: Das Recht, verstanden als reziproke Beziehung (zwischen Gemeinschaft und Einzelnen, aber auch zwischen Einzelnen), sichert die Einzelnen und die Gemeinschaft gegen Verstöße und Übergriffe vice versa ab und gewährt beiden Seiten Schutz durch eingeräumte Rechte und auferlegte Pflichten. Wird aber, entgegen dieser Einsicht, Recht nicht befolgt, setzt sich also Unrecht durch – und wird dies geduldet, – verlieren die Menschen die Scheu weiteres Unrecht zu tun. Und das zerstört, Schritt für Schritt, die für Gemeinschaften wichtige Rechtsakzeptanz und damit die soziale Balance und Kohärenz; sei es in Familie und Haus, Nachbarschaft und Dorf oder schließlich in Polis und Staat. Nur eine konsequent handelnde Gemeinschaft – der es gelingt, das einmal entstandene Rechts- und Unrechtsbewusstsein ihrer Mitglieder lebendig zu erhalten – vermag dem Recht auf Dauer Geltung zu verschaffen. Das geschieht durch ein Zurückdrängen der Selbsthilfe, die Einführung des Gerichtszwangs und konsequentes Sanktionieren geschaffener Verhaltensvorschriften, die general- und spezialpräventiv wirken. Aischylos legt dies in den ‚Eumeniden' Athene, als Stifterin der neuen Gerichtsbarkeit, in den Mund, wenn er sie in den Versen 681-710, von denen ich hier nur Vers 699 anführe, fragen lässt: „Denn welcher Mensch, der nichts mehr fürchtet, bleibt gerecht?"[48]

Die Schuld an erodierender (Rechts)Entwicklung tragen schon nach Hesiod und Solon bestechliche Richter, korrupte Beamte, machthungrige Politiker, geldgierige reiche Bürger und gottlose Menschen.[49] – Es zählt daher zur anthropologisch-kulturellen Grundausstattung menschlicher Gemeinschaften, die Präventionskraft ihrer (Rechts)Ordnungen zu erhalten, was mit unterschiedlichen Mitteln versucht wurde.[50] – Malinowski hat dies in ‚Crime and Custom in Savage Society' betont:[51] „Die Primitiven haben keine Gruppe von Regeln mit Zwangscharakter, die mit einer Art mystischer Kraft ausgestattet sind, die im Namen Gottes eingesetzt sind, sondern es kommt ihnen ausschließlich bindender, sozialer Zwang zu."[52] Malinowski lehnt nach P. Reiwald (im Gegensatz zu anderen Wissenschaftlern) die Annahme einer „selbstlosen Loyalität, die den Einzelnen an die Gruppe bindet" ab und deutet „die

48 Zitiert nach der Übersetzung der ‚Orestie' durch Staiger (1997); dazu in Kapitel III.

49 Die Vorstellung von Göttern und Heroen, die auf Recht und Gerechtigkeit achten und Übeltäter bestrafen – sogenannter Tun-Ergehen-Zusammenhang – stammt offenbar aus dem Alten Orient; vgl. Flaig 2005, 219. Dazu Ausführungen in Kapitel II 17 von ‚Graeca'. – Allgemein zum Entstehen von Recht, Religion und Gerechtigkeit ebendort in den Kapiteln I 7 und IX 3.

50 Dabei wäre die Ansicht ganz falsch, dass Grausamkeit und Härte beim Strafen nur in der Antike oder im Alten Orient praktiziert wurden. Vielmehr wandten Österreich (unter der christlichen Herscherrin Maria Theresia: 1769 – Constitutio Criminalis Theresiana, nicht zufällig ‚Nemesis Theresiana' genannt) und Frankreich noch in der zweiten Hälfte des 18. Jhs. grausame Todesstrafen (wie Vierteilen und Rädern) und Folterpraktiken an; wie: Folterleiter, mit glühenden Zangen zwicken, Daumenstock oder Schraubstiefel, Feuertortur, Zungenausreissung und Ausreissung der Brüste etc. – Nicht zu vergessen, dass im April 2008 das US-Justizministerium gewisse Foltermethoden bei Terrorismusverdacht für rechtmäßig erklärte und in Deutschland die Zulässigkeit der Folter in bestimmten Fällen von Juristen vertreten wurde.

51 1926, 66 f.

52 Zitiert nach P. Reiwald 2005^2, 18.

primitive Ordnung aus dem Grundsatz: do, ut des". Für Malinowski ist das Prinzip der Gegenseitigkeit ein wesentliches Element (früher) legaler Rechtsdurchsetzung.[53]

Das zunächst im Inneren von Gemeinschaften, wenn auch häufig in Berührung mit dem Außen,[54] entwickelte Rechts- und Unrechtsbewusstsein blieb nicht auf die jeweilige Gemeinschaft beschränkt, sondern hatte sich im Austausch mit Nachbarn (im engen und weiteren Sinn) zu bewähren. Dazu trugen alle Arten normativen Handelns durch Vereinbarungen und Verträge bei, in denen das eigene mit dem fremden Rechtsbewusstsein zusammengeführt und auf die Probe gestellt wurde; es mochte sich dabei um Schenkungs-, Tausch-, Kauf- oder Heiratsverträge, Friedensschlüsse, Nichtangriffspakte, Spondai, Symmachie- oder Handelsvereinbarungen aller Art und insbesondere völkerrechtliche Vereinbarungen gehandelt haben. – Es scheint dabei so gewesen zu sein, dass zunächst die kleine(re), gemeinschaftsinterne Gruppe Regeln und schließlich Recht entwickelte und Vereinbarungen geschlossen hat, die dann dem zwischenstaatlichen Bereich als Vorbild dienen konnten.[55] – Die Vereinbarungen zwischen Gruppenangehörigen oder Nachbarn konnten Vereinbarungen mit Fremden, anderen Poleis und dann auch mit fremden Staaten als Vorbild dienen. Und die Rechtsvorstellungen fremder Staaten und Völker wurden mit den eigenen Vorstellungen verglichen und wirkten auf das eigene Rechtsgefühl ein. Was wir hier feststellen können ist ein langer und schwieriger kultureller Prozess, aber kein geradliniges (Weiter)Entwickeln angeborener Anlagen.

Die ‚Goldene Regel' als Rechtsprinzip

Wir alle kennen aus Kindertagen den Reim: „Was du nicht willst, dass man dir tu', das füg' auch keinem andern zu!"[56] Dieser fasslichen Verhaltensregel wird mit verschiedenen Formulierungen – einer älteren negativen und einer jüngeren positiven Version – seit etwa drei Jahrtausenden weltweit Aufmerksamkeit geschenkt.[57] Es

53 Reiwald verweist dazu auf Malinowski 1934, XXXVII.

54 Das gilt vor allem für das landschaftlich kleinteilige Griechenland und seine Polisstruktur.

55 Vgl. Kapitel I 9 von ‚Graeca'. – Dazu passt es gut, dass das Völkerrecht häufig privatrechtliche ‚Figuren' übernommen und für eigene Zwecke weiterentwickelt hat. Das gilt noch für die frühe Neuzeit; zu Grotius: Ziegler 1996/2008, 287 ff: Vertragsverständnis samt (Vertrags)Auslegung und Form, clausula rebus sic stantibus, Epieikeia/aequitas/Billigkeit, Guter Glaube/pistis/fides, Treuhand, Aneignung, Okkupation, Schiedsvertrag, Schiedsrichter etc. – Dazu auch am Ende dieser Überlegungen: ‚Mesopotamische Entwicklung'.

56 Die lateinische Version lautet: „Quod tibi fieri non vis, alteri ne feceris." – Zur nicht sehr alten Bezeichnung als 'Goldene Regel': Philippidis 1929, 11 ff.

57 Das Christentum hat die jüngere positive Form der Regel übernommen; vgl. Matthäus VII 5, 12. – Manch bekannter Denker hat sich ablehnend gezeigt; etwa Kant (vgl. anschließend bei Anm. 74). Leibnitz dagegen befasste sich mit ihr; Nachweise bei Spendel 1967, 499: Interessant sein Hinweis: „der wahre Sinn der Regel ist, dass der rechte Gesichtspunkt, um billig zu urteilen, der ist, sich in die Stelle des anderen zu versetzen."

überrascht daher nicht, dass die Literatur umfangreich ist und sich darunter auch deutschsprachige Monographien befinden: Ich erwähne Philippidis (1929) oder Dihle (1962).[58] Eine juristische Auseinandersetzung stammt von Günter Spendel,[59] der annimmt, dass es sich um „eine ungeschriebene, überpositive Norm für richtiges und rechtliches Verhalten“ handelt, „die von elementarer Einsicht zeugt und von allgemeiner Gültigkeit ist“.[60] – Spendels Vermutung verlangt nach keiner übernatürlich-göttlichen oder einer in der unveränderlichen Natur des Menschen liegenden, also einer phylogenetisch-ererbten Erklärung; vielmehr: ‚ungeschrieben' waren frühe Regeln allemal; und als ‚praepositiv' kann unsere Regel schon deshalb angesehen werden, weil sie ganz offenbar das Ergebnis zahlreicher früher Parallelentwicklungen war; und dass sich eine Regel kulturell durchsetzt, muss nicht die Folge einer vererbbaren Anlage sein. – Dazu ist zweierlei anzumerken:

- Ein analoges Problem stellt sich beim *Inzestverbot*, dessen Erklärung bis heute umstritten ist, das aber von Claude Lévy-Strauss (1966/1984³) eine überzeugende Deutung gefunden hat.[61]
- Wir wissen heute auch, dass das *Genom* kein unveränderlicher Bauplan des Menschen ist, der am Beginn unseres Lebens endgültig festgelegt wird; vielmehr haben sich unsere Erbanlagen als wandelbarer als bisher angenommen erwiesen.[62]

Die ältesten Hinweise auf die Goldene Regel stammen – nach derzeitigem Wissen[63] – aus dem griechischen Kulturkreis, der bereits eine Entwicklung vom konkreten Einzellfall (Kalypso bei Homer) zur allgemeinen Aussage (Thales von Milet) erkennen lässt. Philippidis und Spendel verweisen auf Homer,[64] Thales von Milet,[65] Pittakos von Lesbos, Herodot,[66] Isokrates und die Rhetoren (Lysias,

58 Mayer-Maly befasst sich in seiner ‚Rechtsphilosophie' (2001, 47 ff) eingehend mit der ‚Goldenen Regel'; vgl. auch Christoph Meier (1986).

59 Beitrag zur FS für Fritz von Hippel (1967).

60 1967, 492. – Als weitere Beispiele nennt Spendel: *Nemo ultra posse tenetur* (aaO 512) und *Volenti non fit iniuria* (aaO 513). – Hier zu nennen ist auch das griechische *Konzept der Epieikeia* samt ihren rechtlich bedeutenden ‚Derivaten': *Treu und Glauben, Gute Sitten, Schikaneverbot, ordre public* und anderes mehr. Dazu in Kapitel II 13.

61 Dazu in Kapitel I 6: ‚Familienrecht als Normgenerator' und in Kapitel IX 1 von ‚Graeca'.

62 Vgl. Bahnsen 2008, 33.

63 Es würde aber nicht überraschen, ältere Vorläuferregeln zu entdecken.

64 Odyssee V 188 f legt der Nymphe Kalypso eine frühe – wenngleich noch auf die konkrete Situation eingeschränkte – Version in den Mund: „Vielmehr erwäge und denke ich aus, was ich für mich selber/Sorgend bedächte, wenn je ich in solche Bedrängnis geriete.“ – Dazu Philippides 1929, 43 f.

65 Zu *Thales* Philippidis (1929, 44): „Aus der konkreten Situation [bereits] herausgehoben und zum Prinzip des ethischen Handelns gemacht finden wir den Gedanken der goldenen Regel bei Thales, entsprechend einer Überlieferung, die wir bei Diogenes Laertius lesen: ‚(ΘαλЗφ ρωτηθε φ) π⌊φ ∞ν ∞ριστα κα δικαι®τατα βι⌊σαιμεν (φη) *f*ν / το φ ∞λλοιφ πιτιμ⌊μεν, α∧το μ— δρ⌊μεν.' In diesem Worte haben wir sogar nahezu dieselbe Formel, wie sie uns im Neuen Testament entgegengetreten ist. Bezeichnend ist, daß Thales diese Regel als bestes und gerechtestes Lebensprinzip hingestellt.“ (Diogenes Laertios I 36: „Thales

Demosthenes). Sokrates und Platon schenkten der Regel keine Aufmerksamkeit und Aristoteles erwähnt sie nur nebenbei. Für Dihle[67] ist die Goldene Regel eine „Errungenschaft der Sophistik im ausgehenden 5. Jh.“; so schon Philippidis.[68] – Bei den Römern taucht sie erstmals beim Stoiker Seneca und dann bei Alexander Severus auf. Im Judentum findet sie sich im Buche ‚Tobias'. Das Christentum übernimmt die Regel[69] ebenso wie der Islam. Früh ist die Regel auch für China (Konfuzius 552-479 v. C.) und das indische Mahabharata (4. Jahrhundert v. C.) nachzuweisen. Anzeichen ihrer Geltung finden sich bei den Azteken. Die abendländische Philosophie und Naturrechtslehre hält die Regel für eine „grundlegende ethische Norm“ und als „Beispiel eines auf unmittelbare Einsicht gegründeten sittlichen Gesetzes“.[70] Spendel nennt Hobbes, Thomasius, Locke, Leibnitz und Voltaire, aber auch den englischen (Alt)Historiker Gibbon[71] und für das 20. Jahrhundert die Philosophen Reiner und Fechner.[72] Spendel hält es daher mit Philippidis für wahrscheinlich, „dass die goldene Regel unabhängig an mehreren Orten entstanden ist“.[73] – Eine scharfe, aber wie Spendel zeigt nicht überzeugende Ablehnung hat die Goldene Regel durch Kant erfahren, der meinte, sie neben seinem kategorischen Imperativ als „trivial“ abtun zu müssen.[74] Hier findet sich ein Satz Spendels,[75] der über die Goldene Regel hinaus von Bedeutung ist, zumal sich unter Kants Nachfolgern auch Hans Kelsen befindet, der als Neukantianer die Regel als „Moral eines naiven Egoismus“ abtut. – Spendel:[76]

> „Seit Kant hat die moderne Philosophie – leicht versucht, das Einfache und Klare für trivial und flach, das Verwickelte und Dunkle für bedeutend und tief zu halten – der Goldenen Regel kaum nähere Aufmerksamkeit geschenkt […]“

antwortete auf die Frage, wie man am besten und gerechtesten leben könne: Wenn wir, was wir an anderen tadeln, selber nicht tun.“)

66 III 142.

67 1962, 103.

68 1929, 42 f und 49 f.

69 Matthäus VII 5, 12 und in der Folge Augustinus, Anselm von Canterbury, Bonaventura, Petrus Abälard, Duns Scotus, Thomas von Aquin. Vgl. auch Verdroß 1958/1963^2, 66 bzw. 69 f. – Es ist unzutreffend, wenn Philippidis (1929, 8) die Goldene Regel als „Glanzstück“ der christlichen Ethik bezeichnet.

70 Dass dem nicht so ist, zeigt die historische Entwicklung.

71 Vgl. Christ 1972/1989^3, 8 ff.

72 Spendel 1967, 496 ff.

73 So auch Mayer-Maly 2002, 49. – Dies ist heute herrschende Meinung.

74 Metaphysik der Sitten, 2. Abschnitt: 1975, VI 62.

75 1967, 501.

76 Kelsens Abwertung findet sich in dessen ‚Reiner Rechtslehre' (1960^2, 367 f). Vgl. auch Spendels weitere Kritik an Kelsen aaO 509 und 513 f. Kelsen hat nicht nur mit seinem Midasvergleich (dazu Kapitel X 3 von ‚Graeca' eine anfechtbare Behauptung aufgestellt, sondern auch bei der Goldenen Regel auf's falsche Pferd gesetzt.

Ein solcher Hang zum ‚Dunklen' kann aber nicht nur der (Rechts)Philosophie nachgesagt werden! – Spendel grenzt die Goldene Regel auch gegen die Vergeltungsidee[77] ab und sucht für seine Lösung nach einem Ausweg zwischen Rechtspositivismus und altem Naturrechtsdenken.[78] Dabei wird die in Verbotsform gekleidete Regel – also die verbietende, negative und nicht die gebietende, positive – als die logisch korrekte und als praepositives Rechtsprinzip erkannt. Sein Ergebnis:[79]

- „Die große sozialethische oder rechtliche Bedeutung der (verbietenden) Regel für den ‚Normal'-Fall liegt in folgendem: Wie die nähere Betrachtung der menschlichen Natur lehrt, ist der Mensch, der für seine Person so empfindlich gegenüber den üblen und ungerechten Handlungen anderer ist, leicht in Versuchung, das in seinem Verhalten zu den Rechtsgenossen zu vergessen"; man kenne, wie Philippidis bei seiner Erläuterung der Regel im indischen Kulturkreis treffend sage, „nur zu gut den menschlichen Egoismus, der stets für sich selber größere Rechte fordert als für den anderen, der doch die gleichen haben sollte, oder gar dem anderen Schaden zufügt, um selber zu gewinnen." – „Die Goldene Regel in Verbotsform stellt daher einen ersten bedeutsamen Schritt zur Überwindung der menschlichen Triebe dar und bildet so die notwendige Grundlage für ein rechtliches Zusammenleben der Menschen."
- „Die gegen die negativ gefasste Regel vorgebrachten Einwände sind nicht begründet. Die meisten zur Widerlegung angeführten Beispiele beruhen auf einer unrichtigen Anwendung der Verbotsnorm, d. h. auf ihrer logisch unzulässigen Umkehrung in eine positiv formulierte (gebietende) Maxime."[80]
- „Die Goldene Regel in negativer Fassung erscheint damit als ein rechtliches Prinzip. Denn sie gibt dem Einzelnen eine allgemeingültige Richtschnur für sein Verhalten gegenüber seinen Mitmenschen."[81]
- „So bleibt es dabei – zu den ehernen ungeschriebenen Rechtsprinzipien, nach denen sich alle staatliche Gesetzgebung wie alles persönliche Verhalten zu richten haben, gehört auch die wahrhaft Goldene Regel: Was man selbst nicht erleiden will, soll man auch andern nicht zufügen!"

Spendel und andere Untersuchungen bestätigen die weite Verbreitung der Goldenen Regel, wobei sich zeigt, dass ihre Ausformung nicht nur unabhängig an verschiedenen Orten der Welt, sondern auch zu verschiedenen Zeiten erfolgt ist. – Die Regel kennt einen langen kulturellen Reifungsprozess. Die verschiedenen Untersuchungen können aber meines Erachtens nicht als Belege dafür angesehen werden, dass das entwickelte ethisch-normative Substrat der Regel ein phylogenetisches

77 1967, 502 ff. Im Anschluss an Reiner trifft Spendel folgende Unterscheidung: „Weil beim Vergeltungsprinzip nicht das Nicht-Wollen des Handelnden, sondern das Verhalten des anderen zum Anknüpfungspunkt einer Forderung (eines Sollens) genommen wird". – Zum Talions- und Rachegedanken: Kapitel II 10: ‚Karl Meuli und die Blutrache' und ‚Die Talion – …' etc.

78 1967, 502 f.

79 1967, 511.

80 1967, 515. – Das trifft auch Kants ‚Kategorischen Imperativ'.

81 1967, 516.

Erbstück des Menschen aus dem Tierreich darstellt, wie K. Lorenz und andere angenommen haben. Vielmehr ist den erwähnten Quellen, so beschränkt diese letztlich auch sein mögen, ein kulturell-soziales Wachstum zu entnehmen; von kleinen und kleinsten Gemeinschaften ausgehend, hin zu größeren Einheiten und schließlich zur Anwendung auf Fremde, Völkerrecht. Das legt es nahe, das von K. Lorenz zu undifferenziert angenommene Erbe, auf kleinste und engste Gemeinschaften zu beschränken, von wo aus es sich kulturell entwickeln und durchsetzen musste. Ganz ausschließen möchte ich aber eine phylogenetische Erbschaft nicht. Am ehesten ist auch hier, wie beim Inzestverbot (iSv Lévy-Strauss) ‚beides' anzunehmen: eine bescheidene natürliche Anlage und deren nachhaltige kulturelle Weiterentwicklung und Überformung.

Mesopotamische Entwicklung

Der ältere mesopotamische Bereich scheint die (für das homerische Griechenland gewonnene) These zu bestätigen,[82] dass sich Rechtsbewusstsein/Rechtsgefühl vornehmlich kulturell über lange Zeiträume entwickelt hat und nicht angeboren ist. – Ich stütze mich für den mesopotamischen Bereich auf die Ausführungen des Begründers der Völkerrechtsgeschichte, Wolfgang Preiser,[83] der in seinen Aufsätzen ‚Die Epochen der antiken Völkerrechtsgeschichte' (1956) und ‚Zur Ausbildung einer völkerrechtlichen Ordnung in der Staatenwelt des Alten Orients' (1996)[84] die hier interessierenden Feststellungen für die Mari-Zeit getroffen hat: Danach war das mit Babylon verbündete Reich von Mari vom aufstrebenden (Alt)Babylonischen Reich überfallen und zerstört worden. – Bemerkenswert daran ist Preisers Feststellung, dass die auffallend hohe innerstaatliche babylonische (Rechts)Entwicklung dieser Zeit – die bei Hans Neumann nachgelesen werden kann[85] – keine Entsprechung in den Außenbeziehungen (also den zwischenstaatlichen oder völkerrechtlichen Entwicklungen) gefunden hat. Während nämlich auf der einen Seite Privat- und Strafrecht etc.,[86] ablesbar an den frühen Codices von *Ur-Namma* bis *Hammurabi* [87] bereits hoch entwickelt waren, fand dieses innerstaatliche Niveau keine Entsprechung im babylonischen und sonstigen Völkerrecht dieses Raums. – Preiser:[88]

82 Zu den Epochen der antiken Völkerrechtsgeschichte: Kapitel I 9.

83 Zur Person Preisers: Ziegler 1999, 659 ff.

84 Dazu auch in Kapitel I 9.

85 2003, 55 ff.

86 Frühes Recht kennt die disziplinäre Trennung zwischen Rechtsgebieten wie dem Straf-, Zivil oder Verfahrensrecht noch nicht. Das zeigen noch die mittelalterlichen Rechtsspiegel (etwa der Sachsenspiegel) anschaulich.

87 Dazu in Kapitel I 9.

88 1996, 238 f.

> „Zwischenstaatliches und innerstaatliches Recht sind noch allzu weit voneinander entfernt, als dass sie unmittelbar aufeinander hätten einwirken können. Wie ließe es sich sonst erklären, dass die große Neufassung des innerstaatlichen babylonischen Rechts in eben die Zeit fällt, in der mit der Zerstörung von Mari durch die babylonische Armee der letzte noch existierende Konkurrent des babylonischen Herrschers, sein langjähriger Bundesgenosse, wider alle rechtliche Bindung auf dem Wege der Gewalt endgültig ausgeschaltet wurde.“

Es dauert dann vom Ende der Mari-Zeit etwa ein Vierteljahrtausend, „bis an die Stelle einer mit völkerrechtlichen Bindungen leichtfertig umgehenden, ja, sie vorsätzlich missachtenden Machtpolitik, ein rechtlich stabilisiertes System von Staaten trat“. – Erst nach der Mitte des 2. Jahrtausends vermag sich ein Rechtsbewusstsein zu entfalten, das als „Kernstück einer wirklichen Völkerrechts-*Ordnung*“ zu dienen vermag.[89]

Die gut dokumentierten außenpolitischen Beziehungen zwischen den Königreichen von Mari, Hammurabis Babylon, Ešnunna und Elam waren aber offenbar schwierig und sind daher nicht einfach zu durchschauen, weshalb auch unterschiedliche Deutungen existieren.[90] – Trifft aber Preisers Ansicht zu, dass Hammurabi seinen früheren Bundesgenossen Mari treulos überfallen (und dabei bestehende Vereinbarungen und Zusagen gebrochen) hat, kann man auch seiner Hypothese folgen, dass die innerstaatliche Rechtsentwicklung bereits ein deutlich höheres Niveau (und zwar nicht nur im technisch-legistischen, sondern auch im moralisch-zwischenmenschlichen Sinne) erreicht hatte, als das in den zwischenstaatlichen Beziehungen bestehende. Und dann lässt sich daraus folgern, dass die innerstaatliche Rechtsentwicklung der äußeren-zwischenstaatlichen vorausgeeilt war.

Entwicklungsindikator Völkerrecht

Daraus folgte eine Art Entwicklungsindikator: Recht und die dazugehörige (Rechts)Moral in einer Gemeinschaft haben sich von *‚innen'* nach *‚außen'* und im Inneren von Gemeinschaften von *‚unten'* (ausgehend von kleinsten sozialen Einheiten) nach *‚oben'* (hin zu sich erweiternden Kreisen dieser Gemeinschaften; Familie, Haus, Nachbarschaft, Dorf, Polis)[91] entwickelt.[92] Auch die Goldene Regel scheint

89 Preiser (1996) und schon 1956, 739 f.

90 Vgl. Sasson 1993/2001, 329 ff.

91 Auf solche mit dem Normbildungsprozess der Polis zusammenhängende Fragen bin ich ua. in Kapitel II 11 von ‚Graeca' eingegangen.

92 Das erscheint mir unabhängig davon, dass dann, als die Entwicklung für die Anwendung innerer Standards auf die äußere-zwischenstaatliche Ebene ‚reif' war, die Bereitschaft groß war, neue und gemeinsame normative Grundlagen für die gegenseitigen Beziehungen zu schaffen; mochten diese auch über ‚innere' Regeln hinausgehen.

sich in zwischenstaatlichen Beziehungen erst später durchgesetzt zu haben, als im innerstaatlichen Bereich. – Damit wird es möglich, die Entwicklung im Alten Orient mit der frühen griechischen annähernd in Einklang zu bringen und demselben Entwicklungsablauf zu unterstellen. – Auch in einer älteren Publikation aus dem Jahre 1956 vertritt Preiser bereits diese Ansicht:[93]

> „Das Hervortreten des Rechtsgedankens hat sich indessen in jener Epoche auf das Leben des einzelnen im Staat beschränkt; davon, dass sich das erstarkte Rechtsgefühl, über die innerstaatliche Sphäre hinaus, auch auf die zwischenstaatlichen Beziehungen ausgewirkt hätte, kann jedenfalls vor der Mitte des 2. [Jts.] nicht die Rede sein. Für eine auch nur leidlich funktionierende internationale Rechtsordnung fehlten damals noch alle Voraussetzungen. Vorderasien war in der ersten Hälfte des [Jts.] von einer drängenden Unruhe erfüllt: Bevölkerungsverschiebungen größten Ausmaßes, ständig wechselnde Mächtegruppierungen, immer neue Prätendenten auf Dynastenthrone oder gar auf die Vorherrschaft über das Ganze ließen das Gebiet nicht zur Ruhe kommen. Das einzig Beständige in jenen [Jhn.] war der unaufhörliche Wechsel, den offenbar auch jedermann in seine Kalkulationen einbezog;[94] selbst der große Hammurabi scheint, soweit es sich um das Feld der äußeren Politik handelt, durch Jahrzehnte hindurch förmlich auf der Lauer gelegen zu haben, den Verträgen getreu, solange er noch nicht die Kraft verspürte, sich ungestraft über sie hinwegzusetzen, sogleich bereit, Gewalt anzuwenden, wenn er sich endlich überlegen wußte. Wie hätte in einer solchen Epoche, in der es an konsolidierten Subjekten, an einem geregelten Verkehr und am Gefühl der rechtlichen Bindung an das Vereinbarte gleichermaßen fehlte, eine zwischenstaatliche Rechtsordnung möglich sein sollen?"

Das alles habe sich erst geändert, als „die Welt des Alten Orients, Ägypten einbegriffen, im Verlaufe des 16. und der ersten Hälfte des 15. [Jhs.] in zunehmendem Maße zur Ruhe kam."[95] Die Staaten des Vorderen Orients entwickelten in dieser Zeit eine Art *‚Gleichgewichtssystem'* aus,[96] das etwa 250 Jahre Bestand hatte und vornehmlich von fünf Mächten getragen wurde: „von den traditionellen Reichen Ägypten, Babylonien und Assyrien und von den aus den Umwälzungen der ‚dunklen' Jahrhunderte hervorgegangenen Staaten der Hethiter in Ostanatolien und der Mitanni im Nordwesten des Zweistromlandes."[97] Diese Staaten betrachteten sich als ‚ebenbürtig'. – Zwischen diesen Staaten entwickelte sich bald nach der Mitte des 2.

93 1956, 739 f.

94 Preiser verweist hier (1956, 739 Fn 12) auf das „fast unerschöpfliche Anschauungsmaterial für die Zeit um 1700" – betreffend die politische Korrespondenz dieses Königreichs – das im Staatsarchiv von Mari (am oberen Euphrat gelegen) erhalten geblieben ist.

95 Preiser 1956, 739.

96 So Koschaker 1928, 12.

97 Preiser 1956, 739.

Jahrtausends ein vielfältiger ‚reger Verkehr', „dem erst der Einbruch der ‚Seevölker' um 1200 ein Ende bereitet hat":

> „Die in den Archiven von Amarna in Oberägypten und Boghazkoi-Hattusa in Anatolien gemachten Tontafelfunde, Inschriften auf ägyptischen Tempelwänden und Urkunden aller Art, die an anderen Orten gefunden worden sind,[98] vermitteln uns das Bild eines vielseitigen internationalen Lebens, das – durch politische Spannungen und Kriege wohl auf Zeit gehemmt, doch nie auf Dauer unterbrochen – von wirtschaftlichem und kulturellem Austausch im allgemeinen über die persönliche Verbindung der Herrscherfamilien und eine auch sonst rege Diplomatie bis zu vielfältiger völkerrechtlicher Verknüpfung führt. Hier ist, unterstützt von einer einheitlichen internationalen Sprache, dem insoweit auch von den Ägyptern akzeptierten Akkadischen, ein dichtes Netz zwischenstaatlicher Beziehungen entstanden, das neben den fünf Hauptmächten auch eine ganze Reihe von Staaten zweiten und dritten Ranges umfasst, ein wohlausgebildetes Staatensystem also, das sich seiner Struktur nach der spätmittelalterlich-neuzeitlichen Völkerrechtsgemeinschaft des Abendlandes durchaus an die Seite stellen lässt."[99]

Erst für diese Zeit nimmt Preiser mit guten Gründen an, dass die Vertreter dieser Ordnung von der Überzeugung geleitet waren, „dass sie [sich] zur Einhaltung des ausdrücklich Vereinbarten wie zur Befolgung des in langer Tradition stillschweigend Anerkannten" verpflichtet fühlten: „Die Staatsverträge [...] schließen regelmäßig mit einer bedingten Selbstverfluchung für den Fall, dass der sich Verpflichtende vertragsuntreu werde." Preiser spricht für diese Zeit von einem bereits „zu einem ernst zu nehmenden Faktor entwickelte[n] Rechtsgefühl" auch im zwischenstaatlichen Bereich.

Um 1200 brach das geschilderte, zuletzt bereits hoch entwickelte altorientalische Staatensystem zusammen und es folgte eine Zeit der Unsicherheit und der Auflösung zwischenstaatlicher Bindungen und Beziehungen. Erst im 9. Jahrhundert gelingt dem neuen Assyrerreich eine neuerliche Einigung Vorderasiens. Nach der Zerstörung Ninivehs (612 v. C.) tritt das Weltreich der Achämeniden die Nachfolge an und dessen völkerrechtliche Aktivitäten überschneiden sich seit der zweiten Hälfte des 6. Jahrhunderts mit der griechischen Geschichte, zunächst mit jener der ionischen Stadtstaaten Kleinasiens.

Eine hohe innerstaatliche Rechtsentwicklung ist danach noch kein Indikator für eine ebensolche zwischenstaatlichen Beziehungen (eines Staates), also jenen Rechtsbereich, den wir heute Völkerrecht nennen. – Nimmt man das ernst, bedeutet es, dass die von manchen Rechtsvergleichern und Verhaltensforschern getroffen Annahmen rechtlicher Anlagen des Menschen zu idealistisch waren. Es ist demnach

98 Insbesondere im syrischen Ugarit, wo Urkunden über die zwischenstaatlichen Beziehungen Ugarits zum Hethiterreich des 14. Jhs. gefunden wurden.

99 Preiser 1956, 740 mwH ua. auf F. Weidner (1923) und V. Korošec (1931).

kein angeborenes Rechtsbewusstsein oder Rechtsgefühl des Menschen anzunehmen; vielmehr ist von einer mühsamen, über lange Zeiträume führenden kultur-evolutionären Entstehung dieser Eigenschaften auszugehen, die bis heute nicht abgeschlossen ist.[100] Denn die (Rechts)Geschichte lehrt uns, dass schwere Rückfälle auf dem Weg zu diesen hohen Zielen nicht selten sind, was das 20. Jahrhundert bestätigt.

Damit wird die (auf unserem diesjährigen Tagungsprogramm stehende) *völkerrechtliche Entwicklung eines Landes* zu einem (rechts)historischen *Entwicklungsindikator*, der von der mesopotamischen Frühzeit bis in die Gegenwart gute Dienste leisten kann. Wir müssen heute nur anstelle von Mari und Babylon, den Irak-Krieg oder die Haltung Chinas gegenüber Tibet oder von Russland gegenüber Tschetschenien setzen. – Der anschließend von Herrn Allam behandelte Vertrag zwischen Pharao Ramses II und dem Hethiterkönig Hattusili spiegelt bereits eine Haltung wider, die auch in Außenbeziehungen ein entwickelteres Rechtsbewusstsein erkennen lässt.

Sumerisches, griechisches, römisches Völkerrecht?

In seiner frühen Entstehung bildet sich Völkerrecht zunächst als *‚griechisch-interhellenisches',* aber auch – wie Preiser und Nörr gezeigt haben – als *‚sumerisches'* und *‚römisches'* aus; also als zwischenstaatliches Recht zwischen wertmäßig verwandten Völkern, Volksteilen und Rechtsordnungen, etwa den sumerischen und griechischen Stadt-Staaten, die sich bspw. auf die gleichen Schwurgötter beziehen konnten. Dies hat das Entstehen von Völkerrecht erleichtert, mögen auch die Anlässe (selbst dieses eingeschränkten Bereichs) nicht nur friedliche gewesen sein. – Auch Dieter Nörr[101] spricht für Rom von ‚römischem' Völkerrecht und ist sich der Bedenklichkeit solcher Umschreibung bewusst. Solch nationale Epiteta können aber auch für Griechenland und das alte Sumer verwendet werden, um das Entstehen von zunächst (inter)lokalem Völkerrecht zu erklären. Ich halte es nicht für abwegig mit Nörr an Hegels Terminologie zu erinnern, der das frühe Völkerrecht als „äußeres Staatsrecht" bezeichnet hatte. Bringt doch ein solches Verständnis zum Ausdruck, dass im (frühen) Völkerrecht immer auch ein Stück ‚eigenes' (also nationales) Recht steckt.

Der griechische Begriff ‚Völkerrecht' (κοινὸν δίκαιον, φύσει δίκαιον, κοινὸς νόμος)[102] ist das Ergebnis zwischenstaatlicher Rechtserfahrung (in Krieg und Frieden), was schließlich (auf überstaatlicher Normebene) *ver-rechtlicht* wurde, wobei das innerstaatliche Recht (Sakral-, Privat- und Strafrecht etc.) als Vorbild diente. Das römische Rechtsverständnis bezeichnet ab dem 2. Jahrhundert v. C. mit ius gen-

100 Man denke nur an die bis heute unterschiedliche Einschätzung der Menschenrechte.

101 1989, 15.

102 Dazu in Kapitel I 9 von ‚Graeca'.

tium „diejenigen Normen […], die in den Beziehungen zwischen den Staaten oder zwischen Angehörigen verschiedener Rechtsordnungen gelten“.[103] Nach Nörr kommt darin der „doppelte – übernationale und römische – Aspekt zum Ausdruck“; es ist das Recht, „das nach römischer Auffassung bei allen Völkern gilt“, zugleich aber auch „Bestandteil der römischen Rechtsordnung“ ist. – Das nach außen gewandte frühe Völkerrecht repräsentiert als zwischenstaatliches Recht zunächst noch nicht das im Inneren erreichte Rechtsniveau (mit allen Werten und Prinzipien) der Handelnden, sondern vornehmlich die staatspolitischen Interessen eines oder beider handelnden Gemeinwesen. Man denke an Friedensverträge, eine Kapitulation/deditio im Anschluss an einen Krieg und überhaupt foedera iniqua. – Auch darin zeigt sich – vergleichbar dem Entstehen von Rechtsgefühl – eine Entwicklung vom ‚Inneren zum Äußeren' und vom ‚Kleineren zum Größeren'.[104] Völkerrechtliche Rechtsakte hatten die Rechtsentwicklung beider Kontrahenten zu berücksichtigen. Dabei fällt auf, dass Völkerrechtsakte von Anfang an sakral-kultisch (durch Beschwörung und Eidesleistung und/oder das Darbringen von Opfern durch die Vertragsparteien) eingebunden waren, um ihre Wirksamkeit zu erhöhen. Das kann als Indiz dafür gelten, dass ‚Recht' und ‚Religion' (als Bestandteile des nomologischen Wissens) in der Frühzeit als unterschiedliche Mittel der Gemeinschaftssteuerung bei identer Zielorientierung (Erhaltung der Gemeinschaft) eingesetzt werden.

Schluss

‚Rechtsbewusstsein', ‚Rechtsgefühl' erweist sich bei näherer Betrachtung als kulturell mühsam erworbene nationale – aber gefühlsmäßig unterlegte[105] – Einsicht, die nicht nur unserem individuellen Wohlergehen, sondern auch unseren Gesellschaften dazu dient, friedlich miteinander zu verkehren. – Die untersuchte Maxime eignet sich für *zwischen-menschliche* wie *zwischen-staatliche* Konfliktregelung, denn sie vermittelt eine allgemeinverständliche Orientierung auf der Grundlage gemeinsamer Werte (die allerdings vorhanden sein müssen); und sie schafft durch ihre Anregung, sich in die Lage des ‚Anderen' zu versetzen, neue Einsicht und dadurch einen erhöhten kommunikativen Handlungs- und Entscheidungsspielraum; und das ist wiederum für eine breite rechtliche (oder anderweitige) Anwendung von Vorteil.

Die Aktualität der behandelten Fragen ist größer als angenommen. Die Entwicklung von Rechtsgefühl oder Rechtsbewusstsein erfolgt – wie gezeigt – von ‚unten' nach ‚oben' (Familie → Verwandtschaft → … Staat) und von ‚innen', den kleinen menschlichen Gemeinschaften (wie Familie, Kindergarten, Schule usw.), nach

103 Nörr 1989, 15.

104 Dazu in Kapitel I 9 von ‚Graeca': Völkerrecht.

105 Insofern ist der Begriff ‚Rechtsgefühl' zutreffend, mag er auch nur einen Teilaspekt der untersuchten Regel wiedergeben.

‚außen', zu immer größeren und unterschiedlich strukturierten Gruppen – wie Nachbarschaft, Gemeinde, Staat, Europa und darüber hinaus.[106] – Werden aber grundlegende (rechtliche) Erfahrungen im Rahmen der individuellen Sozialisation nicht positiv durchlaufen, ist es schwer, das Versäumte nachzuholen. Es gilt, was uns eine weitere Volksweisheit lehrt: ‚Was Hänschen nicht lernt, lernt Hans nimmermehr!' Das erzieherische Potenzial des keineswegs banalen Inhalts der Goldenen Regel kann ontogenetisch früh eingesetzt werden und kennt keine Altersgrenze.

Die noch vor wenigen Jahrzehnten (zu Lebzeiten von K. Lorenz) geführte Debatte, ob Rechtsgefühl angeboren ist oder nicht, hat sich – nach den Erfahrungen der letzten Jahrzehnte (Jugoslawien, Tschetschenien, Irak etc.) – nahezu von selbst erübrigt.[107] Es ist Aufgabe jeder Generation, Rechtsgefühl und Rechtsbewusstsein (im Rahmen des Generationenwechsels) zu vermitteln. – Für die rechtliche Sozialisation eröffnet sich dadurch immer wieder die Chance, normative Verstandeswerte durch Gefühlswerte zu ergänzen.

106 Wie schwierig es ist ‚innere' (hier iSv nationalen) Standards auf Außenbeziehungen (also supra- und internationaler Art) zu übertragen, zeigen in der Gegenwart etwa die Handhabung des Asylrechts, die Schwierigkeiten bei der Schaffung einer internationalen (Straf)Gerichtsbarkeit oder der kulturenüberschreitende ‚Kampf' und die Menschenrechte.

107 Meine Position läuft auf einen Kompromiss mit der Ansicht von K. Lorenz und anderen hinaus, der sich in die Formel gießen lässt: Aus einem bescheiden ererbten ‚Sozialgefühl' (das den engsten menschlichen Kreis betrifft) entsteht kulturell ein allgemeines zwischenmenschliches Rechtsbewusstsein, das seinen Ausdruck in der Goldenen Regel findet.

Literaturverzeichnis

Aischylos, Die Orestie. Agamemnon. Die Totenspende. Die Eumeniden. Deutsch von E. Staiger mit einem Nachwort des Übersetzers (Stuttgart, 1997)

Bahnsen Ulrich 2008: Erbgut in Auflösung, in: Die Zeit 2008, Nr. 25, 12. Juni, S. 33 f

Baltrusch Ernst 1994: Symmachie und Spondai. Untersuchungen zum griechischen Völkerrecht der archaischen und klassischen Zeit (8.-5. Jahrhundert v. Chr.), (Berlin/ NewYork, 1994)

Bruck Eberhard Friedrich 1926/1970: Totenteil und Seelgerät im griechischen Recht. Eine entwicklungsgeschichtliche Untersuchung zum Verhältnis von Recht und Religion mit Beiträgen zur Geschichte des Eigentums und des Erbrechts (München, 1926/1970[2])

Buchheim Thomas (Hg.) 1989: Gorgias von Leontinoi: Reden, Fragmente und Testimonien, Griechisch/Deutsch (Hamburg, 1989)

Diogenes Laertios, Leben und Lehre der Philosophen. Aus dem Griechischen übersetzt und hg. von F. Jürß (Stuttgart, 1998) – und Leben und Meinungen berühmter Philosophen. In der Übersetzung von O. Apelt unter Mitarbeit von H.G. Zekl neu hg. sowie mit Einleitung und Anmerkungen versehen von K. Reich, zwei Bände (Hamburg, 2008)

Christ Karl 1972/1989: Von Gibbon zur Rostovtzeff. Leben und Werk führender Althistoriker der Neuzeit (Darmstadt, 1972/1989[3])

Hose Martin 2008: Euripides. Der Dichter der Leidenschaften (München, 2008)

Dihle Albrecht 1962: Die goldene Regel. Eine Einführung in die Geschichte der antiken und frühchristlichen Vulgärethik (Göttingen, 1962)

Ehrenzweig Albert A. 1973: Psychoanalytische Jurisprudenz (Berlin, 1973)

Flaig Egon 2005: Der mythogene Vergangenheitsbezug bei den Griechen, in: Assmann/Müller (Hg.), Der Ursprung der Geschichte (2005) 215 ff

Hampl Franz 1957 ‚Stoische Staatsethik' und frühes Rom, in HZ 184 (1957) 249-271 (= R. Klein 1966, 116-142)

Korošec Victor 1931/1970: Hethitische Staatsverträge. Ein Beitrag zu ihrer juristischen Wertung (Leipzig, 1931/Neudruck 1970)

Koschaker Paul 1928: Neue keilschriftliche Rechtsurkunden aus der El-Amarna-Zeit (Leipzig, 1928)

Köster August 1924: Schiffahrt und Handelsverkehr des östlichen Mittelmeeres im 3. u. 2. Jahrtausend v. Chr. (Leipzig, 1924)

Latacz Joachim 2001: Troja und Homer. Der Weg zur Lösung eines alten Rätsels (München/Berlin, 2001)

Latacz Joachim 2003: Homer. Der erste Dichter des Abendlands (Düsseldorf/Zürich, 2003[4])

Lévi-Strauss Claude 1966/1984: Die elementaren Strukturen der Verwandschaft (Frankfurt am Main, 1984[3])

Lorenz Konrad 1973/2005: Die acht Todsünden der zivilisierten Menschheit (München, 1973/ 2005[33])

Malinowski Bronislaw 1926: Crime and Custom in Savage Society (London/New York, 1926/1949[5])

Malinowski Bronislaw 1934: Introduction to H. Ian Hogbin, Law and Order in Polynesia. A study of Primitive Legal Institutions (London, 1934/Hamden, Connecticut 1961) XVII-LXXII

Malinowski Bronislaw 1975/2005: Eine wissenschaftliche Theorie der Kultur. Übersetzt von F. Levi. Mit einer Einleitung von P. Reiwald (Frankfurt am Main, 1975/2005[2])

Meier Christoph 1986: Zur Diskussion über das Rechtsgefühl. Themenvielfalt – Ergebnistrends – neue Forschungsperspektiven (Berlin, 1986)

Neumann Hans 2003: Recht im antiken Mesopotamien, in: U. Manthe (Hg.), Die Rechtskulturen der Antike (2003) 55-122

Nörr Dieter 1989: Aspekte des römischen Völkerrechts. Die Bronzetafel von Alcántara (München, 1989)

Patzek Barbara 2003: Homer und seine Zeit (München, 2003)

Philippidis Leonidas Joh.1929: Die ‚goldene Regel' (Diss. Leipzig, 1929)

Preiser Wolfgang 1956/1978: Die Epochen der antiken Völkerrechtsgeschichte, in: JZ 1956, 737-744 = Preiser, Macht und Norm (1978) 105-126

Preiser Wolfgang 1996: Zur Ausbildung einer völkerrechtlichen Ordnung in der Staatenwelt des Alten Orients, in: Magen/Rashad (1996) 227-239

Reiner Hans 1948: ‚Die goldene Regel', in: Zeitschrift für philosophische Forschung III (1948) 74-105

Reiwald Paul 2005: ‚Einleitung' zu B. Malinowski, Eine wissenschaftliche Theorie der Kultur (Frankfurt am Main, 2005²) 7-44

Rümelin Gustav 1948: Rechtsgefühl und Gerechtigkeit. Nachdruck der Kanzlerrede aus dem Jahre 1875 (Frankfurt a. M., 1948)

Sasson Jack M. 1993: On reading the diplomatic letters in the Mari Archives, in: J.-M. Durand /D. Charpin, Amurru 2. Mary, Ébla et les Hourrites. Dix ans de travaux, deuxième partie. Actes du colloque international Paris, 1993 (Paris, 2001) 329-338

Schrott Raoul 2008a: Homers Heimat. Der Kapf um Troia und seine realen Hintergründe (München, 2008)

Schrott Raoul 2008b: Homer. Ilias. Übertragen von R. Schrott, Kommentiert von P. Mauritsch (München, 2008)

Spendel Günter 1967: Die Goldenen Regel als Rechtsprinzip, in: FS für Fritz von Hippel (Tübingen, 1967) 491-416

Ulf Christoph 1990: Die homerische Gesellschaft. Materialien zur analytischen Beschreibung und historischen Lokalisierung (München, 1990)

Ulf Christoph 2003 (Hg.): Der neue Streit um Troja (München, 2003)

Verdross Alfred 1958/1963: Abendländische Rechtsphilosophie. Ihre Grundlagen und Hauptprobleme in geschichtlicher Form (Wien, 1958/1963²)

Weber Max 1967: Rechtssoziologie. Aus dem Manuskript hg. und eingeleitet von Johannes Winckelmann (Neuwied am Rhein/Berlin, 1967²)

Weidner Ernst F. 1923: Politische Dokumente aus Kleinasien. Die Staatsverträge in akkadischer Sprache aus dem Archiv von Boghazköi (Leipzig, 1923)

Ziegler Karl-Heinz 1999: ‚Wolfgang Preiser' (Nachruf), in: SZ/RA 116 (1999) 659-663

Völkerrecht in den antiken Welten

Karl-Heinz Ziegler

1. Der Titel meines einleitenden Vortrags hätte auch lauten können: „Antikes Völkerrecht“ oder aber „Völkerrecht im Altertum“. Er lautet nun, wie von Herrn Kollegen Barta vorgeschlagen, „Völkerrecht in den antiken Welten“. Damit soll ausgedrückt werden, worum es bei unserer Tagung geht: um Völkerrecht in der vorklassischen und klassischen Antike in den an das Mittelmeer angrenzenden und daran anschließenden Teilen Asiens, Europas und Nordafrikas, wo die geistigen Wurzeln der heutigen Welt-Rechtsordnung entstanden sind. Unberücksichtigt bleibt daher namentlich das alte Ostasien, wo schon in vorchristlicher Zeit ein chinesisches Völkerrechtssystem existiert hatte, das mit der Begründung des Einheitsreiches durch Kaiser Qin Shi huangdi im Jahre 221 v. Chr. endete.

Völkerrecht ist wesentlich das zwischenstaatliche Recht, also der Inbegriff der Rechtsnormen, die für die Beziehungen zwischen Staaten, gegebenenfalls auch anderen Subjekten des internationalen Rechtsverkehrs gelten. Dieser neuzeitliche, alter europäischer Tradition zu verdankende Rechtsbegriff (der im 16.Jahrhundert als Übersetzung des lateinischen *ius gentium* entstanden war, wie auch der französische Terminus *droit des gens*) wird von uns auch für das Altertum verwandt, soweit es um Phänomene wie Kriegsführung und Friedensschluss, Bündnisse, Handelsabkommen, die Entsendung und den Empfang von Unterhändlern und Gesandten und darauf bezügliche rechtliche Regelungen geht. Anders gesagt: Der Sache nach ist das Völkerrecht praktisch so alt wie die in organisierten souveränen Verbänden auftretende Menschheit. Diese unsere Sicht hat sich erst allmählich entwickelt. Noch am Anfang des vergangenen (des 20.) Jahrhunderts hat man das Völkerrecht erst mit Hugo Grotius († 1645) und dem Westfälischen Frieden (1648) beginnen lassen. Erst nach dem II. Weltkrieg setzte sich die heute wohl herrschende Meinung durch, dass schon in den Jahrhunderten und Jahrtausenden davor echtes Völkerrecht existiert hatte. Speziell für die Antike verweise ich auf meinen Lehrer und Doktorvater Wolfgang Preiser und seine Schüler, auf Römischrechtler wie Francesco de Martino und Max Kaser und auf den großen Völkerrechtshistoriker Wilhelm G. Grewe. Bestätigt wird das auch durch das 2001 erschienene Buch des amerikanischen Völkerrechtlers David J. Bederman, das den programmatischen Titel trägt: „International Law in Antiquity“. Wir kommen auf die Frage der Terminologie nochmals kurz zurück.

Seit dem 20. Jahrhundert erleben wir die Geschichte der Menschheit als buchstäblich globales Phänomen. Das Völkerrecht wird dem entsprechend seit dem 19.

und 20. Jahrhundert zum universellen Normenkomplex, dessen Regeln grundsätzlich überall auf der Erde Geltung beanspruchen. Noch im 18.Jahrhundert war trotz der seit dem 15.Jahrhundert einsetzenden überseeischen Expansion europäischer Kolonialmächte das Völkerrecht ein regional begrenztes Phänomen, und noch in der Mitte des 19.Jahrhunderts nannte man das von Europa ausgehende Völkerrecht *droit public de l'Europe*.

Im Altertum hatten alle völkerrechtlichen Ordnungen regionalen Charakter. Das gilt für den Alten Orient ebenso wie für die griechische *oikoumene* und den römischen *orbis terrarum*. Der geographische Horizont der antiken Akteure hat sich in den rund dreieinhalb Jahrtausenden des Altertums, in denen wir Hochkulturen beobachten, ständig erweitert. Am kleinsten war die „Welt" für die Bewohner des Alten Orients. Dabei führten schon im 23. Jahrhundert v. Chr. Großkönige des Reiches von Akkad den Herrschertitel eines „Königs der vier Weltgegenden" und drückten dadurch den Gedanken der Weltherrschaft aus. Dieser Titel wurde von den Herrschern der Großreiche bis in die altorientalische Spätzeit, die sich mit der altgriechischen Epoche überschneidet, verwandt. Der Gründer des altpersischen Reiches, Kyros, nannte sich nach der Eroberung von Babylon (539 v. Chr.) ebenfalls „König des Alls" und „König der vier Weltgegenden". Die *oikoumene* der griechischen Polis-Welt umfasste neben Griechenland (Hellas) auch „barbarische" Reiche und Staaten, so das Perserreich im Osten, aber auch das nordafrikanische Karthago, etruskische und andere in Italien gelegene Staaten im Westen. Die Erweiterung des politischen Horizonts der alten Griechen wird auch in den Schriften ihrer Geographen deutlich. Die „römische Welt" war ursprünglich begrenzt auf Italien und den westlichen Mittelmeerraum mit Karthago. Noch das Weltreich Alexanders des Großen lag wesentlich außerhalb des politischen Horizonts der römischen Politiker. Erst im 3. vorchristlichen Jahrhundert verschmolz die römische mit der griechisch-hellenistischen Staatenwelt. Die im anschließenden Jahrhundert entstehende römische „Weltmacht" konnte um die Zeitenwende als von einem Kaiser regiertes Imperium Romanum zwar das Mittelmeer als *mare nostrum* ansehen; aber seit Augustus erkannte Rom im Osten, mit dem Euphrat als Reichsgrenze, die von den Parthern geschaffene neue iranische Großmacht als unabhängigen Nachbarn an. Die nach dem Partherkrieg Trajans erfolgte Ausdehnung des Römischen Reiches bis an den Persischen Golf blieb eine auf wenige Jahre beschränkte Episode. Rom und Iran waren die Gegner und Partner in der römisch-hellenistischen *oikoumene*, dem *orbis terrarum*. Mit dem neupersischen Reich der Sassaniden erhielt Rom im 3. nachchristlichen Jahrhundert einen weltpolitischen Gegenspieler auf gleicher Augenhöhe: dem römischen Imperialismus, den griechische Festredner zur Herrschaft über die *oikoumene* im Sinne der zivilisierten Welt verklärten, stellten die sassanidischen Großkönige die altorientalische Weltherrscher-Idee entgegen. Schapur I. nannte sich um 240 „König der Könige von Iran und Nichtiran". In der Spätantike verwendeten Kaiser und Großkönig im diplomatischen Verkehr die Anrede „Bruder", um die gegenseitige Anerkennung als gleichrangiger Souverän auszudrücken.

2. Der soeben von mir gebrauchte Ausdruck „Souverän“ für den römischen Kaiser und den persischen Großkönig gibt Anlass, nochmals auf die Frage nach der Berechtigung der Termini „Völkerrecht“ und „Staat“ für die Beziehungen zwischen antiken Herrschaftsverbänden zu sprechen zu kommen. Der um die Völkerrechtsgeschichte des Mittelalters und der Neuzeit verdiente Giessener Emeritus für öffentliches Recht und Völkerrecht Heinhard Steiger will für Antike und Frühmittelalter den Terminus „Zwischen-Mächte-Recht“ verwenden und davon das „Völkerrecht stricto sensu“ unterscheiden und es dem seit dem europäischen Spätmittelalter entstehenden modernen, heute globalen internationalen Recht vorbehalten. Diese begriffliche Trennung ist nach meiner Ansicht nicht schlüssig, und sie stiftet bei historisch nicht beschlagenen Juristen und bei juristisch nicht beschlagenen Historikern mehr Verwirrung als Klarheit. Das Problem der so genannten „anachronistischen Begriffsbildung“ ist in der Privatrechtsgeschichte schon seit mehr als zwei Generationen diskutiert worden. Hier nur soviel dazu: Wenn wir rechtliche Phänomene vergangener Zeiten zu bewerten haben, können wir auch als Rechtshistoriker nicht anders verfahren, als zunächst von unseren eigenen – modernen - Begriffen auszugehen, mit denen wir auch die Vergangenheit zu verstehen und zu erklären versuchen, ohne dabei den historischen Stoff zu vergewaltigen. Aus der Privatrechtsgeschichte wissen wir auch, dass die Sachgeschichte häufig älter ist als die Begriffsgeschichte. Wir brauchen daher keine Hemmungen zu haben, mit Roman Herzog von „Staaten der Frühzeit“ zu sprechen. Ein „souveräner Staat“ im Sinne eines möglichen Völkerrechtssubjekts ist daher auch eine altorientalische Monarchie, eine antike Polis oder ein Stammesverband als höchste Organisationsform der auf einem bestimmten Gebiet ansässigen Bevölkerung, die aus eigenem Recht lebt, sich als autonome Gruppe versteht und zu anderen derartigen Herrschaftsgebilden in friedliche oder kriegerische Beziehungen tritt. Dass das antike Rom in den verschiedenen Perioden seiner Geschichte den Anforderungen, die wir in der Neuzeit an einen souveränen Staat als Subjekt des Völkerrechts zu stellen pflegen, in allem Wesentlichen entsprochen hat, habe ich in Auseinandersetzung mit Heinhard Steiger schon im Jahre 2002 in der Festschrift für Mayer-Maly nochmals dargelegt. Die drei Elemente des Staates, die in der modernen Staatslehre gefordert werden, Staatsvolk, Staatsgebiet und Staatsgewalt, waren in Rom nicht nur vorhanden, sondern sogar schon juristisch erfasst. Träger des Gemeinwesens war das „römische Volk“ (der *populus Romanus*) und blieb es in der Theorie noch unter Justinian. In den justinianischen Digesten und Institutionen wird das Herrschergesetz (die *lex regia*) erwähnt, mit dem das römische Volk seine gesamte Befehlsgewalt (*imperium*) und Macht (*potestas*) auf den Kaiser (*princeps*) überträgt (vgl. D.1,4,1 pr. und Inst.1,2,6). Die Staatsgewalt (das *imperium populi Romani*) war wie jede Amtsgewalt auch territorial begrenzt: sie endete an den Staatsgrenzen, später den Reichsgrenzen (*fines imperii*).

Es bleibt noch ein immer wieder gegen die Rechtsnatur des antiken Völkerrechts vorgebrachter Einwand zu entkräften: die Verankerung von Institutionen und der darauf bezüglichen Normen in der Religion als angebliches Manko für den Rechtscharakter. Das Paradebeispiel ist der im ganzen Altertum begegnende Abschluss internationaler Verträge, bei denen sich die Vertragsparteien durch feierlichen Eid für den Fall des Vertragsbruchs selbst verfluchen. Mit Recht hat der amerikanische Völkerrechtler Bederman solche Argumentation auch für die Antike als haltlos zurückgewiesen. Wechselseitig beschworene Staatsverträge sind im übrigen nicht nur für das gesamte europäische Mittelalter kennzeichnend, sondern auch für die frühe Neuzeit: sie kommen noch im 17. Jahrhundert vor und werden erst im 18. Jahrhundert obsolet. Aber bis in die zweite Hälfte des 19. Jahrhunderts hält sich im christlichen Europa der Brauch, wichtige völkerrechtliche Verträge durch die Anrufung der Heiligen Dreifaltigkeit einzuleiten (so noch 1867 im Londoner Vertrag über die staatliche Unabhängigkeit und Neutralisierung von Luxemburg: *Au nom de la très-sainte et indivisible Trinité*). Der Berliner Vertrag von 1878, bei dem auch das Osmanische Reich Vertragspartner war, erfolgte dagegen unter einer ebenfalls alten Formel, die Christen und Muslimen gemeinsam war: „Im Namen Gottes des Allmächtigen" (*Au nom de Dieu Tout-Puissant*).

3. Völkerrechtliche Erscheinungen wie Kriegführung und Friedensschluss, Allianzen, Handelsabkommen, Entsendung und Empfang diplomatischer Vertreter gibt es in allen Epochen der Geschichte. Eine Völkerrechtsordnung, also ein internationales Rechtssystem, finden wir, wie Wolfgang Preiser schon vor über einem halben Jahrhundert festgestellt hat, in den ersten Jahrtausenden nur gelegentlich: dann nämlich, „wenn unabhängige, in kulturellen, wirtschaftlichen und politischen Beziehungen stehende Staaten sich gegenseitig als autonome Rechtssubjekte gleichen Ranges anerkennen und bei Abschluss und Ausführung ihrer zwischenstaatlichen Abreden wie auch bei der Befolgung des im Staatenverkehr Üblichen von der Vorstellung bestimmt sind, sie seien zur Einhaltung des Vereinbarten oder stillschweigend Geltenden auch rechtlich verpflichtet und diese Verpflichtung sei unabänderlich" (Epochen 737 = Macht 105). Solche völkerrechtlichen Ordnungen haben, wie Preiser schon damals unwiderleglich nachgewiesen hat, mit Sicherheit im Alten Orient, sodann in der altgriechischen Polis-Welt und schließlich in der römisch-hellenistischen Welt existiert. Die altorientalische Völkerrechtsepoche dauerte rund zweieinhalb Jahrhunderte (etwa 1450 bis 1200 v. Chr.). Die altgriechische Völkerrechtsordnung umfasst den Zeitraum von etwa 600 bis 338 v. Chr. Sie überschneidet sich damit zeitlich mit dem Völkerrechtssystem, an dem Rom beteiligt war, das um 500 v. Chr. in Italien und im westlichen Mittelmeer beginnt und im 3. vorchristlichen Jahrhundert mit dem hellenistischen Gleichgewichtssystem verschmilzt und bis zum Jahre 168 v. Chr. bestand. In der Spätantike bildete sich dann im 4. nachchristlichen Jahrhundert ein von Rom (Ostrom) und Persien getragenes Staatensystem heraus, das erst im 7.Jahrhundert mit der Ausbreitung des Islam und dem Untergang des Sassanidenreiches endete.

4. Die Völkerrechtsepoche im 2. vorchristlichen Jahrtausend umfasst zeitlich nur ein Zehntel der zweieinhalb Jahrtausende altorientalischer Geschichte, für die wir über

Schriftzeugnisse verfügen. Voraufgegangen waren viele Jahrhunderte, in denen uns immer wieder faszinierende völkerrechtliche Phänomene begegnen. Aus der Mitte des 3. vorchristlichen Jahrtausends ist uns ein über mehrere Generationen dauernder Grenzkonflikt zwischen zwei sumerischen Stadtstaaten, in dem auch vertragliche Regelungen getroffen worden waren, urkundlich belegt. Der älteste im Wortlaut überlieferte Staatsvertrag der Weltgeschichte, ein um 2400 v. Chr. anzusetzender Freundschafts- und Handelsvertrag, ist dank der Tätigkeit italienischer Archäologen seit gut einer Generation aus Ebla in Nordsyrien bekannt. Um 2250 v. Chr. hat der akkadische Großkönig Naramsin mit einem Herrscher des im heutigen Iran gelegenen Reiches von Elam ein Bündnis geschlossen, in dem auch eine Freund-Feind-Klausel verwandt wurde (eine Figur, die auch im alten Griechenland und im europäischen Mittelalter begegnet). Durch das Archiv von Ebla ist auch ein weiterer früher Beleg für die Anrede als „Bruder" im diplomatischen Schriftverkehr bekannt geworden.

Die insbesondere von Ägypten, Babylonien und dem Hethiterreich getragene altorientalische Völkerrechtsordnung des 2. vorchristlichen Jahrtausends ist von rechtsgeschichtlich kaum zu überschätzender Bedeutung. Hier wurde die Figur des von den Parteien feierlich beschworenen Staatsvertrages perfekt ausgebildet und auch in seiner Struktur terminologisch erfasst: die inhaltliche Vereinbarung, die durch Eid oder Eide unter den Schutz der Götter gestellt und damit bindend wird. Der griechische und der römische förmliche Staatsvertrag folgen diesem altorientalischen Muster – in der Struktur wie auch in der altertümlichen Terminologie. Die technischen Ausdrücke für den internationalen Vertragsschluss im Griechischen (*ta horkia temnein*) und im Lateinischen (*foedus ferire* s. *icere* s. *percutere*) erinnern noch in klassischer Zeit eindeutig an das bei dem feierlichen Schwur samt Selbstverfluchung geschlachtete Opfertier. Auch im Alten Orient hatte die schriftliche Publikation der Staatsverträge (wie später in Griechenland und Rom) keine konstitutive Wirkung, sondern diente der Erinnerung und dem Nachweis. Seit 1986 verfügen wir über die erste auf einer Bronzetafel erhaltene Originalurkunde eines hethitischen Staatsvertrages (H. Otten, Die Bronzetafel etc., 1988). Dass über den hethitisch-ägyptischen Friedens- und Freundschaftsvertrag von 1270 v. Chr. zwischen Hattusili III. und Ramses II. schriftliche Ausfertigungen auf Silbertafeln ausgetauscht wurden, wissen wir aus einer ägyptischen Inschrift, die uns auch die Siegel des Großkönigs und der hethitischen Königin beschreibt. Der genannte Vertrag ist auch ein herausragendes Zeugnis für die durch Gebrauch der Anrede oder Bezeichnung „Bruder" unter Herrschern ausgedrückte wechselseitige Anerkennung als gleichberechtigter und ebenbürtiger Souverän. Weitere Quellenbelege bietet die diplomatische Korrespondenz der Zeit (insbesondere die durch die in El-Amarna gefundenen Königsbriefe, die zugleich belegen, dass das Akkadische als internationale Sprache sogar von den Pharaonen in ihrer Korrespondenz mit ihren syrischen Vasallen benutzt wurde). Der Gesandtschaftsverkehr war schon verhältnismäßig intensiv. Unter befreundeten Höfen war es üblich, beim Tode eines Herrschers oder zur Thronbesteigung Gesandtschaften zu schicken oder auszutauschen. Ein eigentliches

Gesandtschaftsrecht gab es aber offensichtlich noch nicht.- Auch von einem internationalen Kriegsrecht kann man kaum sprechen. Überall galt aber – wie auch später in der klassischen Antike – der im Krieg Gefangene als Sklave: die Feinde (auch die Zivilbevölkerung) und ihr Gut waren Beute der Sieger. Der hohe Stand der damals in den führenden Staaten erreichten Rechtskultur und die Praxis des zwischenstaatlichen Verkehrs erlauben auch keinen ernsthaften Zweifel an der für das Funktionieren einer internationalen Rechtsordnung unentbehrlichen prinzipiellen Rechtsgesinnung bei den politischen Akteuren. Bekannt ist der aus dem 14. Jahrhundert v. Chr. überlieferte religiöse Text, der eindeutige juristische Rückschlüsse erlaubt: die Pestgebete des hethitischen Großkönigs Mursili II., der als Ursache für die sein Land heimsuchende Pest den vertragswidrigen Angriff seines Vaters auf ägyptisches Gebiet ansah, also den Bruch des beim hethitischen Wettergott beschworenen eidlichen Versprechens.

In den um 1200 v. Chr. beginnenden Jahrhunderten, die zu der im 9. vorchristlichen Jahrhundert verwirklichten assyrischen Vormacht führten, hat es zwar kein völkerrechtliches Ordnungssystem mehr gegeben, aber eine Fülle die Tradition fortsetzender völkerrechtlicher Erscheinungen. Wichtige Quellen sind neben den assyrischen Vasallenverträgen auch Verträge unter kleineren Fürsten. Die in den Inschriften teilweise enthaltenen langen Fluchformeln, die sich gegen den Eidbrüchigen richten, haben gewisse Parallelen noch in altgriechischer und altrömischer Zeit. Im altorientalischen Umfeld entstanden, aber durch das Verständnis als „Gottesrecht“ und durch die heilsgeschichtliche Deutung hervorgehoben sind die Spuren und Reflexe internationalen Rechts, die uns im Alten Testament der Bibel begegnen. Die Rolle, die Assyrien als Bedrohung und als geistige Herausforderung für die altisraelitischen Propheten und die Geschichtsschreiber in der Hebräischen Bibel auch in unserem Bereich gespielt hat, ist namentlich von dem Alttestamentler Eckart Otto in tiefschürfenden Arbeiten untersucht worden.

Das von Ägypten, dem neubabylonischen Reich, den Reichen der iranischen Meder und der kleinasiatischen Lyder getragene Gleichgewichtssystem der altorientalischen Spätzeit (etwa 600 bis 550 v. Chr.) existiert gleichzeitig mit dem ersten halben Jahrhundert der altgriechischen Völkerrechtsordnung. Griechische Poleis hatten in dieser Zeit auch schon – teilweise enge – Beziehungen zu diesen Mächten. In dieser Spätzeit geht auch das kleine Königreich Juda unter, als das 586 v. Chr. unter Nebukadnezar II. von Babylon eroberte Jerusalem zerstört wird und die jüdische Oberschicht samt Teilen der Bevölkerung in die „babylonische Gefangenschaft“ geführt wird.

5. Das altgriechische Völkerrechtssystem (etwa 600 bis 338 v. Chr.), das sich von Anfang an auch in den Nahen Orient und in den Westen des Mittelmeerraumes erstreckte, stellt den Beginn des von Wolfgang Preiser treffend so genannten „europäischen Völkerrechts“ dar, das freilich , wie Preiser ebenfalls immer betonte, auch eine altorientalische Vorgeschichte hat. Besonders gut zeigt das, wie schon

oben (4.) erwähnt wurde, in der Rezeption des altorientalischen Typus des Staatsvertrages, der durch die vereinbarten Abreden (*synthekai*) und dem von jedem Vertragspartner darauf geleisteten Eid (*horkos*) zustande kam. Diese Art des Vertragsschlusses begegnet uns wie die darauf bezügliche Terminologie bereits in Homers Ilias, also in der spätassyrischen Zeit. Der orientalische Charakter der wohl aus dem 7. vorchristlichen Jahrhundert stammenden Fluchformel im Schwur, den die Mitglieder der delphischen Amphiktyonie zu leisten hatten, ist den Althistorikern schon lange bewusst gewesen. Die Publikation der Staatsverträge auf Stein oder auf einer Bronzetafel war verständlicherweise auch im griechischen Völkerrecht kein Bestandteil des Vertragsschlusses, also nicht konstitutiv, sondern diente dazu, die Öffentlichkeit zu unterrichten und den Vertrag vor dem Vergessen zu bewahren. Die neue Struktur des griechischen Gemeindestaates (der *polis*), der Freiheit (*eleutheria*) nach außen und innerhalb seiner Grenzen die Selbstbestimmung (*autonomia*) genoss, zeigte sich auch in der Stilisierung der Staatsverträge. Vertragspartner war jeweils das Staatsvolk, also ausweislich der Urkunden „die Athener" (nicht: Athen), „die Lakedaimonier" (nicht: Sparta), „die Thebaner" (nicht: Theben), und so weiter. Vielgestaltig wie der in der Polis-Welt entwickelte zwischenstaatliche Verkehr waren dann auch die (nur zum Teil überlieferten) Staatsverträge. Neben politischen Verträgen (wie Bündnissen aller Art, Freundschaftsverträgen, Friedensverträgen) finden wir vor allem schon zahlreiche Verträge über Rechtshilfe, Handelsabkommen. Überall haben sich Vertragsklauseln entwickelt, die zum Teil formularmäßig verwandt wurden, etwa in Bündnissen die Freund-Feind-Bestimmung („denselben Feind und Freund zu nennen"), die Verpflichtung zur Hilfeleistung „mit aller Kraft, nach Vermögen", das Verbot, einen Separatfrieden abzuschließen, und anderes mehr. - Auch während des Krieges gab es im alten Griechenland häufig Verträge unter Kriegführenden, die den Kriegszustand nicht beendeten (also Kriegsverträge im modernen Sinne): die Waffenruhe (etwa zur Bestattung der Gefallenen) und den Waffenstillstand (*ekecheiria*), um Friedensverhandlungen und den Abschluss eines Friedensvertrages zu ermöglichen. Aber auch die Kapitulation erfolgte bei den Griechen in Vertragsform. Daneben gab es auch Abkommen über den freien Abzug von militärischen Einheiten, über den Austausch von Gefangenen und anderes mehr. Zu den besonderen Leistungen der alten Griechen im Völkerrecht gehört die Entwicklung des zwischenstaatlichen Schiedsgerichts, das uns erstmals in der Geschichte als praktisch bedeutsames Mittel internationaler Streiterledigung begegnet. Auch beim friedlichen Austrag von Streitigkeiten liegen bei den Griechen die Anfänge in archaischer Zeit (Hinweise enthält auch hier Homers Ilias). In klassischer Zeit waren die Schiedstribunale höchst unterschiedlich zusammengesetzt; Verfahrensregeln waren nicht selten von innerstaatlichen Vorbildern beeinflusst. Wir finden auch besondere Schiedsverträge, häufiger aber in anderen Verträgen (z.B. Friedensverträgen) Schiedsklauseln für den Fall von künftigen Streitigkeiten.

Auch im Völkerrecht beginnt das europäische Rechtsdenken unmittelbar mit den alten Griechen. Sie waren auf vielen Gebieten die Lehrer Europas (Philosophie,

Politikwissenschaft, Literatur und Kunst, aber auch Mathematik und Physik, Geographie und Historiographie fallen uns sofort ein). Im Bereich des Rechts haben die Griechen vor allem als Rechtsphilosophen, auch als Begründer von Staats- und Verfassungstheorien Bahnbrechendes geleistet und die Grundlagen Europas mitgeprägt. Eine Rechtswissenschaft in unserem Sinne war den griechischen Denkern des Altertums. Die Jurisprudenz war, in der Methode angeregt und beeinflusst vom griechischen wissenschaftlichen Denken, eine Erfindung der Römer. Die Grundlagen einer funktionierenden völkerrechtlichen Ordnung in unserem Sinne sind bei den Griechen bewusst geschaffen worden: eine Pluralität von zum Teil ganz unterschiedlichen Staaten, die einander als unabhängige Partner in auch rechtlich geordneten Beziehungen anerkennen und deren Lenker ein auf die Rechtsnatur entsprechender Verhaltensnormen bezügliches Bewusstsein hatten. Theoretische Ansätze für ein gemeingriechisches Völkerrecht finden wir bei verschiedenen griechischen Autoren. Ungeschriebene Grundsätze und Gewohnheiten in Krieg und Frieden werden gern bezeichnet als *nomos* oder (ein Plural) *nomima* „der Hellenen". Wenn sie das Fehlen eines förmlichen rechtsetzenden Akts ausdrücken wollen, sprechen die Griechen auch vom „ungeschriebenen Gesetz", *agraphos nomos*. Zu den *nomoi koinoi* der Hellenen gehörte beispielsweise nach Thukydides der Schutz der Heiligtümer im Krieg (4,97,2), aber auch das Recht der kriegerischen Eroberung (4,98,2), ferner die Schonung der bittflehenden Besiegten (3,58,3). Die engere altgriechische Rechtsgemeinschaft wird aber auch schon früh durch ein universelles, nämlich für alle Menschen postuliertes Recht umlagert. Bereits Herodot (7,136) kennzeichnet die Unverletzlichkeit des unter göttlichem Schutz stehenden Herolds (*keryx*) als Recht aller Menschen (*ta panton anthropon nomima*). Dem „Recht aller Menschen" entspricht nach Xenophon auch das Prinzip, dass im Krieg eroberte Städte mitsamt der Bevölkerung und ihren Sachen dem Sieger gehören (Kyrupädie 7,5/73: *nomos en pasin anthropois*). Mehrfach apostrophiert im 2. vorchristlichen Jahrhundert der Historiker Polybios im zwischenstaatlichen Verkehr gemeinsames Recht und gemeinsame Bräuche aller Menschen (Hist. 1,70,6; 2,8,12; 2,58,4f. und 6f.; 4,6,11; 4,67,4). Polybios folgt hier gewiss griechischer Tradition, auch wenn das von ihm Beobachtete ebenfalls in den Bereich des römischen *ius gentium* fällt (dazu unten 6.). In der griechischen Rechtstheorie ist auch schon früh der Gedanke der Vertragstreue entwickelt worden. Die griechische *pistis* entspricht dabei der lateinischen *fides* (zu dieser unten 6.). In griechischen Staatsverträgen wird nicht selten vereinbart, dass die Vertragsbestimmungen „getreulich und ohne Arglist" (oder „gerecht und ohne Arglist") ausgeführt werden sollen. In einem vor 510 v. Chr. geschlossenen Staatsvertrag verpflichten sich die Vertragsparteien (Sybariten und Serdaier) zu „treuer, unverbrüchlicher Freundschaft".

Die Idee des Naturrechts, die für die Entwicklung des Völkerrechts in allen Epochen der europäischen Geschichte von Bedeutung war, ist in der Welt der griechischen Stadtstaaten entstanden. Der Gedanke von der natürlichen Gemeinschaft aller Menschen ist vor allem in der stoischen Philosophie so entwickelt worden, dass die römische Stoa daran anknüpfen konnte (dazu unten 6.).

Die altgriechische Diplomatie ist dank des großen Quellenmaterials ein vor allem von Althistorikern hervorragend erschlossenes Gebiet. Unsere Kenntnisse betreffen freilich ganz überwiegend die diplomatische Praxis. Gesandtschaftsrecht gibt es nur am Rande. Auch hier finden wir die Grundlagen schon bei Homer. Als stets unverletzlich galt im alten Griechenland wegen des göttlichen Schutzes nur der Herold (*keryx*). Wir haben diesen Grundsatz als „Recht aller Menschen“ schon bei Herodot gefunden, wobei der griechische Geschichtsschreiber die Worte dem großmütig handelnden persischen Großkönig Xerxes in den Mund gelegt hat. Die eigentlichen Gesandten (*presbeis*) genossen Rechtsschutz nur, wenn er ihnen ausdrücklich zugebilligt war.

6. Die Völkerrechtsordnung der römisch-hellenistischen Zeit (etwa 500 bis 168 v. Chr.) wurde maßgeblich bestimmt von Rom, das sich in dieser Epoche aus einem Stadtstaat in der Mitte Italiens zur Vormacht des gesamten Mittelmeerraumes entwickelte. Als die altgriechische Völkerrechtsordnung im Jahre 338 v. Chr. endete, war Rom erst die Führungsmacht in Latium. Zur Großmacht wurde Rom in hellenistischer Zeit, als es 265 v. Chr. den Großteil des italischen Festlandes unter seiner Führung im Italischen Bund vereinigte. Nach weniger als einem Jahrhundert war Rom „Weltmacht“ in der Mittelmeerwelt. - Die Römer waren in der Menschheitsgeschichte das Rechtsvolk *par excellence*, und sie waren das schon in archaischer Zeit. Das im Gemeindestaat Rom organisierte römische Volk (*populus Romanus*) stand von Anfang an in rechtlichen Beziehungen zu seinen Nachbarn, Etruskern wie Latinern, aber auch zu ferneren Mächten, wie seit dem ausgehenden 6.vorchristlichen Jahrhundert zu der als phönikische Pflanzstadt entstandenen Handelsmetropole Nordafrikas, Karthago. Für wichtige Rechtsakte im zwischenstaatlichen Verkehr verwendete die römische Gemeinde besondere Staatspriester, die *fetiales*. Fetialen, die auch als Gesandte zu fremden Völkern oder Staaten geschickt wurden, nahmen die Kriegserklärung vor, und sie handelten beim Abschluss eines förmlichen Staatsvertrages (*foedus*) für das römische Volk als den Souverän des römischen Staates. Nach dem von dem augustischen Historiker Livius (1,24,2ff.) überlieferten Formular für den Vertragsschluss nach Fetialritus wurden die Vertragsbestimmungen (*leges*) feierlich vorgesprochen oder vorgelesen und danach von dem dazu bestimmten Priester aus dem Kollegium der Fetialen durch Eid bekräftigt. Mit dem Schwur, der von einem Ferkelopfer begleitet wurde, sprach der römische Staatspriester die Verfluchung des eigenen Volkes für den Fall des Vertragsbruchs aus: „dann sollst Du, Iuppiter, das römische Volk schlagen, wie ich hier und heute dieses Ferkel schlage“ (*tum tu ille Diespiter populum Romanum sic ferito ut ego hunc porcum hic hodie feriam*). Die Parallelität der Fluchformel mit Schlachtung des Opfertieres zu den entsprechenden Verträgen in neuassyrischer Zeit springt ebenso ins Auge wie die ebenfalls schon (oben 4.) erwähnte römische Terminologie für den Abschluss des förmlichen Staatsvertrages, die an das Schlachten des Opfertieres erinnert (*foedus ferire, foedus icere* oder *foedus percutere*). Wie im Alten Orient und im alten Griechenland enthielt auch der

römische Staatsvertrag zwei Elemente: den Vertragsinhalt und die Schwurhandlung (den Doppelschwur der Vertragspartner). Die auch in Rom von alters her übliche Beurkundung der Staatsverträge diente, wie im alten Griechenland, lediglich der Information und der Erinnerung. Die römische Republik schloss Verträge der verschiedensten Arten. Der älteste Vertrag mit Karthago (508/07 v. Chr.?) war ein Freundschafts- und Handelsvertrag. Das aus dem frühen 5. Jahrhundert (493 v. Chr.?) berichtete *foedus Cassianum* war ein von Rom mit den latinischen Nachbargemeinden auf ewige Zeiten eingegangenes Verteidigungsbündnis. Die aus dem 3. und 2. vorchristlichen Jahrhundert überlieferten Friedensverträge mit Karthago und mit hellenistischen Mächten beeindrucken durch die nüchternen, regelmäßig juristisch präzis gefassten Vertragsbestimmungen. – Wie die Griechen kannten auch die Römer Kriegsverträge im modernen Sinne. Der Waffenstillstand (*indutiae*) war im entwickelten Völkerrecht der Republik kein kriegsbeendender Vertrag mehr. Das war auch die altertümliche *deditio* eines Volkes (vgl. Livius 1,38,1f.) nicht, die förmliche absolute Unterwerfung unter römische Herrschaft: die Dedierten waren zunächst rechtlos wie die Besiegten nach kriegerischer Eroberung. Rom entschied nun nach eigenem Ermessen über ihr Schicksal. Es konnte auch die Dedierten in ihre Freiheit entlassen und mit ihnen dann einen Staatsvertrag schließen.- Es waren die Römer, die den Krieg erstmals als Rechtsexekution ansahen. Im Zentrum des römischen Kriegsrechts stand der später so genannte Begriff des *bellum iustum*, also der nach den Vorschriften des Fetialrechts (*ius fetiale*) eingeleitete Krieg. Das Formular ist ebenfalls von Livius (1,32,6ff.) überliefert. Zunächst musste ein Fetiale als Gesandter des römischen Volkes (*publicus nuntius populi Romani*) dem künftigen Gegner die förmliche Forderung nach Genugtuung überbringen (*rerum repetitio* oder *clarigatio*). Falls binnen 30 Tagen keine Genugtuung erfolgte, wurde der mögliche Krieg angekündigt (*testatio* oder *denuntiatio belli*). Entschied sich dann in Rom der Senat für den Krieg, erfolgte die feierliche Kriegserklärung (*indictio belli*) durch den Fetialen an der Grenze des Feindeslandes. Diese altertümliche und umständliche Form wurde später modifiziert, so dass Gesandte, die keine Priester mehr waren, ein Ultimatum vorbringen und im Falle der Ablehnung sogleich den Kriegszustand erklären konnten. Der Krieg war auch nach römischer Rechtsauffassung total: Rom als Sieger war Herr über die Besiegten, ihre Habe und ihr Land. Der einzelne Gefangene wurde Sklave der Sieger (und das galt auch für gefangene Römer).

Auch das Gesandtschaftsrecht wurzelte im Sakralrecht: Ursprünglich waren die Fetialen die Abgesandten und Sprecher des römischen Volkes. Als Priester standen sie – wie die griechischen Herolde (oben 5.) – unter göttlichem Schutz. An der Unantastbarkeit der Gesandten hielten die Römer auch später, als die Gesandten keine Staatspriester, sondern „weltliche" Diplomaten waren, fest. Die Verletzung des Gesandtschaftsrecht haben die Römer immer als schweren Rechtsbruch angesehen, der – blieb er ungesühnt – einen Kriegsgrund darstellte. Daher hat Rom auch eigene Bürger, die fremde Gesandte tätlich angriffen, dem fremden Staat ausgeliefert (so 188 v. Chr. an Karthago).

Diese und andere Beispiele zeigen, dass noch vor der Ausbildung einer dem griechischen Standard entsprechenden völkerrechtlichen Theorie die Römer ein die internationalen Rechtsbeziehungen in starkem Maße prägendes Rechtsbewusstsein hatten. Was das Prinzip der Vertragstreue anlangt, so entsprach der griechischen *pistis* die römische *fides*, die „Treue“, die in Rom auch als Göttin Fides verehrt wurde. Die *publica fides* war schon am Ausgang des 6. vorchristlichen Jahrhunderts im ersten römisch-karthagischen Vertrag erwähnt. Erst nach dem Ende der römisch-hellenistischen Völkerrechtsordnung (168 n.Chr.) wurde die Tradition des Völkerrechts in Rom mitsamt dem darauf bezüglichen Sakralrecht, dem *ius fetiale*, philosophisch neu begründet und ethisch vertieft, insbesondere bei Cicero und Livius, die mit der Stoa in der Gemeinschaft aller Menschen auch die Grundlage des Völkerrechts sahen. Es gibt nach Cicero Recht im Krieg und im Frieden (pro Balbo 6/15: *ius belli atque pacis*). Auch zum Kriegsgegner bestehen rechtliche Bande (de officiis 3,29/108: *multa sunt iura communia*). Livius (5,27,6) sieht zwischen Rom und dem Kriegsgegner eine „Gemeinschaft, welche die Natur geschaffen hat“ (*societas ... quam ingeneravit natura*) und folgert daraus: „Es gibt Gesetze des Krieges wie des Friedens“ (*sunt et belli sicut pacis iura*). Cicero hat auch die Lehre vom „gerechten Krieg“, der ein Verteidigungskrieg ist oder ein Krieg, um erlittenes Unrecht zu vergelten, formuliert. In der römischen Rechtswissenschaft wurde zwar noch keine systematische Völkerrechtslehre entwickelt, aber völkerrechtliche Fragen wurden gelegentlich mit juristischer Präzision aufgeworfen. Der unscharfe Begriff des *ius gentium*, der das Recht bezeichnet, das bei allen Völkern gilt, bezeichnet überwiegend auch Privatrecht (Völkergemeinrecht), wird von den Juristen aber auch im Sinne von Völkerrecht gebraucht, so im 2. Jahrhundert n.Chr. von Pomponius für das Gesandtenrecht (D.50,7,18: *quia sancti habentur legati*).

Auch das römische Weltreich hat stets (noch) unabhängige Nachbarn gehabt. Auf die im 1. vorchristlichen Jahrhundert beginnenden Beziehungen zum Reich der iranischen Parther habe ich schon einleitend hingewiesen (oben 1.), ebenso auf die politische Veränderung durch das im 3. nachchristlichen Jahrhundert an die Stelle des Partherreiches tretende neupersische Reich unter der Dynastie der Sassaniden, die von Anfang an den römischen Kaisern den Rang streitig machten. Die an altorientalische Traditionen anknüpfende „Bruderschaft“ zwischen Kaiser und Großkönig, die seit Constantin dem Großen als diplomatischer Brauch belegt ist, hat sich für die Römer auch in den Wirren der Völkerwanderungszeit bewährt. Während Ostrom trotz der Krisen des 5. Jahrhunderts die Bedrohung durch Hunnen und Germanen überstand, fiel Westrom dem Ansturm der „Barbaren“ bekanntlich zum Opfer. Im überwiegend griechischsprachigen Osten überlebte das römische Recht in dem 528 bis 534 entstandenen Corpus Iuris Civilis Justinians. Die wenigen Fragmente römischer Juristen in den Digesten, die etwas zum Völkerrecht sagen, sind so zu Bausteinen der mittelalterlichen und neuzeitlichen Völkerrechtslehre geworden. Das gilt noch stärker für die durch die lateinischen Kirchenväter Augustinus (†430) und Isidor von Sevilla (†636) vermittelte römische Rechtstradition, namentlich, aber nicht nur, für die Lehre vom „gerechten Krieg“

(*bellum iustum*), von der Vertragstreue (auch gegenüber dem Feind), von der Unverletzlichkeit der Gesandten und anderem mehr. Altorientalische Wurzeln hat dank der Bibel die christliche Rechtslehre immer gehabt. Die ganze Fülle der griechischen und lateinischen Überlieferung zum antiken Völkerrecht aber hat dem Abendland erst der Humanismus, den mein niederländischer Fachkollege Felix Wubbe zu einem der tragenden Pfeiler des kulturellen Europa von heute rechnet, wieder erschlossen.

Griechisch-römische Welt

Die alexandrinischen Dikaiomata als Quelle der historischen Rechtsvergleichung

Alessandro Hirata, São Paulo

1. Der Dikaiomata-Papyrus

Der Dikaiomata-Papyrus (P. Halensis I) ist unser wichtigster, überlieferter Beleg des Rechts der Stadt Alexandria. Zu Beginn des 20. Jahrhunderts haben sich sieben hervorragende Philologen, nämlich Friedrich Bechtel, Otto Kern, Karl Praechter, Carl Robert, Ernst von Stern, Ulrich Wilcken und Georg Wissowa zusammengetan, die sich *Graeca Halensis* nannten, um einen Teil der Papyrusurkunden herauszugeben, die dem Hallenser philologischen Seminar gehörten. Das Hauptstück darunter ist der P. Halensis I, nach dem die 177 seitige Ausgabe benannt wurde. Die Graeca Halensis trägt die Verantwortung für die Publikation kollektiv: man kann die einzelnen Beiträge der Philologen nicht unterscheiden, was für solche Ausgaben ungewöhnlich ist.

Es handelt sich um einen unfangreichen Papyrus mit 22,5 cm Höhe und nach der Schätzung der Herausgeber etwa 108 cm Breite. Er ist leider unvollständig und nur in zwei Fragmenten überliefert: Das eine ist 39 cm, das andere 58 cm breit; zwischen beiden fehlt ein Streifen, der auf 10,5 cm Breite geschätzt wird[1].

Die Herausgeber[2] konnten mindestens sechs verschiedene Schreiber identifizieren. Der Papyrus wurde auf beiden Seiten beschrieben. Unklar ist dabei aber, ob das Ganze einen bestimmten und einzigen Zweck hatte.

Auch die Klebungen sind schleierhaft[3]: man kann nicht genau unterscheiden, ob es sich um Fabrikklebungen oder Bureauklebungen handelt. Für ein besseres Verständnis des Papyrus ist dies aber auch nicht entscheidend, da man auf Grund dessen ebenfalls nicht erklären kann, warum zum Beispiel die Kol. 10 und 11, auf dem *verso* des zweiten Fragments der Dikaiomata, umgekehrt geschrieben wurden.

1 Graeca Halensis 1913, 3 ff.
2 Graeca Halensis 1913, 8 ff.
3 Graeca Halensis 1913, 5 ff.

Der Papyrus enthält eine Sammlung von Rechtsnormen unterschiedlichen Inhalts aus dem 3. Jh. v. Chr., was man nach paläographischen und anderen Kriterien mit Sicherheit feststellen kann. Es sind elf Kolumnen, wovon die erste – wie üblich – nur an den Zeilenschlüssen zu erkennen ist. Von den elf Kolumnen wurde ein Teil eindeutig dem alexandrinischen Stadtrecht entnommen. Viele Fragen zu dieser außergewöhnlichen Urkunde bleiben jedoch immer noch offen: Der Geltungsbereich dieses Stadtrechts und der Fundort des Papyrus sind unklar. Auch der Zweck seiner Abfassung ist rätselhaft.

Die Herausgeber[4] nennen den Papyrus „Dikaiomata“. Sie vermuten, dass er in einem Gerichtsverfahren dazu diente, die geltenden Rechtssätze zu beweisen, weil die Parteien im griechischen Recht dem Richter das anzuwendende Recht nachweisen müssen. Es ist aber sehr unwahrscheinlich, dass dies bei unserem Papyrus der Fall war. Die in sich sehr unterschiedliche Thematik des Textes führt zu keinem plausiblen Fall. Schubart[5] versucht, einen Fall zu konstruieren, in dem alle Rechtssätze des Papyrus Anwendung finden würden. Das von ihm vorgelegte Ergebnis zeigt aber, dass ein solcher Fall in der Praxis kaum denkbar ist.

Neben dieser Auffassung der Graeca Halensis werden andere Meinungen vertreten. Partsch[6] meint, dass es sich hier vielleicht um Gesetzestexte handle, die der πραγματικός an den Gerichtsverhandlungen vorlese. Außerdem wäre es auch möglich, dass diese Texte zur juristischen Instruktion des Anwalts gehören, für die der πραγματικός zuständig war, so Partsch. Mitteis[7] vertritt die Ansicht, dass dieser Papyrus von einem πραγματικός stamme, der diese Rechtssätze für verschiedene Anwälte und Prozesse gesammelt habe, was den unterschiedlichen Inhalt des Papyrus begründen würde. Deswegen meint Mitteis, dass man den Papyrus besser νόμοι oder προστάγματα hätte nennen sollen. Weiß[8] meint, dass es sich um ein Rechtsbuch mit einem halbliterarischen Charakter handle, das zu einem größeren Werk gehöre.

Mit Sicherheit kann man eigentlich keine von den in der Sekundärliteratur vertretenen Thesen unterstützen. Wegen dieses sehr unterschiedlichen, buntscheckigen Inhalts war der Dikaiomata-Papyrus wahrscheinlich kein Dokument, das man zum Gerichtsgebrauch verwendet hat. Es spricht viel mehr dafür, dass es sich um eine Zusammenstellung für den behördlichen Gebrauch handelte; vielleicht für bestimmte Beamte der alexandrinischen Verwaltung. Diese Behauptung ist aber leider auch nicht beweisbar.

4 Graeca Halensis 1913, 25 ff.
5 1936, 27 ff.
6 1920, 38.
7 1913, 457.
8 1913, 844.

2. Inhalt des Dikaiomata-Papyrus im Hinblick auf die historische Rechtsvergleichung

Inhaltlich beginnt der Papyrus mit den Bestimmungen über die Pseudomartyria, in den Kol. II und III[9]. Es handelt sich um die Ansprüche und das Verfahren wegen falscher Zeugenaussage. Ferner enthält diese Kolumne auch zahlreiche Bestimmungen über die alexandrinische Gerichtsorganisation. Besonders auffällig ist der Vergleich mit den korrespondierenden Bestimmungen des attischen Rechts, was uns zeigen kann, aus welcher Quelle das Recht unseres Papyrus-Dikaiomata stammt.

Die Kol. IV und V[10] beschäftigen sich mit den Regelungen Ἐκ τοῦ πολιτικοῦ νόμου Φυτεύσεως καὶ οἰκοδομίας καὶ βαθυορυγῆς (aus dem Stadtrecht betreffs Anpflanzung, Hausbau und Tiefgrabung), die für die historische Rechtsvergleichung durch den Dikaiomata-Papyrus enorm wichtig sind. Wie es später aufgeführt wird, sind es nachbarrechtliche Bestimmungen, die aus einem solonischen Zitat zu entnehmen sind. Am Ende der Kol. V[11] findet man die ersten Regelungen über die Hybris in den Dikaiomata.

Es folgt (Z. 124 bis 165) eine Prozessordnung für privilegierte Klassen[12]. Die ersten Bestimmungen handeln von den Privilegien „der vom König Ausgesandten" und „der zur Aposkeue Gehörigen. Zum Schluss kommen die Privilegien vom Gerichtsstand der alexandrinischen Neubürger, die im Heere stehen.

In Kol. VIII[13] (Z. 166 bis 185) hat man den Brief des Königs Ptolemaios (II. oder III., was aus der Datierung nicht klar wird) an den Antiochos. Der Brief behandelt die Einquartierung der Soldaten.

Am Ende der Kol. VIII und der Kol. IX[14] (Z. 186-213) findet man die Klagen wegen tätlicher Beleidigung. Sie dürften im Hinblick auf die historische Rechtsvergleichung wohl die Bestimmungen des Dikaiomata sein, die am meisten beeindrucken. Es werden unterschiedliche Strafklagen, wie die „Bedrohung mit Eisen", die Trunkenheit als Strafverschärfungsgrund, die Haftung aus Schlägerei, sowohl wenn ein Sklave einen Freien schlägt (Z. 196-202) als auch bei einer Schlägerei unter Freien (Z. 203-209) behandelt.

Den Unterschied bei der Bestrafung zwischen Freien und Sklaven kann man auf das allgemeine griechische Recht zurückführen. Im attischen Recht werden die Sklaven körperlich bestraft während die Freien „sich schützen können; denn es gehört

9 Vgl. Graeca Halensis 1913, 48 ff., Mitteis 1913, 460 f., und Koschaker 1914, 550.

10 Vgl. Graeca Halensis 1913, 64 ff., Mitteis 1913, 461, Koschaker 1914, 550 f., und Partsch 1920, 45 ff.

11 Vgl. Graeca Halensis 1913, 77 ff.

12 Vgl. Graeca Halensis 1913, 84 ff., und Koschaker 1914, 552.

13 Vgl. Graeca Halensis 1913, 98ff., und Koschaker 1914, 552;

14 Vgl. Graeca Halensis 1913, 107 ff., Mitteis 1913, 461 f., Koschaker 1914, 551 f., und Partsch 1920, 54 ff.

sich, in den meisten Fällen von denen das Genugtun in Geld zu nehmen"[15]. In Carthaea werden die Freien, die in den Brunnen baden oder etwas waschen, mit höchstens 10 Drachmen Buße bestraft, während die Sklaven für das gleiche Brunnendelikt mit Schlägen gezüchtigt werden, so das Decretum Carthaeense[16]. Hier ist die Bestimmung der Dikaiomata auch dem römischen Recht sehr ähnlich, das die Bestrafung von Freien ebenfalls von der der Sklaven unterscheidet[17].

Das Verhältnis zwischen Freien und Sklaven, insbesondere im Prozessrecht, wird in einer parallelen Stelle zu den Dikaiomata dargestellt, die ebenfalls aus dem 3. Jh. v. Chr. stammt: P. Lille I 29[18]. Es handelt sich hier aber sehr wahrscheinlich nicht um alexandrinisches Recht, weil die Regelungen im Vergleich zu den Dikaiomata sehr unterschiedlich sind. Ferner ist das Dokument sehr lückenhaft, was eine sichere Ergänzung ausschließt[19].

Noch in diesem Teil gibt es die allgemeine Regelung über die Hybris (Z. 210-213), was ein zentrales Thema unseres Vortrags ist. Es handelt sich um das Beste Bespiel für die Einigung der Dikaiomata als Quelle der historischen Rechtsvergleichung. Das Verhältnis zwischen dem attischen Recht über die Hybris, die Bestimmung der Dikaiomata und die römische *actio iniuriarum* wird anschließend ausführlich behandelt.

Am Anfang der Kol. X[20] (Z. 214-218) gibt es eine allgemeine Anweisung zur Eidesleistung, mit einer besonderen Beziehung auf den Zeugeneid. Es folgt in Kol. X[21] (Z. 219) eine Bestimmung über das Verbot der Versklavung von Alexandrinern. Die Kol. X[22] (Z. 222-233) enthält noch ausführliche Bestimmungen über die Ladung der Zeugen. Es gibt Vorschriften über die Aufzeichnung der Aussage, den Inhalt des Zeugnisses, den Zeugeneid und die Exomosie.

Die letzte Kolumne, XI, ist leider sehr lückenhaft[23]. Trotzdem kann man wichtige Bestimmungen erkennen. Von Z. 234 bis 241 wird die Pfändung[24] behandelt, ein Rechtsthema, das man sehr wenig im ptolemäischen Recht findet. Wenn die Ergänzung der Herausgeber stimmt, hat man hier einen Hinweis, dass das genommene, bewegliche Pfand versteigert wird. Während dies in den römischen Quellen ein-

15 Demosth. 22, 55: τοῦτό γ' ἔνεστι σῶσαι· εἰς χρήματα γὰρ τὴν δίκην περὶ τῶν πλείστων παρὰ τούτων προσήκει λαμβάνειν

16 Vgl. Klingenberg 1976, 125.

17 Vgl. Pugliese 1941, 78.

18 P. Lille I 29 = Jur. Pap. 71 = M. Chrest. 369.

19 Besonders über P. Lille I 29, vgl. Graeca Halensis 1913, 111, Partsch 1920, 66f., Pavlovskaja 1972, 185f., und Scholl 1990, 3ff.

20 Vgl. Graeca Halensis 1913, 118 ff., Mitteis 1913, 462 f., und Koschaker 1914, 553.

21 Vgl. Graeca Halensis 1913, 122 ff., Mitteis 1913, 462 f., und Koschaker 1914, 553.

22 Vgl. Graeca Halensis 1913, 125 ff., und Koschaker 1914, 553.

23 Vgl. Graeca Halensis 1913, 134 ff.

24 Nicht „Faustpfand", wie die Herausgeber übersetzt haben. Vgl. Mitteis 1913, 463, und Koschaker 1914, 553.

deutig ist, handelt es sich hier um den einzigen Beleg für eine Versteigerung in ptolemäischer Zeit.

Noch in der Kol XI[25] (Z. 242-259) kommen die Regelungen über den Kauf von Grundstücken und Häusern. Diese Bestimmungen sind aber dem bekannten Theophrastfragment[26] ähnlich, auch wenn sie nicht ganz übereinstimmend sind. Leider ist aber dieser Teil des Papyrus sehr lückenhaft überliefert, so dass man nicht mehr viel für das attische Recht entnehmen kann. Ansonsten würde uns der Dikaiomata-Papyrus wahrscheinlich neue Erkenntnisse über das attische Kaufrecht liefern, die man mit dem Theophrastfragment vergleichen könnte. Wichtig ist aber, dass uns der Dikaiomata-Papyrus über ein alexandrinisches Vertragsregister berichtet, auch wenn man nicht von einem „Grundbuch" sprechen darf, wie Kohler[27] meint. Andere Quellen erwähnen dieses Vertragsregister aus Alexandrien nur indirekt.

Am Ende der Kol. XI (Z. 260-265) hat man einen Brief des Apollonios über die Befreiung von der Salzsteuer.

Nach dieser kurzen Darstellung der unterschiedlichen, rechtlichen Themen, die im Dikaiomata-Papyrus enthalten sind, ist es eindeutig, auch wenn man nicht feststellen kann, wozu dieses Dokument geschrieben wurde, dass es sich um einen entscheidenden Beleg für unsere heutige Kenntnis über das alexandrinische Recht handelt. Das alexandrinische Recht, das sehr dürftig überliefert wurde, findet hier seine wichtigste Quelle.

Der Dikaiomata-Papyrus ist aber noch mehr als eine Quelle für das alexandrinische Recht. Anders als die große Mehrheit der Urkunden Ägyptens vermittelt uns unser Papyrus positive Sätze des griechischen Rechts, so dass er auch eine Quelle für das attische und griechische Recht ist. Außerdem ist – wie es im Folgenden gezeigt wird –unser Papyrus ein Dokument für die Rechtsvergleichung mit dem Römischen Recht, so dass das alexandrinische Recht als eine, wie Partsch[28] es genannt hat, „Brücke von Athen zum ptolemäischen und römischen Ägypten" gewirkt hat. Dieser Satz muss so verstanden werden, dass das alexandrinische Recht eine geeignete Quelle für die historische Rechtsvergleichung ist, es soll dabei aber nicht den Eindruck vermitteln, dass die Dikaiomata ein zwingender Beweis für eine Rechtsübertragung aus Athen über Ägypten nach Rom sind.

25 Vgl. Graeca Halensis 1913, 140 ff., Mitteis 1913, 463, und Koschaker 1914, 553 f.
26 Stobaeus, florilegium 44, 22.
27 1914, 325.
28 1920, 35.

3. Das Nachbarrecht in den Dikaiomata

Mit der Kol. IV beginnt ein Kapitel ἐκ τοῦ πολιτικοῦ νόμου (aus dem Stadtrecht), so dass die Kol. IV und V (bis zur Zeile 114) nachbarrechtliche Regelungen enthalten. Man kann diese Bestimmungen in zwei Gruppen einteilen: die Erste, handelt von Anpflanzungen, Bauten und Grabungen gegenüber dem Nachbargrundstück einzuhaltenden Abstände (Z. 79-106), und die Zweite, von der Beitragspflicht der Nachbarn bei Anlegung und Erhaltung von Wassergräben (Z. 107-114).

Wie die Herausgeber[29] schon konstatiert haben, enthält das alexandrinische Stadtrecht bei der Grenzregelung (Z. 84-99) mit leichten Abweichungen dasselbe Gesetz, das Gaius in seinem Kommentar zu den Zwölftafeln wiedergegeben hat[30], wo er das frührömische Nachbarrecht auf dieses angebliche Gesetz Solons zurückführt (*quod ad exemplum quodammodo eius legis scriptum est, quam Athenis Solonem dicitur tulisse*). Bei Gaius D. 10,1,13 steht folgendes:

Sciendum est in actione finium regundorum illud observandum esse, quod ad exemplum quodammodo eius legis scriptum est, quam Athenis Solonem dicitur tulisse: nam illic ita est:	Man muss wissen, dass bei der *actio finium regundorum* das zu beachten ist, was gewissermaßen nach dem Beispiel des Gesetzes geschrieben worden ist, das Solon den Athenern gegeben haben soll; denn dort heißt es:
Ἐάν τις αἱμασιὰν παρ᾽ ἀλλοτρίῳ χωρίῳ ὀρύττῃ, τὸν ὅρον μὴ παραβαίνειν·	Wenn jemand eine Einfriedung an der Grenze zu einem fremden Grundstück einrichtet, soll er die Grenze nicht überschreiten.
ἐὰν τειχίον, πόδα ἀπολείπειν· ἐὰν δὲ οἴκημα, δύο πόδας. ἐὰν δὲ τάφον ἢ βόθρον ὀρύττῃ, ὅσον τὸ βάθος ᾖ, τοσοῦτον ἀπολείπειν·	Wenn er eine Mauer baut, soll er einen Fuß, wenn er ein Haus baut, zwei Fuß Abstand lassen. Wenn er einen Graben oder eine Grube gräbt, soll er so viel Abstand halten, wie ihre Tiefe beträgt;
ἐὰν δὲ φρέαρ, ὀργυιάν. ἐλαίαν δὲ καὶ συκῆν ἐννέα πόδας ἀπὸ τοῦ ἀλλοτρίου φυτεύειν,	wenn einen Brunnen, eine Klafter, einen Ölbaum oder einen Feigenbaum soll er neun Fuß von dem fremden (Grundstück) entfernt pflanzen;
τὰ δὲ ἄλλα δένδρα πέντε πόδας.	die anderen Bäume fünf Fuß."

29 Graeca Halensis 1913, 64.

30 Gai. 4 ad L. XII Tab. D. 10,1,13. Diese Stelle wurde in der Literatur ausführlich behandelt, u. a. von Paoli 1951, 121 ff., Watson 1968, 113 ff., Wieacker 1971, 769, Partsch 1920, 47 ff., und Benke 1989, 286 ff. Vgl. auch Ruschenbusch 1966, 91f.

Bei dieser Stelle des gajanischen Zwölftafelskommentars handelt es sich um ein vorbildliches Beispiel der feinen antiquarischen Bildung. Dieses Solonzitat hat Gaius vielleicht aus dem Zwölftafelkommentar des Labeo übernommen, der von allen Juristen seiner Epoche als das wichtigste und gründlichste, juristische Werk in Bezug auf die griechische Philologie und Sprachwissenschaft geschätzt wurde. Fraglich ist aber, ob der Text die Entlehnung eines Zwölftafelsatzes aus Solon beweist. Nach Wieacker[31] ist die Schlussfolgerung der Argumentation des Gaius nicht einleuchtend. Gaius behandelt am Anfang der Stelle das *officium iudicis* bei der Grenzschlichtung mit der *actio finium regundorum*. Das solonische Gesetz spricht andererseits über die nachbarrechtlichen Bestimmungen bei der Neuanlage von αἱμασίαι, Mauern, Gebäuden, Gräbern, Gräben und Brunnen oder bei der Neuanpflanzungen von Ölbäumen, Feigen und anderen Bäumen, die unterschiedliche Mindestabstände von der Nachbarsgrenze vorschrieb. Mit anderen Worten ist der Bezug des solonischen Zitates auf das römischrechtliche Problem des Anfangs der Stelle nur indirekt: der Richter soll die Nachbargrenzen so ziehen, dass die Abstände des solonischen Gesetzes eingehalten werden.

Hier kann man keine direkte Entlehnung der *actio finium regundorum* aus dem solonischen Gesetz oder aus dem attischen Recht beweisen. Das wichtigste ist aber, dass der gajanische Text ein geeigneter Beleg für die historische Rechtsvergleichung ist, da er das solonische Gesetz darstellt. Genauso wie die Col. IV und V des Dikaiomata-Papyrus.

So steht in den Dikaiomata (Col. IV, Z. 84-92; Col. V, Z. 95-99):

<table>
<tr><td>[Ἐάν τι]ς ὀφρύγην [παρὰ] ἀλλότριον χω[ρίον οἰ]κοδομῆι, τὸν [ὅρον μὴ π]αραβαινέτω·
ἐ[ὰν δ]ὲ τειχίον ἢ οἴκ[ημα] ἔξω τοῦ ἄστ[ε]ω[ς], ἐ[ὰ]μ μὲν τειχ[ίο]ν, πόδα [ἀπολειπέτω, ἐὰν δὲ οἴκημα], δύο πόδας</td><td>Wenn jemand eine Einfriedigung neben einem fremden Grundstück baut, soll er die Grenze nicht überschreiten. Wenn er eine Mauer oder ein Haus außerhalb der Stadt baut, soll er, wenn es eine Mauer ist, einen Fuß Abstand lassen, wenn es ein Haus ist, zwei Fuß.</td></tr>
<tr><td>[ἐ]ὰν δὲ ἐντὸς τοῦ ἄστεως οἰκοδ[ομῆι .....]θω [...]τῶν ἀναλισκ[ο]μένων ἢ ἀπολειπέτω τὸ ἥμυσ[ὧν γέγραπ]ται [ἀπολείπειν τοὺς ἔξω τοῦ] ἄστεως οἰκοδομοῦντας.</td><td>Wenn er innerhalb der Stadt baut, soll er entweder [von den Baukosten?]... oder aber die Hälfte desjenigen Abstandes halten, der für die außerhalb der Stadt Bauenden vorgeschrieben ist.</td></tr>
<tr><td>Ἐὰν δὲ τάφρον ὀρύσσηι ἢ [βόθυνον ὀρ]ύσσηι, ὅσον ἂν τὸ βάθος ἧι, τοσοῦτον ἀπ]ολείπειν,
ἐὰν δὲ φρέαρ, ὀργυάν, ἐλάαν δὲ καὶ</td><td>Wenn er aber einen Graben oder eine Grube gräbt, soll er so viel Abstand halten, wie ihre Tiefe beträgt,
und wenn einen Brunnen, eine Klafter,</td></tr>
</table>

31 1971, 769.

[συκῆν φυτεύοντ]α ἐ[ννέα πόδας φυτεύειν ἀπὸ τοῦ ἀλλ]οτρίου, τ[ὰδ'] ἄλλα δένδρη πέντε [πό]δας	bei der Anpflanzung eines Ölbaums oder Feigenbaums soll er neun Fuß von dem fremden (Grundstück) entfernt pflanzen, bei anderen Bäumen fünf Fuß."

Die Unterschiede zwischen dem gajanischen Text und den Bestimmungen der Dikaiomata sind unbedeutend, auch die sprachliche Konstruktion stimmt überein. Als Beispiel für diese unwichtigen Unterschiede kann man das Wort „ὀφρύγη" (Z. 84) bei dem Dikaiomata-Papyrus statt „αἱμασιὰ" des solonischen Zitates erwähnen. ὀφρύγη ist nicht attisch, so dass αἱμασιὰ eine alexandrinische Änderung sein dürfte. Von einer unterschiedlichen Bedeutung des Wortes her ist allerdings nichts festzustellen.

Inhaltlich findet sich dieselbe Aussage: „wenn jemand eine Einfriedigung neben einem fremden Grundstück baut, soll er die Grenze nicht überschreiten“. Entsprechendes gilt in dem folgenden Satz: „wenn er eine Mauer oder ein Haus baut, soll er, wenn es eine Mauer ist, einen Fuß Abstand lassen, wenn es eine Haus ist, zwei Fuß“. Der einzig mögliche sachliche Unterschied des Fragments liegt darin, dass es für Solon eine allgemeine Regelung darstellte, für Alexandrien (jedenfalls das auf Z. 95 Folgende) nur für Bauten ἐντὸς τοῦ ἄστεως (innerhalb der Stadt) anwendbar war. Die alexandrinische Bestimmung und das solonische Gesetz stellen noch nachbarrechtliche Regelungen über die Neuanlage von Gräben (die sollen von einem fremden Gründstück einen Abstand „wie ihre Tiefe“ haben), über die Neuanlage von Brunnen und Klaftern und über die Anpflanzung eines Ölbaums oder Feigenbaums (die eine Distanz von neun Fuß haben sollen), und über die Anpflanzung von anderen Bäumen (die einen Abstand von fünf Fuß haben sollen).

Nicht zu vergessen sind die Veränderungen, die diese attischen Regelungen in Alexandrien bewirkt haben. Wie Partsch[32] schon erwähnt hat, werden die Abstände zwischen Häusern nicht mehr als eine vorgeschriebene Gestaltung der öffentlichen Ordnung angesehen, sondern die Hauseigentümer haben das Recht, geschlossene Bebauungen mit der gemeinschaftlichen Mittelmauer durchzuführen, wie es zu klassischer Zeit in Rom war.

Die Übertragung des solonisch attischen Rechts in das alexandrinische Recht zeigt deutlich die Bedeutung des Dikaiomata-Papyrus als geeignete Quelle für die historische Rechtsvergleichung. Es handelt sich um attisches Recht, im attischen Idiom formuliert, das in Alexandrien und – noch wichtiger – in Rom rezipiert wurde. Die Übernahme des Gesetzes Solons in verschiedene Rechtskulturen veranschaulicht die Möglichkeit solcher reiner Rechtsübertragungen und lässt auch eine Parallele in der Hybris-Bestimmung der Dikaiomata erkennen.

32 1920, 48.

4. Die Hybris in den Dikaiomata[33]

Die Behandlung der Hybris in den Dikaiomata erscheint in Col. V, 115-123, mit den Klagen wegen ὕβρις und πληγαί als tätliche Beleidigung[34], und am Ende der Col. VIII und Col. IX, 186-213[35]. Einzelne Tatbestände in diesen Fragmenten hieraus zu diversen Anklagen sind: die „Bedrohung mit Eisen" (Z. 186-192), die Trunkenheit als Strafverschärfungsgrund (Z. 193-195), die Haftung aus Schlägerei, wenn ein Sklave einen Freien schlägt (Z. 196-202) als auch bei einer Schlägerei unter Freien (Z. 203-209), und schließlich haben wir das Besondere an den Hybris-Bestimmungen der Dikaiomata: die Generalklausel zur Hybris (Col. IX, Z. 210-213):

Ὕβρεως. ἐάν τις καθυβρίσηι ἕτερος ἑτ έρου τ[ῶ]ν ἀγράφων, ὁ τα[.......] μενος τιμησάμενος δικασάσθω, προσγρα[ψά]σθω δὲ ὀνομαστί, τ[ι ἂν φῆι] ὑβρισθ[ῆ]ναι καὶ τὸν χρόνον ἐν ὧι ὑβρίσθη. ὁ δ[ὲ] ὀφλὼν διπλοῦν ἀπ[οτεισάτω,] ὃ ἂν τὸ δικαστήριον τιμήσηι.	Zur Hybris: Wenn jemand einen anderen beleidigt durch Handlungen, die (im Gesetz) nicht geschrieben sind, soll er (der Geschädigte) den Streitwert abschätzen und daraufhin den Prozess einleiten, er soll aber in der Klageschrift ausdrücklich bezeichnen, wie er behauptet, beleidigt worden zu sein, und die Zeit, zu der er die Hybris erlitt. Der Verurteilte aber soll das Doppelte zahlen von dem, was das Gericht als Schätzung festsetzt.

Es wurde von den Herausgebern[36] richtig erkannt, dass es sich hierbei um eine privatrechtliche Generalklausel δίκη ὕβρεως handelt. Diese war dem attischen Recht völlig unbekannt, jedoch zeigten einige andere Belege in den Papyri[37], dass es eine allgemeine hellenistische privatrechtliche Klage – die δίκη ὕβρεως – gab.

Einen Oberbegriff von Hybris, die nicht αἰκία, κακηγορία oder βιαία sind[38], kennt man im attischen Recht im Sinne einer privatrechtlichen Generalklausel – im Gegensatz zum alexandrinischen Recht – nicht[39]. Andererseits müssen die Tatbestände der alexandrinischen Hybris-Klage und der römischen *actio iniuriarum*[40]

33 Ausführlich über die Hybris in den Dikaiomata: Hirata 2008, 675 ff., insb. 677 ff.

34 Graeca Halensis 1913, 77 ff. Andere Belege von ὕβρις und πληγαί in Papyri aus der ptolemäischer Zeit: BGU VI 1249, P. Tir. Choach. 8 und P. Ent. 75. Vgl. auch über das Verhältnis von πληγαί zu ὕβρις: Aristoteles, Ars rhetorica 1374a 11-16.

35 Graeca Halensis 1913, 107 ff.

36 Graeca Halensis 1913, 117. Auch Partsch 1920, 61.

37 Vgl. P. Hib I 32 = M. Chrest. 37; P. Fay. 12 = M. Chrest. 15 und P. Lille II 24.

38 Partsch 1920, 56.

39 Über die alexandrinische Generalklausel im Vergleich zum attischen und römischen Recht, vgl. Hirata 2008, 678 ff.

40 Das prätorische Edikt enthält die Generalklausel der *iniuria*: Paulus 1 *de iniuriis*, Coll. 2,6,1.

einander sehr ähnlich gewesen sein[41]. In beiden Klagen muss der Beleidigte genau angeben, was ihm widerfahren ist.

14 Jahre vor der Entdeckung der Dikaiomata vermutete Hitzig 1899 die Herkunft der römischen *actio iniuriarum* aus dem griechischen Rechtskreis[42]. Er zog hierzu als Beleg eine Stelle des Paulus, welche ebenfalls in der *Collatio* überliefert ist:

> Paulus, libro singulari et titulo de iniuriis, Coll. 2,5,1: Generaliter dicitur iniuria omne, quod non iure fit: specialiter alia est contumelia, quam Graeci ὕβριν appellant, alia culpa quam Graeci ἀδίκημα dicunt, sicut in lege Aquilia damnum iniuriae accipitur, alia iniquitas et iniustitia, quam Graeci ἀδικίαν vocant. Nam cum praetor non iure adversum nos pronuntiat, iniuriam nos accepisse dicimus: unde apparet non esse verum, quod Labeo putabat, apud praetorem iniuriam ὕβριν dumtaxat significare.

Im Vergleich fand Hitzig[43] genügend Hinweise für die Annahme, dass die griechische δίκη αἰκίας in das römische Recht übernommen wurde[44]. In beiden Fällen – hier sollte das Gericht eine Geldbuße festsetzen, die nicht gesetzlich festgelegt war, d. h. es gab keine gesetzlichen Bußsätze wie bei anderen Klagen – handelte es sich um Privatklagen.

Hitzig vermutete ebenfalls, dass die *actio iniriarum aestimatoria* die attische δίκη αἰκίας zum Vorbild haben könnte. Beide stellen Privatklagen dar und Hitzig[45] verwies auf die passende Zeit ihrer Einführung sowie auf die Ähnlichkeiten zur γραφὴ ὕβρεως, da aus dieser Klage der Begriff von Hybris stammt. Labeo[46] erwähnte diesen. Die δίκη αἰκίας sei aber der römischen *actio iniuriarum aestimatoria* näher, weil auch sie eine Privatklage ist.

'Qui autem iniuriarum', inquit, 'agit [aget?], certum dicat, quid iniuriae factum sit et taxationem ponat non minorem quam quanti vadimonium fuerit'. Über die *actio iniuriarum*, insbesondere über Coll. 2,6,1: Pugliese 1941, 98 ff., Manfredini 1977, 156 ff., Selb 1979, 29 ff., Völkl 1984, 214 und 225 Fn. 15, Pólay 1986, 188 f., Hagemann 1998, 55 ff., und Grzimek 2001, 85 f. Vgl. auch Ulp. 57 ad ed. D. 47,10,7 pr.

41 Vgl. Hitzig 1899, 54 ff., Partsch 1920, 61 f., Koschaker 1914, 551, Meyer 1920, 239, und Pugliese 1941, 77 ff.

42 Hitzig 1899, 54 ff.

43 1899, 60 ff.

44 Pugliese 1941, 77 ff., der gegenüber einer griechischen Herkunft der *actio iniuriarum* jedoch skeptisch ist.

45 1899, 69 f. Das Edikt des Prätors wird uns von Gellius (N. A. 20, 1, 13) überliefert. Vgl. Hagemann 1998, 52, und Lenel 1927, 397 ff. Der älteste Beleg dieses Edikts ist eine Stelle aus Plautus Asinaria (371 f.), worauf sich die Autoren beziehen, um das Edikt um die erste Hälfte des 2. Jh. v. Chr. zu datieren, vgl. u. a. von Lübtow 1969, 155, Lenel 1927, 398 Fn. 7, und Hagemann 1998, 52. Umstritten ist, ob Labeo das *edictum de iniuriis aestimandis* meint, wenn er von einem *generale edictum* spricht (Ulp. D. 47,10,15,26). Vgl. Hagemann 1998, 52, und Pugliese 1941, 96 ff.

46 Coll. 2,5,1

Bei der Besprechung dieser Monographie von Hitzig hat Wenger[47] seine Arbeit gelobt und behauptet: „Die bei rechtshistorischer und rechtsvergleichender Forschung gebotene Vorsicht und Umsicht hat der Verfasser nie außer Auge gelassen“[48]. Besonders wegen unserer mangelnden Kenntnis musste Hitzig noch vorsichtiger sein. Nach der Entdeckung des Dikaiomata-Papyrus hat man aber eine neue Quelle, die seine These unterstützt.

Die griechische Herkunft der römischen *actio iniuriarum aestimatoria* wird somit viel deutlicher. Die Hybris-Bestimmung der Dikaiomata ist, im Gegensatz zur γραφὴ ὕβρεως, jedoch eine private Klage, die jedoch, wie die römische *actio iniuriarum* einen Generaltatbestand der Hybris erfasst. Diese war dem attischen Recht, wie wir bereits wissen, dem attischen Recht nicht bekannt. Somit kann man die Abstammung der *actio iniuriarum* aus dem hellenistischen Rechtskreis deutlich erkennen.

5. Schlusswort

Nach dieser Darstellung des alexandrinischen Rechts im Dikaiomata-Papyrus, insbesondere der zwei vorbildlichen Bereiche des Nachbarrechts und der Hybris kann man eindeutig feststellen, wie wichtig dieses Dokument für die historische Rechtsvergleichung ist. Leider ist der Papyrus nicht vollständig erhalten, was uns an manchen Stellen weitere Kenntnisse aus dem attischen Recht vorenthält. Der Dikaiomata-Papyrus basiert eindeutig auf attischem Recht, das für Alexandrien rezipiert wurde, was uns wiederum ermöglicht, nicht nur das attische Recht besser kennen zu lernen, sondern auch das Recht in der ptolemäischen Zeit.

Die Bestimmungen des Nachbarrechts in Alexandrien stammen aus dem solonischen Gesetz, das auch im gleichen Kontext in Rom zitiert wird. Auch wenn man die attische Abstammung der *actio finium regundorum* nicht beweisen kann, sind die attischen Regelungen über das Nachbarrecht, wie es auch in den Dikaiomata zu finden ist, von Bedeutung.

Noch wichtiger ist die Behandlung der Hybris im alexandrinischen Dikaiomata-Papyrus. Unser Papyrus hat – wie man mit vielen Beispielen beweisen kann – griechisches Recht rezipiert. Die private allgemeine Klage der Hybris, wie sie in den Dikaiomata steht, ist uns im attischen Recht unbekannt. Ihre hellenistische Abstammung ist aber unbestritten, was sich auch aus anderen Belegen beweisen lässt. Deswegen kann man mit der Hilfe des Dikaiomata-Papyrus noch ein Argument für die griechische Herkunft der römischen *actio iniuriarum* präsentieren, die dieser privaten allgemeinen Klage des alexandrinischen Rechts sehr ähnlich ist.

47 1902, 460 ff.
48 Wenger 1902, 464.

Literaturverzeichnis

Benke, Nikolaus, Exemplum contra legem, in Tijdschrift voor Rechtsgeschiedenes 57 (1989), 286 ff.

Graeca Halensis, Dikaiomata. Auszüge aus alexandrinischen Gesetzen und Verordnungen in einem Papyrus des Philologischen Seminars der Universität Halle (Pap. Hal. 1) mit einem Anhang weiterer Papyri derselben Sammlung, Berlin 1913.

Grzimek, Philipp, Studien zur Taxatio, München 2001.

Hagemann, Matthias, Iniuria – Von den XII-Tafeln bis zur Justinianischen Kodifikation, Köln 1998.

Hirata, Alessandro, Die Generalklausel zur Hybris in den alexandrinischen Dikaiomata, in Savigny Zeitschrift 125 (2008), 675 ff.

Hitzig, Hermann Ferdinand, Iniuria. Beiträge zur Geschichte der Injuria im griechischen und römischen Recht, München 1899.

Klingenberg, Eberhard, Platons ΝΟΜΟΙ ΓΕΩΡΓΙΚΟΙ und das positive griechische Recht, Berlin 1976.

Kohler, Josef, Besprechung von Graeca Halensis, Dikaiomata, in Zeitschrift für vergleichende Rechtswissenschaft 30 (1914), 318 ff.

Koschaker, Paul, Besprechung von Graeca Halensis, Dikaiomata, in Berliner Philologische Wochenschrift 34 (1914), 548 ff.

Lenel, Otto, Das edictum perpetuum, Leipzig 1927[3].

Manfredini, Arrigo Diego, Contributi allo studio dell'iniuria in età repubblicana, Milano 1977.

Meyer, Paul M., Juristische Papyri, Berlin 1920.

Mitteis, Ludwig, Besprechung von Graeca Halensis, Dikaiomata, in Savigny Zeitschrift 34 (1913), 456 ff.

Paoli, Ugo Enrico, Digesto 10,1,13, in Atti del congresso internazionale di diritto romano e di storia del diritto – Verona, Milano 1951, 121 ff.

Partsch, Josef, Die alexandrinischen Dikaiomata, in Archiv für Papyrusforschung 6 (1920), 34 ff.

Pavlovskaja, A. I., Sklaven in der Gesetzgebung der Ptolemäer, in T. V. Blavatskaja, E. S. Golubcova, A. I. Pavlovskaja (Hrg.), Die Sklaverei in hellenistischen Staaten im 3.-1. Jh. v. Chr., Wiesbaden 1972, 185 ff.

Pólay, Elemér, Iniuria types in roman law (Übers.: J. Szabó), Budapest 1986.

Pugliese, Giovanni, Studi sull'iniuria I, Milano 1941.

Ruschenbusch, Eberhard, ΣΟΛΩΝΟΣ ΝΟΜΟΙ, Wiesbaden 1966.

Scholl, Reinhold, Corpus der ptolemäischen Sklaventexte I, 1990.

Schubart, Wilhelm, Causa Halensis, in Archiv für Papyrusforschung 12 (1936), 27 ff.

Selb, Walter, Die Formel der Injurienklage, in Essays in honour of Ben Beinart, Cape Town 1979, 29 ff.

Völkl, Artur, Die Verfolgung der Körperverletzung im frühen Römischen Recht, Wien 1984.

von Lübtow, Ulrich, Zum römischen Injurienrecht, Labeo 15 (1969), 155 ff.

Watson, Alan, The Law of Property in the Later Roman Republic, Oxford 1968.

Weiß, Egon, Besprechung von Graeca Halensis, Dikaiomata, in Literarisches Zentralblatt 64 (1913), 844 ff..

Wenger, Leopold, Besprechung von Hitzig, Iniuria. Beiträge zur Geschichte der Injuria im griechischen und römischen Recht, in Savigny Zeitschrift 23 (1902), 460 ff.

Wieacker, Franz, Solon und die XII Tafeln, in Studi in onore di Edoardo Volterra III, Milano 1971, 757 ff.

„*Die gleichen für Freunde und Feinde halten*": Rechtsvergleichende Untersuchungen zur Geschichte der Freund-Feindklausel[1]

Philipp Scheibelreiter, Wien

Einleitung

Wenn eine Bestimmung in völkerrechtlichem Kontext unterschiedlicher Rechtskulturen in ähnlicher Weise formuliert wird, so stehen als Erklärungsmuster für dieses Phänomen grundsätzlich zwei Interpretationsansätze zur Verfügung:

Entweder ist die Formel so allgemein gefasst, dass es denkbar ist, dass sie in jeder Rechtskultur eigenständig entwickelt worden ist. Auf ähnliche Anforderungen in vergleichbaren Situationen wurde in vergleichbaren Gesellschaften eben ähnlich reagiert.

Eine andere Erklärung dafür könnte gefunden werden, wenn man die Belege für eine Formel diachron untersucht, miteinander in Beziehung setzt und einen möglichen Zusammenhang rekonstruiert, wie er durch bewusstes Übernehmen, wechselseitige Einflussnahme oder Imitation eines erfolgreichen Modells entstanden sein könnte.

Ein solches „erfolgreiches Modell" könnte auch die Freund-Feindklausel darstellen: τοὺς αὐτοὺς ἐχθροὺς καὶ φίλους νομίζειν / εἶναι (*die gleichen für Freunde und Feinde halten / die gleichen zu Freunden und Feinden zu haben*)[2].

Mittels dieser Bestimmung begibt sich der dadurch Verpflichtete in die Abhängigkeit von der Außenpolitik seines Vertragspartners. Die Klausel taucht sowohl im Formular von koordinierenden als auch in dem von subordinierenden Bündnissen

1 Die folgende Untersuchung ist in zweifacher Hinsicht eine Bearbeitung und Fortführung: Einerseits entstammt sie einem Kapitel meiner in Druck befindlichen Dissertationsschrift: P. Scheibelreiter, Untersuchungen zur vertragsrechtlichen Struktur des delisch – attischen Seebundes, Diss. Wien 2005. Andererseits stellt der Beitrag eine modifizierte und aktualisierte Fassung eines Vortrages dar, den ich 2007 in Sevilla am Europäischen Forum der jungen Rechtshistorikerinnen und Rechtshistoriker gehalten habe: P. Scheibelreiter, Wie gelangte die „Freund-Feindklausel" vom alten Orient (3. Jt. V. Chr.) nach Rom (2. Jh. v. Chr.)? Überlegungen zur Wanderung einer völkerrechtlichen Formel. Auch hier ist die Publikation des Tagungsbandes in Vorbereitung.

2 Ausführlich zum semantischen Gehalt und zur Interpretation der Formel siehe Scheibelreiter, Untersuchungen 98-105.

auf, wodurch die Ausrichtung eines Bündnisses nicht allein aus der Freund-Feindklausel selbst erklärt werden kann sondern vielmehr davon abhängt, welche der Partner eines Vertrages sich ihrer bedienen.

Darf man dem Bericht der Athenaion Politeia[3] Glauben schenken, so haben sich auch die gegen die Perser siegreichen Griechen 478/77 v. Chr. in Delos mit dieser Bestimmung verbunden:

> διὸ καὶ τοὺς φόρους οὗτος ἦν ὁ τάξας ταῖς πόλεσιν τοὺς πρώτους, ἔτει τρίτῳ μετὰ τὴν ἐν Σαλαμῖνι ναυμαχίαν, ἐπὶ Τιμοσθένους ἄρχοντος, καὶ τοὺς ὅρκους ὤμοσεν τοῖς Ἴωσ[ιν], ὥστε τὸν αὐτὸν ἐχθρὸν εἶναι καὶ φίλον, ἐφ' οἷς καὶ τοὺς μύδρους ἐν τῷ πελάγει καθεῖσαν.
>
> Deshalb war dieser (i.e. Aristeides) es, der den Städten die ersten Beiträge auferlegte, im dritten Jahr nach der Seeschlacht von Salamis, unter dem Archontat des Timosthenes, und die Eide schwor er den Ionern, dass derselbe Freund und Feind sein solle, zu deren Bekräftigung sie Metallklumpen im Meer versenkten.

Damit wäre – in chronologischer Hinsicht – der erste literarische Beleg der so genannten Freund-Feindklausel in Griechenland gegeben. Die Authenzität der Quelle aus dem 4. Jh. v. Chr. ist jedoch bezweifelt, dem Autor der Athenaion politeia vorgeworfen worden, er verwende hier die Terminologie seiner Zeit zur Interpretation eines Vertrages aus dem frühen 5. Jh. v. Chr. So meint Franz Wüst etwa: „Aristoteles hat also eine Formulierung, die sich erst später entwickelte, benützt, um die Verpflichtung der Seebundmitglieder auszudrücken“[4]. In literarischen Quellen taucht die Freund-Feindklausel nämlich erstmals bei Thukydides für den Vertragsentwurf Kerkyras mit Athen von 433 v. Chr.[5] auf, in epigraphischen sogar erst 423 v. Chr. im Vertrag Athens mit den Makedonen[6]. Ist es also überhaupt vorstellbar, dass die Klausel bereits 478/77 v. Chr., rund 50 Jahre früher, von den Athenern zur Begründung des Seebundes verwendet worden ist?

Dafür lässt sich zuerst einmal anführen, dass die Freund-Feindklausel ein typisches Element der athenischen Vertragspraxis des 5. Jh. war. Athen ist Partner beinahe aller erhaltenen Abmachungen des 5. Jh., die sich der Freund-Feindklausel bedienen:

Athen und die Ioner 478/77 v. Chr. (Arist. Ath. 23,5); Athen und Kerkyra – Vertragsentwurf 433 v. Chr. (Th. 1,44) und Vertrag 427 v. Chr. (Th. 3,75); Athen und Perdikkas 423/22 v. Chr. (IG I^3 89); Athen und die Bottiaier 422 v. Chr. (IG I^3 76); Athen und Thurioi 413/12 v. Chr. (Th. 7,33; 36); Athen und Samos 412/411 v. Chr. (IG I^3 96); Athen und Sparta 404 (X. HG 2, 2,20).

3 Ath. Pol. 23,5.
4 Vgl. F. Wüst, Amphiktyonie 149.
5 Th. 1,44.
6 IG I^3 89.

Somit wäre zumindest indiziert, dass die Formel dem athenischen Formular entspricht und so im Gründungseid des unter der Führung Athens geschaffenen delisch – attischen Seebundes enthalten war. Aber die Freund-Feindklausel ist nicht nur ein Spezifikum Athens. Die Quellenlage für die völkerrechtliche Praxis anderer Poleis wie etwa Spartas ist ungleich dünner, und dennoch gibt es auch hier Hinweise auf die Freund-Feindklausel. So vermutet Fritz Gschnitzer auch für den aus Thukydides 5,82,1 und Xenophon, Hellenika 4,6,2 konstruierten Staatsvertrag Spartas mit Achaia aus 417 v. Chr. das Vorliegen der Freund-Feindbestimmung[7].

Ernst Baltrusch oder Ralf Kimmerle haben dafür argumentiert[8], dass das 481 v. Chr. gegen Persien geschlossene Bündnis der Griechen, das von Sparta geführt wurde und so auch in dessen Tradition gestanden sein muss, die Freund-Feindklausel enthalten habe. Somit könne die Klausel für Sparta schon in das 6. Jh. datiert werden[9]. Diese antipersische Symmachie ist wiederum die Vorgängerorganisation für den Seebund von 478/77 v. Chr.

Für den griechischen Raum ist also anzunehmen, dass die Freund-Feindklausel weit früher in Gebrauch stand, als es die ersten direkten Belege um 430 v. Chr. vermuten lassen.

Wenn, wie gleich dargestellt werden soll, altorientalische Verträge bis in das 3. Jahrtausend v. Chr. die gleiche Formel enthalten[10], so drängt sich nun die Frage auf, ob die eingangs formulierte alternative These einer „Übernahme“ des Formelwortlautes, einer Wanderung der Klausel, möglich erscheint. Dies soll nun überprüft werden.

7 Gschnitzer, Spartanischer Staatsvertrag.

8 Dagegen Highby, Erythrae-Decree 65. Er schließt nicht aus, dass die Formel schon im sechsten Jahrhundert bekannt war – dabei beschränkt er ihr Auftreten freilich nicht auf den lakedaimonischen Raum.

9 Baltrusch, Symmachie und Spondai 18 schließt aus der Tatsache, dass die Freund-Feindklausel in Sparta stets mit der Hegemonieklausel gekoppelt war, dass die ersten Belege für letztere vermuten lassen, der Vertrag habe beide Klauseln enthalten; vgl. ebenso Kimmerle, Völkerrechtliche Beziehungen 26ff., der anhand des rekonstruierten Staatsvertrages Spartas mit Achaiai im Jahre 417 v. Chr. (dazu vgl. Gschnitzer, Staatsvertrag) überlegt, ob nicht generell am Beginn der spartanischen Kontaktaufnahme mit potentiellen Vertragspartnern die Freund-Feindklausel gestanden sei – und so auch im 6. Jh. v. Chr.

10 Bezüglich der in der Folge zitierten altorientalischen Verträge war ich im Unterschied zu griechischen und lateinischen Quellen auf Übersetzungen angewiesen, so auf Janowski – Wilhelm, TUAT, Beckman, Diplomatic Texts, Weidner, Politische Dokumente und Friedrich, Staatsverträge angewiesen. Ebenfalls sehr hilfreich ist das so genannte „Hethiterportal“ der Mainzer Akademie der Wissenschaften und der Literatur sowie der Ludwig-Maximilians-Universität Würzburg (www.hethport.uni-wuerzburg.de). Das Ziel der Untersuchung kann also nicht auf Basis altorientalischer Philologie erreicht werden und bleibt somit unvollkommen; für den des Akkadischen oder Hethitischen Unkundigen besteht es dank der Übersetzungen im Aufzeigen möglicher Kontinuitäten.

1. Der Vertrag Naram-Sins von Akkade (nach 2300 v. Chr.)[11]

Ein möglicher erster Beleg findet sich in einem Vertrag des Naram-Sin, König von Akkade, mit dem König von Elam und wird nach 2300 v. Chr. datiert[12]. Die Klausel[13], die hier verwendet wird, übersetzt Hinz wie folgt[14]: *Naram Sins Feind ist auch mein Feind, Naram Sins Freund ist auch mein Freund.*[15] Damit wäre das erste Zitat für die Freund-Feindklausel[16] in einem Bündnisvertrag aus dem 3. Jt. v. Chr. gegeben[17]. Mittels dieser Formel begibt sich der Vertragspartner Naram-Sins in dessen persönliche Abhängigkeit, seine Politik wird an die Naram-Sins gekoppelt.

Die Formel alleine sagt jedoch noch nichts über die Natur des Bündnisses aus, erst aufgrund des vertraglichen Kontextes kann festgestellt werden, ob dieses koordinierend (also paritätisch) oder subordinierend (unterordnend) ausgestaltet ist. Für den fragmentarisch erhaltenen Vertrag Naram-Sins können diesbezüglich nur Vermutungen angestellt werden, Hinz[18] versteht ihn paritätisch: „Nicht der besiegte Elamer wurde von Naram-Sin zu einem Vertrag gezwungen, sondern ein König von Awan ging als umworbener Partner ein Bündnis ein mit dem Beherrscher von Akkade." Das schließt er unter anderem auch daraus, dass Naram-Sin Gaben geschickt hat (III 19 – 23)[19]. Ziel der vorliegenden Untersuchung ist aber nicht die Interpretation der Freund-Feindklausel, sondern die Herausarbeitung einer möglichen Traditition dieses wichtigen völkerrechtlichen Steuerungsinstrumentes. Mit dem Vertrag Naram-Sins ist dafür immerhin ein Ausgangspunkt gegeben.

Chronologisch taucht die Freund-Feindklausel hernach erst wieder in den hethitischen Staatsverträgen im Kontext internationalen Rechts auf. Zwischen Naram-Sin und den ersten Belegen in hethitischen Verträgen liegen jedoch mehrere 100 Jahre, was die These von einer Übernahme nicht nur erschüttert, sondern beinahe in das Reich der Unmöglichkeit zu verbannen scheint. Ein Nachweis einer Kontinuität in völkerrechtlichem Kontext scheitert an dieser ersten großen chronologischen Lücke.

11 Zur Datierung Naram-Sins in die Jahre 2260-2223 v. Chr. vgl. Neumann, Staatsvertrag 879.

12 Hinz, Naram Sin 66 – 67 vermutet, dass der Vertrag zwischen König Hita von Awan und Naram-Sin von Akkade geschlossen wurde.

13 Die Freund-Feindklausel ist der „zweimal bekräftigte Kernspruch der Urkunde" (so Hinz, Naram Sin 75. 95), und zwar in: III 11 – 17 und III 24 – IV 6.

14 Hinz, Naram Sin 75.

15 Vgl. dazu auch die Übersetzungen von McCarthy, Treaty 18: „*Naram-Sin's enemy is my enemy, Naram-Sin's friend is my friend.*" und bei Ziegler, Völkerrechtsgeschichte 15: „*Naramsins Feind ist auch mein Feind – Naramsins Freund ist auch mein Freund*".

16 So wird der Vertrag etwa von König, Elam 327 als Schutz- und Trutzbündnis umschrieben, eine Bezeichnung, die sich für griechische Verträge mit Freund-Feindklausel eingebürgert hat, vgl. dazu Scheibelreiter, Untersuchungen 106ff.

17 vgl. McCarthy, Treaty 18f., 32.

18 Hinz, Naram Sin 76.

19 Vgl.dazu auch Hinz, Naram Sin 95. Ein paritätisches Verhältnis lehnt Cooper, International Law 246 – 248 ab.

Ehe der Versuch einer Schließung derselben aber dennoch – durch Ausweichen auf ein anderes Rechtsgebiet – unternommen werden soll, gilt es, die hethitische Vertragspraxis darzustellen.

2. Hethiter (1500 – 1140 v. Chr.)

Die Hethiter zeichnete eine rege diplomatische Tätigkeit aus, sodass ein relativ umfangreiches Corpus an Staatsverträgen erhalten geblieben ist. Diese lassen sich grob in zwei Gruppen teilen[20]: Die paritätischen Verträge (koordinierende Verträge) und die Vasallenverträge (subordinierende Verträge). Stand bei der ersten Gruppe dem Hethiterkönig ein gleichgeordnetes Staatsoberhaupt gegenüber wie etwa im Falle des Vertrages von Kadesch (1259 v. Chr.) der Pharao, so wurden Vasallenverträge mit Herrschern kleiner Nachbarstaaten geschlossen, die der König damit gleichsam als seine Gouverneure einsetzte[21]. Somit ist zweifelhaft, ob in diesem Zusammenhang noch von Völkerrecht gesprochen werden kann, da hier der übergeordnete König mit seinem lokalen Repräsentanten kontrahiert[22].

Hinsichtlich der Freund-Feindklausel sind die Vasallenverträge ein fruchtbares Feld, da diese darin typischerweise gegenüber dem Großkönig (und seinen Nachkommen) formuliert wurde[23].

Nicht ganz in dieses Schema zu passen scheint ein Vertrag, der zwischen König Tuthalija I./II.[24] und Sunassura (König des Landes Kizzuwatna)[25] geschlossen wurde und der gleich mehrfach[26] eine Feindbestimmung enthält[27]:

20 Korosec, Hethitische Staatsverträge 4ff. Goetze, Kulturgeschichte 96 ff. gibt als dritte Kategorie die vertragslose, also „feindliche Beziehung" zu dem König von Hatti an.

21 Bederman, International Law 26-27; ausführlicher dazu vgl. Beckman, International Law 756, zu einer möglichen 3. Gruppe vgl. Schuler, Sonderformen.

22 Dafür spricht sich McCarthy, Treaty 23 aus. Korosec, Hethitische Staatsverträge 35-36 bezeichnet die Vasallenverträge zumindest als „halbvölkerrechtlich", ebenso geht Bederman, International Law 27 von einem „Mischtyp" aus.

23 Folgende Verträge enthalten eine Freund-Feindbestimmung: Suppiluliuma I. und Sattiwaza von Mittani, Suppiluliuma I. und Tette von Nuhasse, Suppiluliuma I. und Aziru von Amurru, Suppiluliuma I. und Niqmaddu von Ugarit, Suppiluliuma I. und Hukkana von Hajasa, Tuthalija I./II. und Sunassura von Kizzuwatna, Muwattalli und Alaksandu von Wilusa, Hatusilis III. und Pente-sina von Amurru, Murslili II. und Niqmepa von Ugarit.

24 Es war bis zur Auffindung der 1. Textzeile 1988 umstritten, welcher Hethiterkönig als der Vertragspartner Sunassuras anzusehen sei. So schrieb dies Korosec, Hethitische Staatsverträge 6 A 6 ebenso wie die Sammlung von Weidner, Politische Dokumente Suppiluliuma I. zu; vgl. auch Beal, Sunassurra Treaty. Beckman, Diplomatic Texts und Janowski-Wilhelm, TUAT führen den Vertrag nun als den zwischen Tuthalija I./II. und Sunassura.

25 Der Vertrag ist in hethitischer (CTH 131, CTH 41.II.1) und akkadischer (CTH 41.1.x, CTH 41.I.A.) Version erhalten.

26 Neben den zitierten sind das §§13 (I 60-61) und 16 (II 2-6); §§ 23 (II 26-28); 26 (II 34-36) und 56 (IV 11-13).

§ 37 (III 7–10)Wer auch immer gegen meine Sonne Feindschaft ergreift, der ist (auch) ein Feind des Sunassura. (...)

§ 38 (III 11–13)Wer auch immer gegen Sunassura Feindschaft er[gr]eift, der ist (auch) ein Feind meiner Sonne. (...)

Hinter dem Vertrag steht die Intention Hattis, mit Kizzuwatna einen Pufferstaat gegen das Reich von Mittani einzurichten. Angesichts der historischen und geographischen Lage hat es Korosec abgelehnt, den Vertrag paritätisch zu interpretieren[28]. Da beide Seiten ähnliche Verpflichtungen eingehen – das zeigt auch das eben angeführte Zitat (§§ 37–38)[29] – ist die Interpretation als paritätischer Vertrag heute herrschende Meinung.

Beispielgebend für die Gruppe der so genannten Vasallenverträge mit Freund-Feindklausel sind einige von Suppiluliuma I. (1355–1320 v. Chr.)[30], etwa sein Vertrag mit Aziru, dem König von Amurru[31]. Hier heißt es[32]:

§ 3 (II 9–11)Whoever is My Majesty´s [friend shall be] your friend. [Whoever] is My Majesty´s enemy [shall be Your] enemy.

Es folgt die offensive[33] und defensive[34] Auslegung der Formel.

Ebenso lautet § 4 des Vertrags Suppiluliuma mit Tette (König von Nuhasse)[35], wo es heißt[36]: *He shall be at peace with my friend and hostile to my enemy.* Es folgen offensive[37] und defensive[38] Verpflichtungen, die die generellen Verpflichtungen der Freund-Feindklausel nun genauer determinieren.

27 Vgl. weiters die Übersetzungen bei Weidner, Politische Dokumente 95-97 und Beckman, Diplomatic Texts Nr.2.

28 So Korosec, Hethitische Staatsverträge 7, der grundsätzlich die Zweiseitigkeit einzelner Bestimmungen nicht verneint, aber auch auf eindeutig nur den Kizzuwatna-Herrscher bindende Pflichten wie die des „Erscheinens in Hattusa" und ähnliches hinweist.

29 Etwa Cornelius, Geschichte der Hethiter 145f; ebenso Beal, Sunassura Treaty 432 A. 41; 445. Beal begründet seine Ansicht damit, dass das Bündnis freiwillig geschlossen worden sei und die beiden Staaten ähnlich mächtig gewesen sein dürften; vgl. dazu auch Neumann, Staatsvertrag 879.

30 Die Datierungen folgen Starke, Hattusa 191-192.

31 CTH 49.

32 Beckman, Diplomatic Texts Nr. 5; vgl. dazu auch die Übersetzung von Weidner, Politische Dokumente 71f.: *Und mit meinem Freund sei er Freund, und mit meinem Feind sei er Feind.*

33 §§ 3 (II 9-24) – 4 (II 25-39).

34 §§ 6 (II 47 – III 3) – 7 (III 4-16).

35 CTH 53.

36 So die Übersetzung von Beckman, Diplomatic Texts, Nr. 7, § 4 (A II 6-7); vgl. dazu auch die Übersetzung bei Weidner, Politische Dokumente 61 ff., Z 6-7: *Und mit meinem Freund sei er Freund, mit meinem Feinde sei er Feind.* Gernot Wilhelm referiert in Janowski-Wilhelm, TUAT 122-123 nur die §§ 1 und 2.

37 (A II 7 - 32).

38 (A II 48 - 56).

Im Vertrag zwischen Suppiluliuma I., König von Hatti, mit Sattiwaza, König von Mittani[39], steht zu lesen[40] :

> (72)Wie (jemand) ein Feind des Landes Mittani ist, so ist er auch ein Feind des [Landes Hatti, wie(jemand) ein Freund] des (73)Königs von Hatti ist, [(so) ist er (auch) ein Freund] des Königs von M[ittani].

Alle drei genannten Verträge enthalten dem Hethiterkönig gegenüber stipulierte Verpflichtungen[41], und diese werden mit der Freund-Feindklausel artikuliert. Während aber der Mittanivertrag beinahe paritätisch formuliert ist[42], also sowohl Suppiluliuma I. als auch Sattiwaza den Eid schwören, ist die Freund-Feindklausel in den anderen beiden Dokumenten[43] einseitig, die Vasallen verpflichtend gebraucht. Ähnliches gilt auch für den Vertrag Suppiluliumas mit Niqmaddu von Ugarit[44]. Hier wird auf die mit der Freund-Feindklausel zum Ausdruck gebrachte Verpflichtung des königlichen Vorgängers von Niqmaddu rekurriert, um die Geltung der Klausel auch auf den Nachfolger auszudehnen[45]:

> [Now] Suppiluliuma, Great king, king of Hatti, Hero, has deedes by means of a sealed document these [border districts], cities and mountains to Niqmaddu, [king] of the land of Ugarit, and to his sons and grandsons forever. Now Niqmadu is hostile to my enemy and at peace with my friend.

Auffällig ist, dass sie in vier Verträgen auftaucht, die Suppiluliuma I.[46] geschlossen hat, so auch in dem Vertrag Suppiluliuma I. mit Hukkana von Hajasa[47].

39 CTH 51-52.

40 Janowski-Wilhelm, TUAT 118 (Übersetzung Gernot Wilhelm); vgl. auch die Übersetzungen von Beckman, Diplomatic Texts, Nr. 6 A § 8, 72-73: *As someone Is the enemy of the land of Mittanni, he [shall be] the enemy [of Hatti. The friend] of the king of Hatti [shall be] the friend of the king [of Mittani]* und Weidner, Politische Dokumente 21 (Z 72-73): *Wie er der Feind des Landes Mitanni ist, so ist er auch der Feind des Landes Hatti ... Der Freund des Königs des Landes Hatti ist auch der Freund des Königs des Landes Mitanni.*

41 McCarthy, Treaty 74 spricht allgemein von *„stipulations"*.

42 McCarthy, Treaty 74.

43 Freilich ist auch der historische Zusammenhang bedeutsam: Aziru von Amurru etwa war in Ägypten gefangen gehalten worden und hatte sich befreien können. Nun versicherte ihn der Hethiterkönig seines Schutzes – vgl. Cornelius, Geschichte der Hethiter 159.

44 CTH 45-48. Vgl. dazu Dietrich – Loretz, Suppiluliuma und Niqmandu, wo die beiden Versionen des Vertrages (akkadisch und ugaristisch) verglichen werden.

45 Beckman, Diplomatic Texts, Nr. 4, § 6 (8-15); vgl. dazu auch die Übersetzung nach Zaccagnini, Forms of Alliance 68: *Just as, since a long time, your fathers were at peace and were not enemies with the country of Hatti, now you, Niqmadu, likewise shall be enemy with my enemy and shall be at peace with those who are at peace with me.*

46 Daneben ist aber auch auf die Verträge anderer Herrscher zu verweisen: Ein Vertrag Muwattalli II. (1290-1272 v. Chr. – die Datierung folgt wieder Starke, Hattusa 191-192) mit Alaksandu von Wilusa (CTH 76) enthält die Feindklausel. Diese übersetzt Beckman, Diplomatic Texts, Nr. 13, § 6 (B II 5-20): *As he is your enemy, in exactly the same way he is my Majesty's enemy.* Vgl. auch die Übersetzung von Friedrich, Staatsverträge 50ff: *Wie er dir*

Auch der Vertrag von Mursili II. von Hatti (1318–1290 v. Chr.)[48] mit Niqmepa von Ugarit[49] beinhaltet eine einseitige Freund-Feindbestimmung für Niqmepa[50]:

> § 2 *(13)*Gegenüber einem Freund von mir sollst Du Dich freundlich verhalten, einem Feind von mir sollst Du feindlich sein.

Für die hethitischen Verträge lässt sich zusammenfassen[51]: Die Freund-Feindklausel war eine gängige Bestimmung in subordinierenden Vertragsbeziehungen der Könige von Hatti zu ihren Vasallen. Der jeweilige Vertragspartner muss von Rechts wegen die gleichen Völker oder Personen als Freunde und Feinde betrachten wie der Großkönig. Nur in speziell geregelten Fällen schwört auch der Großkönig seinem Gegenüber die Freund-Feindklausel, dies betrifft etwa den Schutz von ausdrücklich im Vertrag genannten Rechtsgütern, wozu der König sich eigens verpflichten konnte[52].

Die Freund-Feindklausel hatte einen festen Platz im völkerrechtlichen Formular der Hethiter[53]. Kann davon ein Konnex zu dem eingangs gebrachten Beleg aus dem

Feind (ist), ebenso (ist) er auch der Sonne Feind.

47 CTH 42, § 13, 22-25.

48 Datierung nach Starke, Hattusa 191-192.

49 CTH 66.

50 Janowski-Wilhelm, TUAT 166 (Übersetzung Daniel Schwemer); vgl. dazu auch die Übersetzung von Beckman, Diplomatic Texts, Nr. 9: *You shall be at peace with my friend and hostile to my enemy.*

51 Die Freund-Feindklausel taucht aber auch - in etwas abgewandelter Form - hinsichtlich der Behandlung von Flüchtlingen auf. Der Vasall ist verpflichtet, fremden Flüchtlingen freundlich zu begegnen und sie in ihrem Wege in das Land Hatti zu unterstützen. Flüchtlinge aus dem Gebiet des Hattireiches wiederum muss der Vasall dem Großkönig ausliefern. Die Freunde des Königs sollen leicht den Weg zu diesem finden, seine Feinde aber sollen sich dem Herrscher nicht entziehen können (Korosec, Hethitische Staatsverträge 80).

52 Vgl. Korosec, Hethitische Staatsverträge 68-69. Als ein Beispiel (zu weiteren siehe Korosec, Hethitische Staatsverträge 69 A 2) mag die Freund-Feindklausel hinsichtlich der Person, des Sohnes und des Enkelsohnes des Königs von Amurru genannt werden, wie sie in Z 32-33 des Vertrages zwischen Hattusilis III. und Pente-sina (König von Amurru) angeführt ist (zitiert nach Beckman, Diplomatic Texts, Nr. 16): § 7 (32-33) *If someone seeks to harm Benteshina or his son or grandson, he will be the enemy of the king of Hatti and the Hittites.* In der Folge wird die Freund-Feindklausel noch einmal generell gebraucht: § 10 (rev. 5-6) *[Be a friend to my friend]; be hostile (to) my enemy.*Vgl. dazu auch Weidner, Politische Dokumente 131.

53 Zur Interpretation der Freund-Feindklausel ist hier nur anzumerken, dass es nur auf ihre Verwendung im konkreten Vertrag ankommt, ob sie beide Seiten voll verpflichtet (wie im Vertrag zwischen Suppiluliuma I. und Sattiwaza bzw. Tuthalija I./II. und Sunassura, wo beide den Eid leisten), nur den „kleineren" König, oder diesen und den Großkönig bloß für speziell determinierte Fälle. Wesentlich erscheint auch, dass die Freund-Feindklausel in mehreren sprachlichen Varianten belegt ist. Als direkter Vorläufer des griechischen Typs ließe sich die Formulierung verstehen, die McCarthy, Treaty 32 A 24 mit *and with my friend he is a friend, and with my enemy an enemy* übersetzt. Diese Version der Klausel ist auch den behandelten Übereinkommen Tuthalija I./II.mit Sattiwaza, Suppiluliuma I. mit Tette oder Muwattalli II. mit Alaksandu zu entnehmen.

Vertrag Naram-Sins hergestellt werden? In babylonischen Zeugnissen ist die Freund-Feindklausel zwar nicht zu finden; eine Schließung dieser Lücke könnte jedoch durch Heranziehung der Terminologie eines anderen Rechtsgebietes versucht werden.

3. Vertragssprache – Entwicklungen völkerrechtlicher Terminologie (1950 – 1500 v. Chr.)

Die frühe völkerrechtliche Begrifflichkeit ist auf die Personen der Vertragspartner zugeschnitten und spiegelt ursprünglich wohl deren Beziehungen zueinander wider. In jeder Kultur kann das Frühstadium internationalen Rechts als eine Zeit, „wo zwischenstaatliche Zustände und Verhaltensweisen nicht von ihren konkreten Trägern abstrahiert und in staatsrechtliche Begriffe gefasst wurden“[54] verstanden werden.

Dazu griff man auf die Metaphorik verwandtschaftlicher Verhältnisse zurück: So finden sich schon im 2. Jt. v. Chr. die Bezeichnungen „Vaterschaft“, „Sohnschaft“ oder „Bruderschaft“, um den Grad völkerrechtlicher Bindung auszudrücken[55]: Subordinierende Verträge werden mit einem Vater-Sohn Verhältnis umschrieben, koordinierende mit dem von Brüdern[56]. Die Liebes- und Eheterminologie ist besonders in der jüdischen Rechtssprache gebräuchlich – im altorientalischen wie im altgriechischen Völkervertragsrecht hat Liebe (φιλία) die Bedeutung von Vertragstreue[57].

Es soll also nicht verwundern, dass frühe Anklänge an die Freund-Feindklausel im familienrechtlichen Kontext zu finden sind.

In einigen altbabylonischen Eheverträgen[58] aus der Zeit der ersten Dynastie (1950 – 1500 v. Chr.) ist mehrfach eine Formel belegt, die zur Beschreibung des Verhältnisses der frisch vermählten Nebenfrau zur Hauptfrau in einer polygamen Ehe dienen soll[59].

54 Siewert, Eid von Plataiai 24; vgl. auch Kimmerle, Völkerrechtliche Beziehungen 26, der in dem Gebrauch von φίλος in der Freund-Feindklausel ein Indiz für das Alter derselben sieht, da mit dem Singular an personale Herrschaftsstrukturen angeknüpft würde.

55 Vgl. Weinfeld, Covenant 194.

56 Vgl. dazu Cooper, International Law 244 – 245 und Zaccagnini, The forms of Alliance 39, der für die späte Bronzezeit (15. – 13. Jh. v. Chr.) koordonierende Vertragsbeziehungen als Bruderverhältnisse (*brotherhood and mutual love*) bezeichnet, subordinierende aber als die Beziehung Herr–Sklave (*serfdom and loyalty*. Das gilt auch für die Hethiter, wo die Begrifflichkeit des patrimonialen Gesellschaftssystems auf den Staat übertragen wurde, vgl. Beckman, International Law 754 – 755.

57 Otto, Treueid und Gesetz 28.

58 4,21-23 (= CT 2 33); 5,7-8 (zitiert nach Schorr, Urkunden); ebenso CT 48, 9-11; BAP 89, 7-8.

59 Vgl. Schorr, Urkunden 4,21-23 und 5,7-8. Weinfeld, Covenant 194 übersetzt: „*PN 2 (the second wife) will be angry with whom PN (the first wife) will be angry, she will be on good terms with whom PN will be on good terms.*“

Dies übersetzt Westbrook[60] wie folgt: „*With whom she (W1) is hostile, she (W2) will be hostile; with whom she is friendly, she will be friendly.*“[61]

Die Nebenfrau begibt sich also in eine emotionale Abhängigkeit von der Hauptfrau ihres Bräutigams, sie wird – anders formuliert – die „gleichen Freunde und Feinde“ wie diese haben.

Der Sinngehalt der Formeln ist es, die Beziehung der beiden Frauen zueinander zu beschreiben[62]. Das Verhältnis in der polygamen Ehe war entweder von Schwesternschaft (die Nebenfrau wurde von der Hauptfrau als Schwester „adoptiert“) oder von einem sklavenähnlichen Verhältnis (Nebenfrau als Dienerin der Hauptfrau) geprägt[63].

In Anbetracht der schon oben angeführten Beobachtung, dass völkerrechtliche Terminologie dem Familienrecht entlehnt ist, könnte nun gefolgert werden, dass in der Terminologie altbabylonischer[64] Eheverträge die Freund-Feindklausel anklingt. Auf diese Weise also wäre die Kontinuität zu dem elamisch-akkadischen Erstbeleg erhalten und ein Fehlen völkerrechtlicher Quellen kompensiert. Es bleibt zu betonen, dass diese Hypothese nur als – freilich schon von Weinfeld propagierter[65] – Versuch gewertet werden kann und verstanden werden will.

60 Westbrook, Marriage Law 117; 122; 125; 127.

61 Vgl. CT 48 48. Westbrook, Old Babylonian Period 390 revidierte mit dieser Übersetzung seine eigene Version *Whenever PN is angry, PN2 will be angry, whenever she is friendly, she will be friendly* (so in Westbrook, Marriage Law 117; 122; 125; 127) und verweist auf die Version von Weinfeld, Covenant 194. Wie er mir dankenswerter Weise persönlich versichert hat, ist auch die alte Übersetzung von Schorr, Urkunden 11 verfehlt, die wie folgt lautet: *Sie (NN2) wird ihren (NN) Schmuck besorgen, ihr hilfreich beistehen.* Schon Weinfeld, Covenant 194 A. 5 lehnte diese Variante aus philologischen Erwägungen ab. Auch hier ist die Beziehung der beiden Frauen angesprochen, die sich auch in einer Folgepflicht ähnlich der erwähnten Hegemonieklausel manifestieren kann: „*Whenever PN enters, she (PN2) shall enter, whenever she (PN) goes out, she (PN2) goes out.*” (CT 4 39a, 16-17, vgl. Westbrook, Old Babylonian Marriage Law 117 und CT 48 67, 7-8, vgl. Westbrook, Old Babylonian Marriage Law 125). Es findet sich auch die Kombination beider Formeln in Vertrag CT 48,67 6-7 und 8-9 (zitiert nach Westbrook, Marriage Law 125).

62 Vgl. Westbrook, Old Babylonian Marriage Law 110:“The general idea is clear: the second wife must accommodate herself to the movements and even the moods of the first wife“.

63 Daraus die koordinierende oder subordinierende Natur der Beziehung abzuleiten (so etwa Meißner, Altbabylonisches Recht 24 und Westbrook, Old Babylonian Period 390), bietet sich zwar an. Westbrook, Marriage Law 105 ff warnt aber davor, da der wesentliche Unterschied der beiden Formen eigentlich nur hinsichtlich der Rechtsfolgen einer Eheauflösung gegeben war.

64 So findet sich diese Formel nicht in der Sammlung von 45 Verträge aus dem ersten vorchristlichen Jahrtausend in Roth, Babylonian Marriage Agreements.

65 Weinfeld, Covenant 194.

4. Die Übernahme der Freund-Feindklausel durch die Griechen

Nicht minder schwierig ist es, die Übernahme der Vertragsbestimmung von Hatti nach Griechenland nachzuzeichnen. Denn selbst unter der Annahme, dass bereits im 6. Jh. v. Chr. in Sparta die Freund-Feindklausel verwendet wurde, wäre der Abstand zu der Zeit der Könige Suppiluliuma I. (ca. 1355–1320 v. Chr.) oder Muwattalli II. (ca. 1290–1272 v. Chr.) nur marginal verringert.

Kulturell mutet die Distanz jedoch noch größer an, fiele eine Übernahme der Formel doch in die so genannten *Dark Ages*, also jene Epoche, in der das Hethiterreich unterging. Die homerischen Epen erwähnen die Freund-Feindklausel nicht[66].

Zugleich verwundert es, dass die ersten Belege der Freund-Feindklausel in Griechenland gerade in Sparta vermutet werden[67], einem typischen Binnenstaat, und nicht in Gebieten, die als Berührungspunkte zwischen Orient und Griechen eher für einen kulturellen Austausch in Frage kommen wie etwa Zypern oder Lesbos[68]. Zwar muss die Bedeutung des orientalischen Einflusses auf die griechische Welt hier nicht extra betont werden[69]; andererseits wäre es nun in besonderem Maße verlockend, angesichts dieses *missing link* die Wanderung der Freund-Feindklausel als gescheitert zu betrachten und der Theorie Raum zu geben, dass sich die sprachlich relativ einfach gehaltene Formel[70] „*die gleichen Freunde und die gleichen Feinde zu haben*“, unabhängig voneinander in mehreren Kulturen entwickelt haben könnte.

Dagegen führte bereits Moishe Weinfeld die große Ähnlichkeit der Terminologie des Nahen Ostens mit griechisch – römischer ins Treffen[71]. Des Weiteren setze die Ausformung einer völkerrechtlichen Terminologie zwischen dem 15. und dem 13. Jh. v. Chr. und somit in einer Zeit der Globalisierung des Nahen Ostens ein, und schließlich sei gerade die Freund-Feindklausel eine von vielen „common phrases“ der Hethiter und Griechen.

66 Allgemein dazu vgl. Scheibelreiter, Untersuchungen 119-122.

67 Vgl. Kimmerle, Völkerrechtliche Beziehungen 28 ff.

68 Schwahn, Symmachie 1007f. etwa hat angenommen, dass die Freund-Feindklausel über Lydien in den griechischen Kulturkreis gelangt ist. Wie sich zeigt, ist eine „Verbindung“ zwischen hethitischer und griechischer Formelsprache nicht notwendig. Wenn eine „Wanderung“ der Klausel konstruiert werden müsste, dann würde die Route wohl über Lydien, das etwa Kontakte zu dem äolischen Lesbos unterhielt, genommen werden.

69 Hier ist etwa exemplarisch Alkaios zu nennen, der seinen aus Babylon zurückkehrenden Bruder begrüßt, der dort als Söldner gedient hat (Alc. fr. 350 L-P). Auch in der Kunstgeschichte kann ein gewisse Vorbildwirkung des alten Orients beobachtet werden – Dihle, Die Griechen und die Fremden 21 spricht von der „*Integration der Bilderwelt des Orients*“ im 7. vorchristlichen Jahrhundert. Ebenfalls in diesen Kontext gehört der Einfluss altorientalischer Weisheitsliteratur auf Hesiod.

70 Hammond, Athenian Alliance 50 A 22 spricht von der "simple terminology (...) of the fifth century“. Allerdings ist das 5. Jh. als *terminus ante quem* zu verstehen, was Hammond hier übersieht.

71 Weinfeld, Covenant Terminology 197 – 199.

In seiner Untersuchung zur „Verschriftlichung von Normen“ hat Robert Rollinger nachgewiesen, dass zwischen dem Orient und dem „homerischen Griechenland“, dass Rollinger mit der Zeit der Abfassung der Ilias ins 8. Jh. v. Chr. datiert, nicht nur ein kultureller Transfer stattgefunden hat. Auch die orientalische, konkret die neuassyrische Rechtspraxis seien übernommen worden: Die 23 in Ilias und Odyssee überlieferten Vereinbarungen und Verträge[72] stünden aufgrund von Parallelen zu den Verträgen aus Neuassur in Form[73] und begleitender Kulthandlung[74] in der Tradition assyrischer Rechtspraxis. Eine vermeintliche individuelle Entwicklung in Griechenland lehnt Rollinger ab[75], wenn er betont[76]: „... die in den neuassyrischen Verträgen fassbaren Kenntnisse und Vorstellungen haben auf eine bestimmte Weise nach Westen ausgestrahlt!“

Fällt somit den Assyrern diese Vermittlerposition zwischen Orient und Griechenland auch bezüglich der Freund-Feindklausel zu?

Aus Assyrien ist ein Corpus von ca. 50 völkerrechtlichen bzw. zwischenstaatlichen Verträgen aus der Zeit des 9 – 7. Jh. v. Chr. erhalten[77], das nach den Autoren Simo Parpola und Kazuko Watanabe[78] eine Vielzahl völkerrechtlicher Vertragsformeln (*stipulations*)[79] erkennen lässt.

Ein Großteil dieses Formelmaterials ist schon in hethitischen (und teilweise in babylonischen[80]) Verträgen zu finden.

Im Corpus der neuassyrischer Staatsverträge gibt es jedoch nur zwei Anklänge an die Freund – Feindklausel: Der Hethiterkönig Tuthalija III. schreibt in einem Brief an den Assyrer Tukulti-Ninurta I. anlässlich des Todes von dessen Vor-

72 Vgl. die Liste bei Rollinger, Verschriftlichung 379–382.

73 So enthält der Vertrag zwischen Griechen und Trojanern aus dem 3. Buch der Ilias, der den Stellvertreterkampf zwischen Menelaos und Paris bedingt, fasst alle Elemente eines assyrischen Vertrages, vgl. Rollinger, Verschriftlichung 387 ff.

74 Rollinger, Verschriftlichung 399 – 400 weist etwa nach, dass die in homerischem Kontext gebräuchlichen Rituale von Schafschlachtung , Wein- oder Wasserspende und Handschlag der assyrischen Rechtspraxis entlehnt sein dürften.

75 Rollinger, Verschriftlichung 398.

76 Rollinger, Verschriftlichung 410.

77 Genauer zwischen 825 und 625 v. Chr.

78 Parpola –Watanabe, Neo-Assyrian Treaties; vgl. dazu auch Starke, Treueide 70, der nach formellen Kriterien zwischen zweiseitigen Abkommen, Beistandspakten und Friedens- bzw. Freundschaftsverträgen differenziert.

79 Loyalitätsklauseln gegenüber dem König, dazu – eigentlich als eine Unterkategorie, aber dennoch extra angeführt – die positive Meldepflicht von Oppositionsbewegungen im Land, weiters auch Klauseln, die die Beziehungen zu Feinden regeln. Ebenso sind standardisierte Regelungen über die militärische Zusammenarbeit, die Auslieferung von Rebellen, Geschäftsübereinkommen und die Anerkennung von königlichen Stellvertretern auszumachen, schließlich bestimmte Zugeständnisse, gegenseitige Nichtangriffsklauseln und eine Formel, der gemäß der König Assurs als Gott anzuerkennen sei , vgl. dazu Parpola-Watanabe, Neo-Assyrian Treaties XXXVIII - XXXIX.

80 Brinkmann, Political Covenants.

gänger[81]: *Just as I was a good friend of your lord, so I will be a good friend of the new one*[82]. Allerdings spricht hier der Hethiter (Tuthalija III.). in der ihm geläufigen Begrifflichkeit zu dem Assyrer.

In einem rein assyrischen Vertrag nach der Rebellion des Šamaš-šumu-ukin (ca. 652–648 v. Chr.) ist eine andere Formulierung überliefert, die ebenfalls in Richtung Freund-Feindklausel weist. Parpola-Watanabe übersetzen Zeile 32 der Inschrift (Vertrag Nummer 9 ihrer Sammlung) wie folgt: *We will love (Assurbanipal), king of Assyria, and (hate his enemy).*[83]

Mehr als diese spärlichen Belege eines „harmonizing one´s foreign policy with that of Assyria“[84] sind für Assur aber nicht auszumachen. Und auch in der jüdischen Vertragssprache[85] findet sich die Freund-Feindklausel nicht mehr unmittelbar belegt[86].

Im Sinne einer Kontinuität der Vertragspraxis zwischen dem Orient und Griechenland ist die Freund – Feindklausel dennoch problematisch – wie sie von Hatti nach Griechenland gelangt ist, lässt sich nicht eruieren[87].

Das Hauptaugenmerk ist damit auf die mögliche Verbindung Griechenlands zu den Hethitern zu legen[88], für die aufgrund der schlechten Quellenlage zur mykenischen Rechtskultur bzw. die Epoche der *Dark Ages* eine Übernahme der Freund-Feindklausel aber nur gemutmaßt werden kann[89]. Weinfeld hingegen ist davon über-

81 KUB XXIII 103: Rev. 3 – 7.

82 Übersetzung von Zaccagnini, Forms of Alliance 42.

83 Bereits in Zeile 20 des Vertrages ist zu lesen (Übersetzung nach Parpola – Watanabe, Neo-Assyrian Treaties ad locum): *The enemy of Assurbanipal, king of Assyria, (...) shall not be our ally.*

84 Parpola, International Law 1058.

85 Fensham, Clauses of Protection 134; weiters siehe auch die Formulierung in Exodus 20,3-6 und 23,22; zu weiteren Parallelen vgl. Weinfeld, Loyalty Oath 351.

86 Fensham, Clauses of Protection 139 vergleicht hethitische Vasallenverträge mit dem Bündnis von Jahwe und dem Volk Israel.

87 Umgekehrt besagt ein Fortleben altorientalischer Vertragsmotive im griechisch-römischen Bereich nichts über das Fortleben derselben in neuassyrischen *termini*, vgl. dazu Otto, Treueid und Gesetz 10.

88 Karavites, Promise giving 92 hebt den Kultur- und Rechtstransfers zwischen beiden Kulturkreisen hervor – zu ähnlich seien formale Strukturen der Vertragssprache, etwa die Untergliederung von Geboten in Protasis mit Tatbestand und Apodosis mit Rechtsfolge. Dieses rudimentäre Muster stammt aus dem Nahen Osten. Zu bedenken ist freilich, dass Karavites relativ allgemein annimmt, dass es sich bei dem homerischen Griechenland um das bronzezeitlich – mykenische handelt; vgl. dazu die Kritik bei Rollinger, Verschriftlichung 374 und Karavites, Promise Giving 11; Weinfeld, Loyalty oath 390.

89 Karavites, Promise Giving 200: „... we are led to the conclusion, that the same practices were probably obtained in the Mycenaean world. If they did not, then the similarities ... would have to be either the result of some large scale and long standing event that is utterly unknown, or else utterly coincidental resemblances between randomly occurring events”.

zeugt[90]: „*It seems that this element passed by the way of the Hittites to the Greek treaties.*"

Ohne diesen Optimismus teilen zu müssen, scheint es aufgrund von Analogien relativ wahrscheinlich, dass die Freund-Feindklausel von Hatti nach Griechenland gekommen ist.

So indiziert die Tatsache, dass sowohl in hethitischen als auch neuassyrischen und griechischen Verträgen die Loyalitätsklausel (*aus einem Bündnis nicht abzufallen*) zu finden ist, verstärkt um die normierte Verpflichtung, dem König die Illoyalität Dritter anzuzeigen, eine „Übernahme" des Wortlauts[91]. Unbestritten ist es weiters, dass sowohl von den Hethitern als auch Assyrern – dem in homerischer Zeit größten Imperium der Region[92] – Vertragspraxis direkt nach Griechenland übernommen wurde. Die genaue Route der Freund – Feindklausel liegt jedoch im Dunkel der *Dark Ages* und lässt sich nur erahnen[93].

5. Der Weg nach Rom (ab 304 v. Chr.)

Ungleich leichter lässt sich der Weg der Klausel von Griechenland nach Rom nachzeichnen. Da die Übernahme durch „Rom" als Modell zur Interpretation dieses Phänomens herangezogen werden kann, sei abschließend ein kurzer Ausblick darauf gestattet. Im Hellenismus ist die Freund-Feindklausel bereits ein typischer Bestandteil des völkerrechtlichen Formulars[94], und es darf nicht verwundern, dass sie in den Beziehungen Roms zum östlichen Mittelmeerraum in der Formulierung „*ut eosdem quod populus Romanus amicos atque hostes habeant*" auftritt.

So wird schon im Zusammenhang mit dem Vertrag Roms mit den Samniten[95] 304 v. Chr. die Freund-Feindklausel tradiert.

90 Weinfeld, Loyalty oath 390.

91 Siehe dazu Scheibelreiter, Untersuchungen 150ff. und v.a. Starke, Treueide 78 ff. und Zaccagnini, Forms of Alliance. Eine solche Weiterwirkung vertragsrechtlicher Begrifflichkeit führt ja zum Beispiel auch über Neuassur ins alte Israel; vgl. dazu die Parallelen zwischen dem Asarhaddon-Eid und dem Deutronomium (genauer dazu Otto, Treueid und Gesetz; Steymans, Deuteronomium). Otto, Treueid und Gesetz 28 zeichnet diese Form der „Rezeption" nach: „… neuassyrische Vertragsrechtsmotive werden aufgenommen und durch hebräische privatvertragsrechtliche Terminologie der Ehe und durch Liebesbegrifflichkeit ausgedrückt".

92 vgl. Rollinger, Verschriftlichung 384.

93 Karavites, Promise Giving 205. Eine mögliche „Wanderung" über Nachfolgestaaten des Hethiterreiches in Klaeinasien wäre noch zu untersuchen.

94 Siehe dazu Scheibelreiter, Untersuchungen 143-145.

95 Als sie sich nicht an die vertraglichen Pflichten gegenüber Rom halten (Vertrag zur Beendigung des 2. Samnitenkrieges, 304 v. Chr., vgl. StV III 443), wobei der Vertrag gemäß Dionysios von Halikarnassos – D. H. 17; 18,2 – eine Freund-Feindklausel enthalten hatte), werden sie zur Ordnung gerufen und als ὑπήκοοι – „Untergebene" bezeichnet (D. H. interpretiert so nachträglich den 302 v. Chr. geschlossenen Vertrag als *foedus iniquum*.). Der Vertrag ist als einseitig und subordinierend zu qualifizieren (vgl. DeLibero, Freund-Feindklausel 303).

192 v. Chr. verband sich Rom mit dem achäischen Bund gegen einen konkreten Feind, Antiochos III. (233–187 v. Chr.)[96]. Das Bündnis war mit dem Erreichen des Kriegszieles terminisiert – hier diente die Verwendung der Klausel *omnes eosdem genti Achaeorum hostes et amicos quos popoulus Romanus censuisset (iudicaret)* der Erreichung eines rein militärischen Zweckes gegen einen speziellen Feind[97].

189 v. Chr. entscheidet sich der aitolische Bund für die Annahme eines Vertrages[98], dessen Inhalt Livius[99] im Unterschied zu Polybios[100] mit einer Feindklausel überliefert:

> *Imperium maiestatemque populi Romani gens Aetolorum conservato sine dolo malo; ne quem exercitum, qui adversus socios amicos eorum ducetur per fines suos transire sinito neve ulla ope iuvato; hostes eosdem habeto quos populus Romanus armaque in eos ferto bellumque pariter gerito*[101].

Die Aitoler unterwerfen sich nicht nur der Oberhoheit Roms (Majestätsklausel: *„imperium - conservato“*), sondern akzeptieren neben der Freund-Feindklausel auch ein Teilbeistandsverbot (*ne quem exercitum, qui adversus socios amicos eorum ducetur per fines suos transire sinito neve ulla ope iuvato*)! Diese Kombination von Klauseln führt zu einer völligen außenpolitischen Handlungsunfähigkeit[102].

Weiters enthält das Bündnis, das Rom 164 v. Chr. mit Rhodos schließt (*eosdem quos populus Romanus amicos atque hostes habere*)[103], die Freund – Feindklausel.

96 Livius 35,50,2; Plb. 39,3.

97 DeLibero, Freund-Feindklausel 271 ff. merkt an, dass es hier zu keiner Beschneidung außenpolitischer Souveränität des achäischen Bundes kommt.

98 Dieser Vertrag ist der Friede von Ambrakia.

99 Livius 38, 8,10f. Schon 190 v. Chr. hatte Rom den aitolischen Bund vor die Wahl gestellt: Entweder die Griechen ergeben sich (*deditio*) oder sie verpflichten sich zu einer Zahlung von 1000 Talenten und akzeptieren die Freund-Feindklausel gegenüber Rom (Livius 37,1,1 – 5; Polyb. 21,2).

100 Plb. 21,30.

101 (Livius 38,11, 1ff.)

102 Die Freund-Feindklausel kann hier nicht mehr als Mittel, um eine *„freiwillige oder temporäre Ausrichtung auf die Kriegspolitik eines befreundeten oder verbündeten Staates“* (DeLibero, Freund-Feindklausel 279) herbeizuführen, definiert werden. Vielmehr dient sie dazu, einen unzuverlässigen Partner zur Raison zu bringen und mit drastischen Mitteln zur Heerfolge zu verpflichten (DeLibero, Freund-Feindklausel 282). Immerhin hatten die Aitoler 212 v. Chr. ein Bündnis mit Rom geschlossen (IG IX I^2 241), und auch bis 197 v. Chr. an Seite der Römer gegen Philipp V. von Makedonien gekämpft. 192 v. Chr. verbündeten sie sich mit Antiochos III., der ihre Allianz als στρατηγὸς ἀυτοκράτωρ gegen Rom anführte.

103 Die Rhodier müssen infolge der Freund-Feindklausel besagter Abmachung ihre Unterstützungshandlungen für Attalos II. von Pergamon gegen Prusias II. von Bithynien von der offiziellen Aufkündigung der *amicitia* Roms mit Prusias abhängig machen (So überzeugend DeLibero, Freund-Feindklausel 293). Erst als dies geschehen ist, kann Rhodos in den Konflikt auf Seiten Pergamons eingreifen und 5 Schiffe entsenden (Plb. 33) – eine direkte Auswirkung des *eosdem quos populus Romanus amicos atque hostes habere*. Von dem militärischen Problemfall abgesehen – es muss eben verhindert werden, dass Rhodos in seiner

Vier Verträge, viermal die Freund-Feindklausel, viermal in unterschiedlichem historischen Kontext – jeder Vertrag enthält andere Zusatzbestimmungen, was in Kombination mit der Freund-Feindklausel zu unterschiedlichen Rechtsfolgen führt.

Die Freund-Feindklausel ist als geeignetes und übliches Instrument internationaler Vereinbarungen fixer Bestandteil der römischen Außenpolitik.

Conclusio

Die gleichen Freunde und die gleichen Feinde zu haben wie der Vertragspartner ist als relativ rudimentäre Bestimmung in vielen Rechtskulturen der Antike belegt. Die konkrete damit verbundene Rechtsfolge jedoch ist erst aus Umständen wie dem Kräfteverhältnis der Parteien, der Vertragsumwelt etc. zu eruieren. Ein und dieselbe Formel ist unterschiedlich verwendbar, von den hethitischen Vasallenstaaten bis zu den scheinbar gleichberechtigten Vertragspartnern der römischen Übermacht.

Die Formel ist mehrfach einsetzbar – sie taucht in multilateralen wie bilateralen Verträgen auf und wird koordinierend wie subordinierend verwendet. Aufgrund ihrer Flexibilität und ihrer Effektivität etabliert sie sich im völkerrechtlichen Vertragsformular, was uns erstmals für die Hethiter greifbar wird. Ebenso ist sie ein fixer Bestandteil gerade der athenischen und spartanischen Verträge spätestens des 5. Jh. v. Chr.; und dafür ist sie gut dokumentiert.

Die Situation, die Bedingungen für eine Übernahme sind jeweils schwer auszumachen: Der Weg aus dem archaischen Griechenland in das republikanische Rom ist über den Hellenismus leicht nachvollziehbar, nicht zuletzt deshalb, weil dies dem Phänomen der *interpretatio Romana* fremden Kulturgutes angemessen erscheint.

In den anderen dargestellten Fällen aber bereitet die Rekonstruktion einer Übernahme Schwierigkeiten, da hierfür vergleichsweise wenig Quellen zur Verfügung stehen: Die Hethiter könnten einerseits in der Verwendung der Freund-Feindklausel eine vollkommen isolierte Position einnehmen, will man nicht eine Kontinuität zu dem Vertrag von Naram-Sin herzuleiten versuchen. Dies erscheint angesichts der Quellenlage mehr als unsicher, ein bescheidener Lösungsversuch wurde hier aufgezeigt. Andererseits ist eine Übernahme durch Nachbarvölker, ja Vertragspartner wie Assyrer, Israeliten oder Ägypter nicht dokumentiert, die viel wahrscheinlichere Übernahme durch die die Freund-Feindklausel gebrauchenden Griechen nicht dokumentierbar.

Als Erklärung für ersteres kann auch die spezifisch hethitische Verwendung der Klausel in Vasallenverträgen dienen. In dem Friedensvertrag von Kadesch mit dem mächtigen Nachbarn Ägypten sucht man die Freund – Feindklausel vergebens.

Bündnispolitik mit der von Rom kollidiert – ist die Insel in ihrer Außenpolitik frei und nicht an den Vertragspartner gebunden. Es ist also von keinem rein subordinierenden Vertrag auszugehen..

Zweiteres liegt auf der Hand: Der *missing link* zwischen Hatti und Sparta/Griechenland ist – will man von einem Versuch absehen, den Vertrag Muwattalli II. mit Alaksandu von Wilusa/Ilion[104] in einen homerischen Kontext zu stellen – in den *Dark Ages* anzusiedeln. Hier wiederum hilft Analogie: Auch andere Formeln wie die Loyalitätsklausel[105] der hethitischen Verträge finden im Griechischen ihre Entsprechung.

Warum die Klausel übernommen worden sein könnte, lässt sich mit ihrer Praktikabilität begründen. Getreu der darwinistischen These des „survival of the fittest“ nimmt auch Bederman an, dass sich das völkerrechtliche Formular nach dem Prinzip von *try and error* ausgeformt habe: „*Within each political culture, treaty terminoloy and ceremony began in a rudimentary condition and quickly became more systematized and predictable.*[106]“ Formeln, die sich im zwischenstaatlichen Verkehr bewährt haben, werden von Nachbarvölkern imitiert oder adaptiert. Nicht zuletzt scheint die Klausel nach diachroner Betrachtungsweise auch deswegen so attraktiv, weil das Formular der übernehmenden Rechtskultur weniger genau entwickelt war und gerade durch die Übernahme fremden Instrumentariums eine wichtige Lücke geschlossen werden konnte.

Legt man diesen – für die Übernahme Roms von Griechenland erkennbaren – Ansatz auf die sicher belegbaren Quellentexte mit einer Freund-Feindklausel bei Hethitern und Griechen um, dann könnte auch die Freund-Feindklausel einen festen Platz in dem kulturtheoretischen Konzept eines Wissenstransfers, der in über 2000 Jahre, von Osten nach Westen verlaufend, erfolgt ist, einnehmen. Nachweisen lässt sich dieser freilich nicht.

104 Vgl. dazu etwa den Vertrag Muwattalli II. mit Alaksandu von Wilusa; allgemein siehe Starke, Troja.

105 Vgl. dazu Scheibelreiter, Untersuchungen 151-163.

106 Bederman, International Law 146.

Literaturverzeichnis

Baltrusch, Symmachie und Spondai: E. Baltrusch, Symmachie und Spondai. Untersuchungen zum griechischen Völkerrecht der archaischen und klassischen Zeit (8.–5.Jhdt. v.Chr.), Berlin 1994.

Beal, Sunassura Treaty: R. Beal, The history of Kizzuwatna and the date of the Sunassura Treaty, Or 55 (1986), 424–445.

Beckman, Diplomatic Texts: G. Beckman, Hittite Diplomatic texts. Second edition, Atlanta 1995.

Beckman, International Law: G. Beckman, International Law in the Second Millenium: Late Bronze Age, in: Westbrook, Ancient Near Eastern Law, 753–774.

Bederman, International Law: D. J. Bederman, International Law in Antiquity, Cambridge 2001.

Brinkmann, Political Covenants: J. A. Brinkmann, Political Covenants, treaties and Loyalty oaths in Babylonia and between Assyria and Babylonia, in: Canfora, Trattati 81–111.

Canfora, Trattati: L. Canfora e. a., Il trattati nel mondo antico. Forma, Ideologia, Funzione. Saggi di Storia Antica 2, Rom 1990.

Cooper, International Law: J. Cooper, International Law in the Third Millenium, in: Westbrook, Ancient Near Eastern Law, 241–251.

Cornelius, Hethiter: F. Cornelius, Die Geschichte der Hethiter, Darmstadt 1973.

DeLibero, Freund-Feindklausel: L. DeLibero, Ut eosdem quod populus Romanus amicos atque hostes habeant: Die Freund-Feindklausel in den Beziehungen Roms zu griechischen und italischen Staaten, Historia 46 (1997) 270–305.

Dietrich – Loretz, Suppiluliuma und Niqmandu: M. Dietrich – O. Loretz, Der Vertrag zwischen Suppiluliuma und Niqmandu, WO 3 (1968), 206–245.

Dihle, Fremde: A. Dihle, Die Griechen und die Fremden, München 1994.

Fensham, Clauses of Protection: C. Fensham, Clauses of Protection in Hittite Vassal treaties and the Old Tetsament, Vetus Testamentum 13 (1963), 133–143.

Friedrich, Staatsverträge: J. Friedrich, Staatsverträge des Hatti-Reiches, Leipzig 1930.

Goetze, Kleinasien: A. Goetze, Kulturgeschichte des Alten Orients: Kleinasien, München 1957.

Gschnitzer, Spartanischer Staatsvertrag: F. Gschnitzer, Ein neuer spartanischer Staatsvertrag und die Verfassung des peloponnesischen Bundes, Meisenheim 1978.

Hammond, Athenian Alliance: N. G. L. Hammond, The Origins and the Nature of the Athenian Alliance of 478/77 B.C., JHSt 87 (1967), 41–61.

Highby, Erythrae-Decree: L. I. Highby, The Erythrae-Decree, Klio Beih. 36, 1936.

Hinz, Naram-Sin: W. Hinz, Elams Vertrag mit Naram-Sins von Akkade, ZA 58 (1967), 66–98.

Janowski – Wilhelm, TUAT: B. Janowski – G. Wilhelm (Hrsg.), Texte aus der Umwelt des Alten Testaments (begründet von O. Kaiser). Neue Folge, Band II: Staatsverträge, Herrscherinschriften und andere Dokumente zur politischen Geschichte, München 2005.

Karavites, Promise Giving: P. Karavites, Promise giving and Treaty making. Homer and the Near East, MwS 119, Leiden – New York 1992.

König, Elam: F. W. König, Elam (Geschichte) in: Reallexikon der Assyriologie Bd II (Ber-Ezur), 324–338.

Korosec, Hethitische Staatsverträge: V. Korosec, Hethitische Staatsverträge, Leipzig 1931.

McCarthy, Treaty: D. J. McCarthy, Treaty and Convenant, Rom 1923.

Meißner, Altbabylonisches Recht: B. Meißner, Aus dem altbabylonischen Recht, Leipzig 1905.

Neumann, Staatsvertrag: H. Neumann, Staatsvertrag (2. Alter Orient, 3. Hethiter), in: der Neue Pauly, Bd. 9 (Sam-Tal), 879–881.

Otto, Treueid und Gesetz: E. Otto, Treueid und Gesetz. Die Ursprünge des Deuteronomiums im Horizont Neuassyrischen Vertragsrechts, ZAR 2 (1996), 1–52.

Parpola, International Law: S. Parpola, International Law in the First Millenium, in: Westbrook, Ancient Near Eastern Law, 1047–1066.

Rollinger, Verschriftlichung: R. Rollinger, Die Verschriftlichung von Normen. Einflüsse und Elemente orientalischer Kulturtechnik in den homerischen Epen, dargestellt am Beispiel des Vertragswesens, in: R Rollinger – Ch. Ulf, Griechische Archaik: Interne Entwicklungen, Externe Impulse, Berlin 2004.

Roth, Babylonian Marriage Agreements: M.T. Roth, Babylonian Marriage Agreements. 7th–3rd Centuries B.C., Neukirchen-Vluyn 1999.

Scheibelreiter, Untersuchungen: P. Scheibelreiter, Untersuchungen zur vertragsrechtlichen Struktur des delisch-attischen Seebundes, Diss., Wien 2005.

Schorr, Urkunden: M. Schorr, Urkunden des Altbabylonischen Zivil- und Prozessrechts, Leipzig 1913.

Schuler, Sonderformen: E. von Schuler, Staatsverträge und Dokumente hethitischen Rechts, in: Neuere Hethiterforschung (ed. G. Walser), Historia Einzelschriften 7, Wiesbaden 1964, 34–53.

Schwahn, Symmachie: W. Schwahn, Symmachie in: RE IV A 1, Zweite Reihe (R-Z), VII. Halbband (Stoa – Symposion), 1102–1134.

Siewert, Eid von Plataiai: P. Siewert, Der Eid von Plataiai, München 1972.

Starke, Hattusa: F. Starke, Hattusa, in: Der Neue Pauly, Bd. 5 (Gru-Iug), 185–198.

Starke, Treueide: C. F. Starke, Zur urkundlichen Charakterisierung neuassyrischer Treueide anhand einschlägiger hethitischer Texte des 13. Jhdts., ZABR 1 (1995), 70–82.

Starke, Troja: F. Starke, Troja im Kontext des historisch-politischen und sprachlichen Umfeldes Kleinasiens im 2. Jahrtausend, Studia Troica 7 (1997), 447–487.

Steymans, Deuteronomium: H. U. Steymans, Deuteronomium 28 und die *adê* der Thronfolgeregelung Asarhaddons, Freiburg (Schweiz) 1995.

Weidner, Politische Dokumente: F. Weidner, Politische Dokumente aus Kleinasien, Leipzig 1923.

Weinfeld, Covenant: M. Weinfeld, The Covenant of Grant in the Old Testament and in the ancient near East, JAOS 90 (1970), 184–203.

Weinfeld, Covenant Terminology: M. Weinfeld, Covenant Terminology in the Ancient Near East and its influence on the West, JAOS 93 (1973), 190–199.

Weinfeld, Loyalty Oath: M. Weinfeld, The Loyalty Oath in the Ancient Near east, UF 8, 379–420.

Westbrook, Ancient Near Eastern Law: R. Westbrook e.a. (Ed.), A History of Ancient Near Eastern Law, Leiden – Bosten 2003.

Westbrook, Old Babylonian Marriage Law: R. Westbrook, Old Babylonian Marriage Law, Horn 1988 (Archiv für Orientforschung, Beiheft 23).

Westbrook, Old Babylonian Periode: R. Westbrook, Old Babylonian Periode, in: Westbrook, Ancient Near Eastern Law 361–430.

Wüst, Amphiktyonie: F. Wüst, Amphiktyonie, Eidgenossenschaft, Symmachie, Historia 3 (1954/55), 129–152.

Zaccagnini, Forms of Alliance: C. Zaccagnini, The forms of Alliance and subjugation in the Near East of the late Bronze Age, in: Canfora, Trattati 37–79.
Ziegler, Völkerrechtsgeschichte: K. H. Ziegler, Völkerrechtsgeschichte, München 1994.

Die ersten völkerrechtlichen Kontakte Roms zu den Kelten

Herbert Graßl, Salzburg

Die bisherigen althistorischen Forschungen zur Konfrontation Roms mit der frühkeltischen Welt haben den völkerrechtlichen Aspekten wie diplomatischen Kontakten, Verträgen, Abmachungen der politischen oder militärischen Führungsebene kaum Aufmerksamkeit geschenkt. Dies steht in diametralem Gegensatz zu den zeitgleichen Beziehungen Roms zu Karthago, den hellenistischen Königen oder griechischen Poleis und Bünden. Größere Beachtung erfuhren seitens der lokalhistorischen Forschung die diplomatischen Kontakte Roms mit den Norikern ab dem frühen 2.Jh. v. Chr., zu den keltischen Stämmen Galliens und insbesondere die völkerrechtlichen Komponenten während des Gallischen Krieges Caesars[1].

Zuletzt sind auch die innergallischen Stammesbeziehungen sowie internationalen Kontakte vornehmlich des 1. Jh. v. Chr. näher beleuchtet worden[2]. Die Beziehungen Roms zu Keltiberern und Lusitaniern bleiben hier außer Betracht, da sie einer monographischen Bearbeitung unterzogen wurden[3]. Spezielle Untersuchungen zu Außenpolitik und Völkerrecht der römischen Republik gehen auf die Beziehungen zu den frühen Kelten nicht weiter ein[4], ebenso wenig das großangelegte Forschungsprojekt zu Roms auswärtigen Freunden[5]. Im Zentrum der bisherigen Forschungen standen eindeutig militärische und auch ökonomische Fragen, aufbereitet vor allem anhand des sich immer weiter erschließenden archäologischen Quellenmaterials. Dazu wurden kulturanthropologische und sozialpsychologische Themen wie die Fremdvölkerwahrnehmung, die sich in den literarischen Quellen spiegeln, bearbeitet. Eine neue Zusammenstellung der internationalen Verträge des Altertums hat auch für die Beziehungen Roms zu den Kelten vollständigeres Datenmaterial und vergleichende Einsichten geliefert[6].

Angesichts der geschilderten Forschungssituation sollen in dieser Arbeit die ersten Kontakte Roms zu den Kelten im Lichte der literarischen Überlieferung untersucht werden. Wie in der Individualpsychologie gilt auch für das Gruppenverhalten, dass die ersten wechselseitigen Eindrücke für künftige Beziehungen, Erwartungen

1 Radin 1916, 8-33; Moscovich 1979-80, 122-28; Best – Isaak 1977, 11-32; Dobesch 1980; Szidat 1970; Ramage 2001, 145-70.

2 Dobesch 2007, 163-81.

3 Riaza 2002.

4 Vgl. zuletzt Baltrusch 2008.

5 Dazu Coskun 2005.

6 Kehne 2003.

und die Genese von Stereotypen prägend sind. So muss man Nachschau halten, wie diese Kontakte zustande kamen, welchen Verlauf sie genommen, welche Rechtsnormen, Prozeduren, Formalien und Institutionen in den transnationalen Beziehungen zur Anwendung kamen. Oder dominierten zwischen Römern und Kelten einzig die Themen Krieg, Unterjochung, Beutemachen und Angst, wie sie von der bisherigen Forschung detailreich untersucht wurden? Die Quellen bieten demgegenüber auch noch eine andere Seite, die es aufzuarbeiten und zu gewichten gilt. Dabei ist auch darauf zu achten, ob diese Beziehungen durch ein besonderes Gepräge hervorstechen: der Stadtstaat Rom war längst Teil der mediterranen Kultur- und Rechtskoiné, die Kelten waren durch gentile Strukturen mit einem zeitweiligen Kriegerkönigtum an der Spitze geprägt. Da bislang keine dokumentarische Überlieferung, etwa inschriftlich erhaltene Verträge zur Verfügung stehen, müssen die literarischen Texte einer exakten Interpretation unterzogen, ihre Abhängigkeit und ideologische Ausrichtung klargestellt werden.

Die erste Berührung Roms mit den Kelten erfolgte im Zuge des Vorstoßes der Senonen nach Mittelitalien 387/6 v. Chr. (nach glaubwürdiger griechischer Chronologie, 390 v. Chr. nach der römischen Annalistik). Livius, dem wir die ausführlichste, aus seinen (ungenannten) annalistischen Quellen geschöpfte Darstellung verdanken, nennt die Gallier eine neue Völkerschaft für Rom (5,35,6: *Gallos, novam gentem*), auch die Römer waren für die Gallier ein neuer Name (5,36,2: *novum nomen...Romanorum*). Die Bewohner der etruskischen Stadt Clusium, die von einer Kriegerschar der Senonen bedrängt wurden, wandten sich nach Rom um Hilfe (5,36,4: *legatos Romam, qui auxilium ab senatu peterent, misere*)[7]. Da aber zwischen beiden Städten kein *foedus* oder *amicitia* bestand (5,36,4: *nullum... ius societatis amicitiaeve erat)*, konnten die Clusiner einzig damit argumentieren, dass sie sich bislang keiner Feindseligkeiten gegen Rom schuldig machten, z.B. durch Unterstützung von Veji in seinem Kampf gegen Rom. Daher blieb das Hilfsgesuch erfolglos (5,36,5: *de auxilio nihil impetratum)*, die erhoffte Allianz kam nicht zustande. Rom entschied sich allerdings dafür, diplomatisch zu vermitteln. Dazu wurden drei Legaten, Brüder aus der *gens Fabia* entsandt, die mit den Galliern verhandeln sollten (5,35,5: *senatus populique Romani nomine agerent cum Gallis*). Das den Unterhändlern erteilte Verhandlungsmandat sah als Ziel den Abzug der Gallier und in diesem Fall friedliche künftige Beziehungen mit Rom vor. Rom stellte dabei Clusium eindeutig unter seinen Schutz: die Clusiner wurden als Bundesgenossen und Freunde (5,35,5: *socios populi Romani atque amicos*) angesprochen, die den Galliern kein Unrecht zugefügt hätten. Die Römer behielten sich ein bewaffnetes Eingreifen vor (5,35,6: *Romanis eos bello quoque, si res cogat, tuendos esse*), ziehen aber eine friedliche Lösung vor. Es ist offenkundig, dass sich in diesen Verhandlungen Rom als Bündnispartner von Clusium darstellt und zu den Verpflichtungen einer Defensivallianz (*foedus)* steht. Unklar bleibt, ob dies ein verhandlungstak-

7 Dazu zuletzt Cornell 1995, 313-18; Williams 2001, 102-09; Ungern-Sternberg 2006, 116.

tisches Vorgehen der römischen Gesandten war oder zwischenzeitlich in Rom ein außenpolitischer Kurswechsel vom neutralen Vermittler zum Bündnispartner einer Streitpartei vorgenommen wurde. Die Gefahr eines weiteren Vordringens der Kelten, die von den italischen Völkern als Barbaren gebrandmarkt wurden (5,35,4), mochte dabei eine nicht unwesentliche Rolle gespielt haben.

Die Verhandlungen mit den Galliern gerieten durch das ungestüme Verhalten der Legaten zur Katastrophe. Die Versammlung der Gallier (5,36,1: *concilium Gallorum*), die über äußere Angelegenheiten des Stammes zu entscheiden hatte, kam zu einer klaren Position: die Rolle der Römer als Bundesgenossen der Clusiner (5,36,3: *socii*) wurde anerkannt und nicht weiter hinterfragt, ihr Ruf als militärischer Bündnispartner weise sie als tapfere Männer aus (5,36,2: *viros fortes*). Somit war den Senonen bewusst, dass sie in den Römern nicht mehr neutrale Vermittler, sondern die Schutzmacht ihres Kriegsgegners vor sich hatten. Die Bereitschaft der Römer, den Konflikt auf dem Verhandlungsweg zu lösen, wurde gelobt, ein Friede mit Rom nicht zurückgewiesen (5,36,3: *ne se quidem pacem, quam illi adferant, aspernari*). Aus keltischer Sicht würde durch ein Friedensabkommen mit Rom ihr Feind seine Unterstützung verlieren, die gegnerische politische Allianz würde aufgebrochen und keine militärischen Konsequenzen nach sich ziehen. Doch die Gallier wollten einen Frieden nicht ohne Bedingungen: die Clusiner sollten den landsuchenden Kelten einen Teil ihres Territoriums, der ohnehin nicht bestellt werde, zur Verfügung stellen (5,36,3: *partem finium concedant*). Ob darunter die Ansiedlung von Kelten auf clusinischem Territorium oder die völkerrechtliche Abtretung eines Teils des Territoriums zu verstehen ist, bleibe dahingestellt. Die Forderung nach sofortiger Antwort der Gesandten wurde mit der Drohung der Wiederaufnahme der Kämpfe gegen die Clusiner verbunden, wodurch die Römer auch einen unmittelbaren Eindruck der gallischen Kampffähigkeit gewinnen würden. Die Legaten wiesen dieses Ansinnen mit zwei Argumenten zurück: es widerspreche dem Völkerrecht, Landforderungen unter Androhung von Waffengewalt zu stellen (5,36,5: *quodnam id ius esse, agrum a possessoribus petere aut minari arma*), zum anderen mit der Frage, was die Gallier in Etrurien zu suchen hätten (5,36,5: *quid in Etruria rei Gallis esset*). Dies lässt den Schluss zu, dass Rom die außenpolitische Doktrin vertrat, Etrurien südlich des Appennin, das als politisch-geographische Einheit verstanden wurde, habe von den Galliern geräumt zu werden. Damit wurde den Galliern gegenüber eine sichtbare Abgrenzung der Einflusssphäre gezogen, Rom trat als Fürsprecher für alle etruskischen Städte auf und wollte deren territoriale Integrität gewahrt wissen. Mit den Kelten nördlich des Appennin könnte es friedliche Beziehungen geben. Die Gallier, den militärischen Erfolg vor Augen, ließen sich nicht weiter darauf ein und verwiesen wild entschlossen auf das Recht des Stärkeren und ihre Tapferkeit (5,36,5; *in armis ius ferre et omnia fortium virorum esse*). Ob diese Argumente dem gewachsenen keltischen Selbstverständnis, Ergebnis von Landnahme und Plünderungszügen in Oberitalien, der Rezeption griechischer Rechtsphilosophie oder der rhetorischen Kunst der historiographischen Quelle zuzuschreiben ist, wird nicht leicht zu entscheiden sein. Seit dem späteren 5. Jh. v. Chr. war im Kreise griechischer Sophisten der Grundsatz vom Recht des Stärkeren diskutiert worden (vgl. Kallikles bei Platon oder den Melierdialog bei Thukydides). Ein rasche Diffusion dieser Idee bis in die politische Führungsebene keltischer Stämme Oberitaliens kann nicht ausgeschlossen werden, möglicherweise durch griechische Berater im Umfeld keltischer Könige oder eine auch durch die archäologische Fundevidenz nachgewiesene Hellenisierung des Adriaraumes. Da die gegensätzlichen Positionen unüberbrückbar waren, wurden die Gespräche in beiderseitiger Erregung abgebrochen und der Krieg begann von neuem, das heißt die Senonen griffen die Clusiner an, ein Krieg mit Rom zeichnete sich zu diesem Zeitpunkt nicht ab. Nun nahm das Unglück für Rom seinen Lauf (5,36,6: *urgentibus Romanam urbem fatis*). Die drei Gesandten Roms griffen auf Seiten Clusiums noch dazu in vorderster Front zu den Waffen, was von Livius als völkerrechtswidrig eingestuft wurde (5,36,6: *contra ius gentium arma capiunt*). Man wird sich fragen, woher die Römer plötzlich die Waffen nahmen, ob diese schon vorsichtshalber im Gepäck waren oder von den Clusinern zur Verfügung gestellt wurden. Die Tötung eines gallischen Anführers durch Q. Fabius brachte das Fass zum Überlaufen. Die Gallier zogen sich erbost vom Kampf zurück und drohten den Römern. Das weitere Vorgehen wurde in der Heeresversammlung beraten: die Jungmannschaft forderte einen sofortigen Marsch gegen Rom, die älteren setzten vorerst die Entsendung einer Gesandtschaft mit Forderungen nach Genugtuung und Auslieferung der vertragsbrüchigen Fabier durch (5,36,8: *legati prius mitterentur questum in iurias postulatumque, ut pro iure gentium violato Fabii dederentur*). Die Forderung nach Auslieferung der Schuldtragenden entsprach auch dem römischen zivilrechtlichen Grundsatz der *noxae deditio*, der von den Römern auch zu einem völkerrechtlichen Instrumentarium erhoben wurde: durch Auslieferung eines Sündenbockes sollten Verträge annulliert werden, wie nach der Niederlage an den Caudinischen Pässen (spätes 4. Jh. v. Chr.) oder dem Mancinus-Vertrag in Spanien (2.Jh. v. Chr.)[8]. Doch in diesen Fällen waren es die Vertragspartner Roms, die ein solches Angebot abgelehnt haben. Selbst im 1.Jh. v. Chr. war dieses Thema nicht ganz vom Tisch, wie man am Antrag Catos, Caesar den Germanen wegen dessen völkerrechtswidriger Angriffe auszuliefern, sehen kann[9]. Da in diesem Fall die innenpolitische Stoßrichtung klar zutage trat, lief die Angelegenheit auch ins Leere. Im Falle der Senonen bekannte sich nach Livius der Senat zwar verbal zu den anerkannten Prinzipien des Völkerrechts (5,36,9: *ius postulare barbari videbantur*), doch politische Rücksichtnahme auf Angehörige des Hochadels verhinderte eine entsprechende Beschlussfassung[10], die Sache wurde an das Volk verwiesen, dem damit auch vor den Göttern die Verantwortung für das künftige Geschehen zugeschoben wurde. Vom Volk wurden die drei Fabier sogar zu *tribuni militum consulari potes-*

8 Crawford 1973, 1-7.

9 Gelzer 1961, 46-53.

10 Vgl auch die rhetorische Übung bei Quintilian 3,8,19, ob die Senatoren die Fabier ausliefern sollen.

tate (5,36,10) gewählt, was die Gallier vollends brüskierte, deren Gesandte mit Kriegsdrohungen Rom verließen. Auf römischer Seite wurde ohne Rücksichtnahme auf völkerrechtliche Normen, die man kannte, aber in den Hintergrund schob, und auch ohne Bedenken religiöser Scheu gehandelt. Die Gallier konnten ihren Kriegszug als Durchsetzung eines völkerrechtlichen Gebots verstehen und den Schutz der Götter, den Garanten völkerrechtlicher Verpflichtungen, vertrauen. Es ist bemerkenswert, dass eine allgemeine Friedensordnung (*koiné eirene*) mit Androhung von Strafsanktionen gegen Übertreter auch im gleichzeitig abgeschlossenen Königsfrieden, dem Vertrag hellenischer Poleis mit dem persischen Großkönig, verankert war.

Bei Plutarch, dessen Quellen für die Biographie des Camillus nicht sicher zu bestimmen sind[11], begegnen einige Ergänzungen bzw. Abweichungen zu Livius. Die Clusiner begehrten von Rom bloß eine diplomatische Intervention als Vermittler (Plut. Cam.17,1), die von den Galliern auch freundlich empfangen wurden; während der Verhandlungen ruhte die Belagerung von Clusium. Die Gallier anerkannten somit die Vermittlerrolle Roms, doch auf die Frage nach der Rechtsgrundlage ihres Vorgehens antwortete ihr König Brennus in der Art einer rhetorischen Musterrede, die ebenfalls das Recht des Stärkeren als gängiges Völkergewohnheitsrecht hinstellte. Dazu wird die geforderte Landabtretung in rechtlicher, politischer und sozialer Hinsicht erörtert und das entsprechende Verhalten Roms gegenüber seinen Nachbarn zu Sprache gebracht. Auch dies akzeptierten die Kelten als völkerrechtskonform, das Recht des Stärkeren, das älteste aller Gesetze, wurde durch Verweise auf die Welt der Götter und Tiere verteidigt. Der Gegensatz von armen landsuchenden Fremden und reichen Stadtgemeinden ist ein weiteres Thema, ungenützter Reichtum galt als Unrecht (Plut. Cam. 17,3-5). Die Gallier, die sich hier auf dieselbe Stufe mit den Römern stellten, schlugen ein politische Vereinbarung der gegenseitigen Nichteinmischung vor, eine Allianz der Starken zu Lasten von schwächeren Dritten, mit deutlicher Abgrenzung der jeweiligen Machtzonen. Moralische Prinzipien wie „gut und mitleidig zu sein" (Plut. Cam. 17,5) seien keine brauchbaren Werte der Außenpolitik, doch widersprach sich Brennus selbst, wenn er einerseits bei den Römern kein Unrechtsverhalten gegenüber ihren Nachbarn sah (Plut. Cam. 17,4), andererseits dieselben am Schluss seiner Rede als Opfer Roms bezeichnete (Plut. Cam. 17,5).

Da keine Verständigung zwischen Rom und den Galliern möglich schien, stellten sich die Gesandten nun offen auf die Seite von Clusium und übernahmen die Leitung des Kampfes. Darin sah König Brennus einen Völkerrechtsbruch und rief die Götter als Zeugen an, dass „entgegen dem bei allen Völkern als heilig geltenden Recht der Fabier als Gesandter gekommen sei und als Feind gehandelt habe" (Plut. Cam. 17,8). Dies hatte eine sofortige Strafaktion gegen Rom zur Folge; die Ziele einer Ansiedlung im Raum von Clusium wurden zugunsten der Wahrung des Völkerrechts zurückgestellt. Die Gallier versuchten zunächst durch eine Gesandtschaft

11 Scardigli 1979, 32-34.

die Auslieferung des Schuldigen zu erreichen (Plut. Cam. 17,9). Im Senat setzten sich die Fetialen, die über die göttliche Rechtsordnung und gerechte Kriege wachten, für die Auslieferung des Schuldigen ein, um damit die Gemeinschaft zu entsühnen (Plut. Cam. 18,1f.). Weder vor dem Senat noch der Volksversammlung hatte deren Stimme und Rechtsmeinung Gewicht. Es zeigt sich in aller Klarheit, dass das römische Fetialrecht von der Willensgemeinschaft der Bürgerversammlung beiseite geschoben und somit tragende Prinzipien der Völkerrechtsordnung missachtet wurden. Der Zug der Senonen gegen Rom wurde als Exekution internationaler Rechtordnung eingestuft, wobei als letztes Druckmittel nach allen diplomatischen Versuchen auch der Krieg gewählt werden durfte. Den Kelten blieb somit keine Wahl. Die Strafexpedition richtete sich trotz der Befürchtung der Italiker allein gegen Rom, unbeteiligte Völker und Städte wurden geschont. Diese profitierten somit vom Völkerrechtsbewusstsein der Gallier, die in ihnen Freunde sahen (Plut. Cam. 18,4). Ein Vergleich mit entsprechenden Bestimmungen in der Charta der Vereinten Nationen ist sicherlich nicht unangebracht, wenn auch heute für ein bewaffnetes Eingreifen ein Beschluss des Sicherheitsrates nötig ist. Dem Rechtsempfinden des Altertums entsprechend war der Betroffene ermächtigt, selbst das Recht zur Geltung zu bringen.

Bei Diodor wird das diplomatische Vorspiel zum Kelteneinfall in Rom wesentlich kürzer und mit anderer Tendenz behandelt (Diod. 14,113,4). Etwa 30000 Krieger aus der Jungmannschaft der Senonen waren in Tyrrhenien auf der Suche nach neuen Siedlungsplätzen eingefallen und plünderten das Gebiet von Clusium. Ein römische Fact-finding- Mission erkannte die von den Kelten ausgehende Gefahr, trat aus freien Stücken auf der Seite der Clusiner in den Krieg ein, nach Diodor eine unkluge Handlung. Die Kelten forderten in einer Gesandtschaft die Auslieferung des schuldigen Römers, der einen ungerechten Krieg eröffnet habe. Der Senat brachte zunächst eine Geldablöse für den vom Römer getöteten gallischen Heerführer ins Gespräch. Dies zeigt deutlich, dass der Senat den Rechtsbruch des Gesandten anerkannte. Das Anbot eines Schadenersatzes in Geld entsprach den Gepflogenheiten des geltenden römischen Rechts, dort allerdings nur für den Fall einer Körperverletzung, bei Tötung galt das Talionsrecht. Ob den Kelten ein Wergeld bekannt war, ist nicht auszumachen. Da diese das Anbot von sich wiesen, beschloss der Senat die Auslieferung des Beschuldigten. Durch eine *provocatio ad populum* seitens des Vaters des auszuweisenden Mannes gelangte der Fall vor die Volksversammlung, die den Senatsbeschluss aufhob, was damals zum ersten Mal passiert sein sollte. Damit endete die völkerrechtlich unstrittig beurteilte Causa in einer innerrömischen Verfassungsdebatte um Rangordnung und Instanzenzug zwischen Senat und Volksversammlung, war der Disposition innerrömischer Klientelbindungen überlassen. Die Gallier waren über das Verhalten Roms empört und sicherten sich die Waffenhilfe anderer Stämme für einen Kriegszug von über 70000 Mann gegen Rom.

Größeres Augenmerk legte Appian auf die Frage von Diplomatie und Völkerrecht (App. Celt. 2,1 – 3,4). Dies erklärt auch, dass die entsprechenden Textpartien in die Exzerpte des byzantinischen Kaisers Konstantin Porphyrogennetos Eingang gefunden haben. Nach Appian hatte Clusium kurz vor dem Kelteneinfall ein Bündnis mit Rom abgeschlossen. Damit stellt sich dieser Autor gegen die breite Mehrheit der Überlieferung, einzig Florus (1,1,7,6) vertritt dieselbe Auffassung, Rom habe *pro sociis ac foederatis* eingegriffen. Auf das Hilfegesuch der Clusiner verlangte Rom von den Kelten die Räumung des Landes und drohte mit Konsequenzen. Die Kelten erneuerten den Römern gegenüber ihre Landforderungen, suchten aber einen Ausgleich durch Abstecken der Interessensphären. Durch das Eingreifen der Fabier und deren militärische Erfolge verloren die Gesandten ihren diplomatischen Status. Der Keltenkönig Brennus weigerte sich daraufhin, die Römer zu empfangen. Stattdessen wurde er selbst aktiv und stellte eine Gesandtschaft zusammen, die aus großgewachsenen Männern bestand. Damit sollte in Rom die Kampfkraft der Kelten demonstrativ zur Schau gestellt werden, ein psychologisches Moment, das der Forderung nach Auslieferung der schuldigen Fabier Nachdruck verleihen sollte, da diese „gegen allgemeines Recht am Kampf teilgenommen hätten“ (App. Celt. 3,1). Die Römer wollten das Unrecht durch eine Entschädigungssumme tilgen, die Kelten lehnten ab. Als die Römer die Fabier für das laufende Jahr (vgl. dagegen Liv. 5,35,10: für das folgende Jahr) zu Militärtribunen wählte, wurde den keltischen Gesandten erklärt, dass gegen Amtsinhaber keine Klage zulässig sei, vielleicht habe man im nächsten Jahr mehr Erfolg. Appian kennt auf Seiten Roms keinen Gegensatz von Senat und Volksversammlung, dafür wurden völkerrechtliche Grundsätze dem innerstaatlichen Schutz von Amtsinhabern hintangestellt. Dies wurde von Brennus und seinen Kelten als Beleidigung empfunden, für den Kriegszug gegen Rom bei den übrigen keltischen Stämmen um Teilnahme geworben. Die Darstellung Appians deckt sich in manchen Details mit derjenigen Diodors; Abweichungen hinsichtlich des Amtsjahres der Fabier und die darauf gründende Argumentation repräsentiert einen Sonderweg der Überlieferung. Die Version bei Dionysios von Halikarnassos ist ebenfalls nur in Exzerpten greifbar (13,12,18). Hier sind es zwei Fabier, deren Auslieferung von den Kelten als Strafe für die erschlagenen Landsleute gefordert wird. Da der Senat die Sache verschleppte, folgte „notwendigerweise“ der Zug gegen Rom.

Cassius Dio, ebenfalls nur fragmentarisch überliefert (7,25,1f.), deckt sich in weiten Bereichen mit Livius. Auf das Hilfegesuch aus Clusium schickten die Römer Gesandte an die Gallier, die mit ihnen einen Frieden (*eirene*) aushandelten. Darin war die Abtretung clusinischen Landes vorgesehen. Es ist die Frage zu stellen, ob die Gesandten sich ohne die Beiziehung von Vertretern aus Clusium mit den Kelten verständigten, also einen Friedensvertrag zum Nachteil eines Dritten schlossen. Dieser hätte ohnehin nur durch starken Druck auf Clusium in die Tat umgesetzt werden können. Doch davon ist nicht die Rede, vielmehr zogen die Clusiner eine Lösung auf dem Schlachtfeld vor, wobei die römischen Gesandten sich ebenfalls engagierten. Durch eine Gesandtschaft verlangten die Gallier in Rom die Bestrafung der Übeltäter. Ihre Ernennung zu Konsulartribunen erregte die Gallier, die sich um Clusium nicht weiter kümmerten und auf Rom marschierten. Diese Version der Ereignisse sticht durch den römisch-gallischen Friedensvertrag hervor. Die Existenz eines solchen wird von den Bearbeitern antiker Staatsverträge nicht zur Kenntnis genommen, wohl zu Recht. Die übrige Überlieferung geht nie von einem positiven Abschluss der Verhandlungen aus und so scheint bei Cassius Dio ein Versehen vorzuliegen. Auf die Ansicht des Florus (1,1,7,6) Rom habe für Verbündete gehandelt, wurde schon verwiesen. Ein Völkerrecht könne es bei Barbaren ohnehin nicht geben: *Sed quod ius apud barbaros? Ferocius agunt et inde certamen.* In diesen knappen Worten endet beim kaiserzeitlichen Epitomator eine lange Debatte, die um antikes Völkerrecht, römische Vertragsbrüchigkeit, innenpolitisches Taktieren und Sanktionen durch diplomatisches und militärisches Einschreiten der Kelten geführt wurde. Die Rekonstruktion des exakten Ereignisherganges ist aufgrund der geschilderten Überlieferungslage nicht immer ganz klar. Die Geschichtsschreibung kann durch spätere Völkerrechtserfahrungen gefärbt sein, der Einfluss von Rhetorik und griechischer Rechtsphilosophie ist offenkundig, die Erklärung der militärischen Katastrophe Roms verlangte nach Schuldigen. Dies veranlasst einen Teil der modernen Forschung, die Geschichte der Fabier als spätere Erfindung zu erklären[12]. Schon längst fiel auf, dass Fabier an der Cremera und an der Allia noch dazu am selben Jahrestag, der später als *dies ater* geführt wurde, an römischen Niederlagen beteiligt waren. Trotzdem wurden römische Unrechtshandlungen von der Überlieferung nicht getilgt. Die Kelten waren wie Etrusker und Römer Teil der Völkerrechtsgemeinschaft, fühlten sich deren Normen und ihrer Einhaltung verpflichtet. Sie teilten auch Ansichten, die der römischen innerstaatlichen Rechtstradition vertraut waren. Die Römer hinterlassen einen zwiespältigen Eindruck. Prinzipien der Völkerrechtsordnung waren anerkannt, in der politischen Praxis setzten sich viele verantwortliche Organe darüber hinweg. Dafür wurden Brüche der politischen Tradition und der Religion hingenommen, geduldet, provoziert. Die Instrumentarien transnationaler Beziehungen stehen am Beginn des 4. Jh. v. Chr. auf italischem Boden voll entwickelt vor uns, ein Unterschied zu anderen Rechtskulturen, z.B. in Griechenland ist nicht auszumachen. Die Kelten jedenfalls geben sich in dieser Hinsicht nicht als rückständige Barbaren zu erkennen, obwohl die antike Überlieferung sie offen oder verdeckt in diese Kategorie stellt und auch ein Teil der modernen Forschung dies so sehen will[13]. Dabei darf bei den Kelten mit keiner schriftlichen Traditionsbildung gerechnet werden, Kenntnisse auf dem Gebiet des Staats- und Völkerrechts sind durch längere Erfahrungen im Umgang mit höher organisierten Gemeinschaften zugewachsen. Das erste Zusammentreffen zwischen Römern und Kelten hat jedenfalls die Tugenden der römischen *fides* nicht erkennbar gemacht[14], und so verwundert es kaum, dass spätere Generationen immer wieder den Unwillen zu völkerrechtskonformem Verhalten seitens der Kelten betonten[15]. Auch der Ver-

12 Oglivie 1965, 716; Forsythe 2005, 252.

13 De Donà 1985, 176f.

14 Zur fides: Hölkeskamp 2004 105ff.

15 Zur gallischen perfidia Jantz 1995, 203-16.

gleich antiker Institutionen der Völkerrechtspraxis mit Usancen unserer Gegenwart kann dazu dienen, den Blick auf die Vergangenheit zu schärfen und über die Genese unserer globalen Weltordnung nachzudenken.

Literaturverzeichnis

E. Baltrusch, Außenpolitik, Bünde und Reichsbildung in der Antike, München 2008.

J.G.P. Best – B. H. Isaak, The Helvetians: From Foederati to Stipendiarii, Talanta 8/9, 1977, 11-32.

T.J. Cornell, The Beginnings of Rome, London – New York 1995.

A. Coskun (Hrsg.), Roms auswärtige Freunde in der späten Republik und im frühen Prinzipat, Göttingen 2005.

M.H. Crawford, Foedus and sponsio, PBSR 41, 1973, 1-7.

G. Dobesch, Die Kelten in Österreich nach den ältesten Berichten der Antike, Wien-Köln-Graz 1980.

G. Dobesch, Außenpolitische Strukturen der antiken Keltenstämme, in: H.Birkhan (Hrsg.), Kelten- Einfälle an der Donau, Wien 2007.

R. de Donà, Pace e guerra nei rapporti fra Romani e Galli nel IV e III secolo a. C., in: La pace nel mondo antico (ed. M. Sordi), CISA 11, Mailand 1985.

G. Forsythe, A Critical History of Early Rome, Berkeley- Los Angeles 2005.

M. Gelzer, Der Antrag des Cato Uticensis, Caesar den Germanen auszuliefern, in: E. Kaufmann (Hrsg.) Festgabe für Paul Kirn, Berlin 1961, 46-53.

K.-J. Hölkeskamp, Senatus populusque Romanus, Wiesbaden 2004.

M. Jantz, Das Fremdenbild in der Literatur der Römischen Republik und der Augusteischen Zeit, Frankfurt/Main 1995

P. Kehne, 1000 ausgewählte Internationalverträge (Staatsverträge) der griechisch-römischen Antike, in: Der Neue Pauly 16, 2003, 338-437.

M.J. Moscovich, Obsidibus traditis: Hostages in Caesar's de bello Gallico, ClJ 75, 1979-80, 122-28.

R.M. Ogilvie, A Commentary on Livy Books 1-5, Oxford 1965.

M. Radin, The International Law of the Gallic Campaigns, ClJ 12, 1916, 8-33.

E.S. Ramage. The bellum iustum in Caesar's De Bello Gallico, Athenaeum 89, 2001, 145-70.

G. Riaza, Celtiberos y lusitanos frente a Roma: diplomacia y derecho de guerra, Vitoria – Gasteiz 2002.

B. Scardigli, Die Römerbiographien Plutarchs. Ein Forschungsbericht, München 1979.

J. Szidat, Caesars diplomatische Tätigkeit im Gallischen Krieg, Wiesbaden 1970.

J. v.Ungern-Sternberg, Römische Studien, Leipzig 2006.

J.H.C. Williams, Beyond the Rubicon. Romans and Gauls in Republican Italy, Oxford 2001.

Ägypten und Vorderasien

Der Vertrag Ramses' II. mit dem Hethiterkönig Ḫattušili III. (nach der hieroglyphischen Inschrift im Karnak-Tempel)

Schafik Allam, Tübingen

16 Jahre nach der Schlacht bei Qadesch[1] – um das Jahr 1259 v.u.Z. – entschlossen sich Ägypter und Hethiter ihre politischen Auseinandersetzungen zu beenden. Die Verhandlungen zwischen Ramses II. von Ägypten (1279-1212 v.u.Z.) und dem Hethiterkönig Ḫattušili III. (ca.1267-1237)[2] mündeten sodann in einen Vertrag (in babylonischer Sprache und Keilschrift[3]). Somit fand ein Jahrhundert machtpolitischer und militärischer Streitigkeiten im nord-syrischen Raum sein Ende; ebenfalls hörten die seit jener Schlacht anhaltenden politischen Spannungen auf.[4] Von dem

1 Diese ist die berühmteste militärische Auseinandersetzung im gesamten vorderasiatischen Altertum: Das unmittelbare Aufeinandertreffen zweier „Supermächte". In seinem 5. Regierungsjahr führte Ramses II. nämlich einen Feldzug gegen den Hethiterkönig Muwatalli II. (ca. 1290-1272) bei der Stadt Qadesch. Hierzu, J. ASSMANN „Krieg und Frieden im alten Ägypten: Ramses II. und die Schlacht von Kadesch" in: *Mannheimer Forum – ein Panorama der Naturwissenschaften* (Mannheim 1983/1984) p. 175-231. Hintergrund für diesen Feldzug war gewiss der Abfall des Landes Amurru (heute im nördlichen Libanon) von den Hethitern und sein Übergang in die ägyptische Machtsphäre. Dieser Kampf fand Widerhall in Reliefs und Inschriften mehrerer ägyptischer Tempel; darüber schweigt sich die hethitische Überlieferung aus. Zwar proklamiert Ramses einen Siegeszug; die machtpolitische Situation der beiden Kontrahenten im Anschluss lassen aber kaum Zweifel daran, dass für Ramses Amurru endgültig verloren ging.

2 Hinsichtlich der hethitischen Chronologie stehen bislang nur Synchronismen (von Regierungen und Ereignissen), um die Zeiten der hethitischen Könige wenigstens ungefähr zu bestimmen. Für das 14. bis ins frühe 12. Jh. v.u.Z. spielt neben der schriftlichen Überlieferung Babyloniens und Assyriens auch die reiche Tradition Ägyptens eine wesentliche Rolle. Die hier angegebenen Daten wurden übernommen von F. STARKE, in: Archäologisches Landesmuseum Baden-Württemberg / Troia Projekt Tübingen *et alii* (Hrsg.) *Troia – Traum und Wirklichkeit* (Stuttgart 2001) p. 37; cf. T. BRYCE, *The Kingdom of the Hittites* (Oxford 2005) p. XV.

3 Das Babylonische wurde als Medium überregionaler Kommunikation verwendet – sozusagen als die Sprache der Diplomatie zwischen den Fürsten damaliger Zeit, insbesondere wenn es sich um Verträge oder auswärtige Korrespondenz handelte.

4 Von einem "kalten Krieg" spricht W. MURNANE „Imperial Egypt and the Limits of Power" in: Cohen / Westbrook (Hrsg.) *Amarna Diplomacy*, p.110.

Vertrag besitzen wir nicht die ursprünglich auf Silbertafeln eingravierten Originalausfertigungen.[5] Auf uns gekommen sind lediglich eine hieroglyphische Inschrift sowie eine babylonische Fassung.

Letztere, die babylonische Fassung, ist zum großen Teil durch Abschriften auf Tontafeln erhalten, die durch deutsche Ausgrabungen in der hethitischen Hauptstadt Ḫattuša (modern: Boghazköy – neuerdings: Boghazkale) zutage gefördert wurden. Diese Fassung wurde von Ramses an Ḫattušili übersandt. Sie ist in Tenor und Gehalt mit anderen hethitischen Staatsverträgen weitgehend vergleichbar.[6] Singulär vertritt der Text jedoch den Typus eines paritätisch abgeschlossenen Vertrags – im Gegensatz zu sog. Vasallenverträgen, welche altorientalische Könige mit abhängigen oder besiegten Fürsten zu schließen pflegten. Es handelt sich um den einzigen in seinem genauen Wortlaut überlieferten, paritätisch ausgehandelten Staatsvertrag, der uns bislang erhalten ist. Dabei erkannte Ramses, der mächtigste Herrscher jener Zeit, Ḫattušili als gleichberechtigten Partner an.[7] In unserem Falle ging es um die zwei derzeitigen „Supermächte“, deren Herrscher den gleichen Rang beanspruchten und daher streng auf Parität achteten.

Der Text bzw. die Silbertafel, die Ḫattušili zu Ramses überbringen ließ, davon liegt heute eine hieroglyphische Übersetzung vor. In Theben befindet sich diese auf einer gut erhaltenen Stele im Karnak-Tempel; eine weitere Stele existiert mit demselben Inhalt – heute allerdings stark beschädigt – im Ramesseum-Tempel.[8] Der

5 Sowohl im ägyptischen wie im babylonischen Text (EDEL, *Vertrag*, p. 24) wird von einer Silbertafel gesprochen, die dem betreffenden König von seinem Partner überbracht worden war. Es scheint, dass zuerst die hethitische Tafel nach Ägypten verschickt wurde. Darauf wurde Ramses aufgefordert, auch seine Tafel anfertigen zu lassen. Die Tafel sollte dann vor den Göttern des Partners niedergelegt werden; auch „Vornehme sowie Geringe sollten die Worte auf der Tafel hören“ (EDEL, *Vertrag*, p. 86; IDEM, *ÄHK* I, p. 23). Die Tafel sollte schließlich bei dem jeweiligen Hauptgott deponiert werden. Was den Wortlaut des Vertrags angeht, so scheint, dass die ägyptische Seite ursprünglich eine Fassung mit 27 Paragraphen (§§) angefertigt hatte. Für die endgültige Niederschrift auf der Silbertafel kürzte wohl die hethitische Seite die ägyptische Fassung ab, so dass im ägyptischen Text nur 19 Paragraphen verblieben (diese sind §§ 1-14 + 17-18 + 21 + 26-27); EDEL, *Vertrag*, p. 86. Für die Untergliederung in §§, *vide infra* Übersetzung, Anm. 37.

6 In seiner Gliederung (Präambel, historischer Prolog, vertragliche Vereinbarungen, göttliche Zeugen, Fluch und Segensformeln) entspricht unser Vertrag dem Muster hethitischer Staatsverträge. Beim kursorischen Durchlesen der Verträge (BECKMAN, *Hittite Diplomatic Texts*, p. 11-118) gewinnt man den Eindruck, dass sie nach einem durchdachten Schema aufgebaut sind.

7 Ganz abgesehen von inhaltlichen Aspekten kommt der paritätische Charakter insbesondere im babylonischen Text deutlich zum Vorschein: Die Titel der beiden Könige (im hieroglyphischen Text *pꜣ-wr-ꜥꜣ n Ḫtꜣ* „der Großfürst-von-Cheta“ und *pꜣ ḥḳꜣ-ꜥꜣ n Kmt* „der Großherrscher-von-Ägypten“ nach dem ägyptischen Hofprotokoll) werden einheitlich wiedergegeben. Ebenfalls bezeichnen sich dort Ramses und Ḫattušili als Brüder, während im hieroglyphischen Text solche Bezeichnungen stets fehlen. EDEL, *Vertrag*, p. 88-89.

8 Trotz ihres desolaten Zustandes wurde die Ramesseum-Stele bei der Rekonstruktion mancher Passagen in der Karnak-Stele weitgehend ausgewertet. Für unser heutiges Verständnis kommt

hieroglyphische Text ist die authentische Übersetzung der babylonischen Fassung. Beide Versionen sind jedoch nicht immer völlig identisch im Wortlaut. Es gibt nämlich Nuancierungen, welche unterschiedliche Sichtweisen der beiden vertragschließenden Parteien durchscheinen lassen. Im Übrigen ist der hieroglyphische Text bedeutend vollständiger erhalten als die babylonische Version. Jedoch stimmen beide weitgehend miteinander überein, so dass wir davon ausgehen, dass uns vom Vertragswerk kaum etwas Wesentliches entgangen ist. Im Übrigen ist der Vertragstext für den ägyptischen König untypisch; vergleichbare Verträge aus dem ägyptischen Altertum sind uns bisher nicht belegt.

Schon der Begründer der Ägyptologie, Champollion, kannte die hieroglyphische Stele und kopierte 1828 einen Teil davon, auch wenn er den Inhalt des Textes damals noch nicht zu erschließen vermochte. Es war dann eine Sternstunde der Archäologie, als in den Jahren 1906 und 1907 im Herzen Anatoliens, nämlich im Ruinenfeld der hethitischen Residenzstadt Ḫattuša, zwei Tontafelfragmente aufgefunden wurden. Sie erwiesen sich als Kopien der Silbertafel mit dem von Ramses ausgestellten Vertragstext. Dennoch hinterließen die Lesungen des hieroglyphischen Texts and der babylonischen Kopie trotz mannigfacher Bemühungen durch moderne Fachkenner – infolge der schlechten Erhaltung vieler Textstellen – immer noch zahlreiche Probleme.

Dieser unbefriedigende Zustand erweckte ein lebhaftes Interesse bei Elmar EDEL, der sich gleichermaßen der Ägyptologie und der Hethitologie verpflichtet fühlte. EDEL wollte die Probleme wenigstens teilweise klären und er hat sich – neben weiteren wissenschaftlichen Anliegen – mehrere Jahrzehnte damit befasst. So wanderte er mit eigenen Kopien in aufeinander folgenden Jahren nach Theben, um den hieroglyphischen Text genau zu kollationieren und seine Kopien immer wieder am Original zu überprüfen, bis keine weiteren Fortschritte erzielbar erschienen; Probleme werden freilich wegen der Textlücken und ihrer Rekonstruktion bestehen bleiben. Auch mit den keilschriftlichen Tontafeln hat EDEL jahrzehntelang gerungen. So kollationierte er im Museum von Ankara die babylonischen Tontafeln neu; dabei entdeckte er weitere unveröffentlichte Fragmente.

Mit Akribie widmete sich EDEL darüber hinaus der Korrespondenz des ägyptischen Königshofs mit dem hethitischen Herrscherhaus (in babylonischer Sprache). In der Zeit um den Vertragsschluss wurde nämlich zwischen den Höfen beider Herrscher ein besonders reger Schriftverkehr geführt; davon sind zahlreiche Briefe in der hethitischen Hauptstadt[9] ans Tageslicht gekommen.[10] Dieser Briefwechsel von be-

ausschließlich die Karnak-Stele in Betracht.

9 Einige Tontafeln wurden auf der Königsburg (d.h. im PalastBereich) entdeckt, die übrigen im Tempelbezirk des Wettergottes in der Unterstadt. Damit kann nicht auf ein internationales Briefarchiv geschlossen werden; KLENGEL, *Hattuschili und Ramses*, p. 80. Im Mittelpunkt der Korrespondenz standen zwei außerordentliche Ereignisse: Der Abschluss unseres Vertrags sowie die dynastische Eheschließung Ramses' (in seinem 34. RegierungsJahr) mit der Tochter Ḫattušilis und dessen Gemahlin Puduchepa. Cf. G. XEKALAKI „Egyptian Royal Women and

deutungsvollem historischem Wert ist durch EDEL meisterhaft ausgearbeitet und 1994 vorgelegt worden. Durch diese Korrespondenz haben wir nunmehr wesentliche Erkenntnisse zur Geschichte der ägyptisch-hethitischen Beziehungen gewonnen, die zum Abschluss des Staatsvertrags führten – und danach zu zwei dynastischen Ehen von Ramses.[11]

Als Ergebnis seiner Anstrengungen vermochte EDEL in mustergültiger Weise den hieroglyphischen Text des Vertrags und die keilschriftliche Fassung 1997 zu publizieren. Wir können nunmehr von einer fundierten Grundlage ausgehen. Dies ist für unser Anliegen besonders wichtig, zumal der paritätisch ausgehandelte Vertrag in die Rechtsgeschichte eingegangen ist – geradezu als Erstlingswerk und Muster für Staatsverträge dieser Gattung. Ebenfalls für die Erforschung des altorientalischen „Völkerrechts“ ist dieser Vertrag von ganz besonderem Wert. Ehe wir die einzelnen Partien des Vertragstextes durchgehen, seien vorab einige sakrale Elemente herausgestellt. In der Präambel heißt es nämlich:

> „Gott ließ durch einen Vertrag <auf ewig> nicht zu, dass Feindseligkeiten zwischen ihnen (i.e. den beiden Königen) aufkommen. … Vom heutigen Tag an (verpflichtet sich) … Ḫattušili durch einen Vertrag für die Dauerhaftigkeit der Politik – welche der Gott Re und der Gott Sutech geschaffen haben, für das Land-Ägypten und das Land-Cheta[12], um Feindseligkeiten zwischen ihnen niemals aufkommen zu lassen“ (Z. 7-9).

Das gleiche wird von Ramses in der babylonischen Fassung ausgesprochen.[13]

Nachdem die einzelnen Bestimmungen im Vertrag dargelegt werden, beteuert Ḫattušili: „In Bezug auf diese Worte: die 1000 Götter aus denen des Land Cheta – männliche wie weibliche Gottheiten – zusammen mit den 1000 Göttern aus denen des Land-Ägypten – männliche wie weibliche Gottheiten – sie sind bei mir als Zeugen; sie haben nämlich diesen Worten zugehört“ (§ 21, Z. 26). Dazu werden noch zahlreiche Gottheiten, nationale sowie kosmische, namentlich aufgezählt. Abschließend folgen zwei komplementäre Formeln: In der ersten wird der vertragsbrüchige Partner verflucht:

Diplomatic Activity during the New Kingdom“ in: R. Mairs / A. Stevenson (Hrsg.) *Current Research in Egyptology 2005 – Proceedings of the Sixth Annual Symposium – Cambridge 2005* (Oxford 2006) p. 163-173. Zu den politischen Heiraten jener Zeit, LIVERANI, *International Relations,* p. 189-195 (Equal vs. Unequal Marriages); S. MEIER „Diplomacy and International Marriages“ in: Cohen / Westbrook (Hrsg.) *Amarna Diplomacy,* p. 165-173.

10 Entsprechende Tontafeln müssten auch in der ramessidischen Residenz aufbewahrt gewesen sein; darauf wird in jener Korrespondenz immer wieder verwiesen. Demnach gab es in der Residenzstadt Piramses Funktionäre, die des Babylonischen kundig waren.

11 Zur angeblichen zweiten Ehe, KLENGEL, *Hattuschili und Ramses*, p. 141-143.

12 Die ägyptische Schreibung Cheta (für das Land Chatti / Hatti) wird in der Übersetzung durchweg beibehalten.

13 EDEL, *Vertrag*, p. 20-24.

> „Bezüglich desjenigen, der sie (*i.e.* die Worte) nicht halten wird: die 1000 Götter des Land-Cheta zusammen mit den 1000 Göttern des Land-Ägypten werden sein Haus, sein Land und seine Untertanen heimsuchen" (§ 26, Z. 31). Entsprechend wird in der darauf folgenden Formel Segen für den vertragstreuen Partner ausgesprochen: „Betreffs desjenigen aber, der diese Worte halten wird ... und gegen sie keine Missachtung bereitet: die 1000 Götter des Land-Cheta zusammen mit den 1000 Göttern des Land-Ägypten werden ihn gesund erhalten und ihn leben lassen mitsamt seinen Häusern, seinem Land und seinen Untertanen" (§ 27, Z. 31-32).[14]

Darüber hinaus erfahren wir aus der Korrespondenz zwischen den beiden Herrschern, dass die Silbertafel mit dem Vertragstext vor den Göttern des jeweiligen Partners niedergelegt werden soll.[15]

Die hieroglyphische Fassung beschreibt abschließend zwei Siegel, welche auf der König Ramses überbrachten Silbertafel aufgedrückt waren (§§ 28-29). Dargestellt auf der ersten Seite (Kolumne ?) war der vorderasiatische Wettergott Sutech beim „Umarmen" des hethitischen Königs, und auf der anderen Seite (Kolumne ?) war die Sonnengottheit von Cheta (aus der Stadt Arinna) beim „Umarmen" der hethitischen Königin. Entsprechend wurde die hieroglyphische Inschrift (im Tempel von Karnak) von einer bildlichen Darstellung überragt, in der König Ramses seinen Göttern Opfer darreicht. (Abb. 1-2) Somit erhält der in der Inschrift inhärente Vertrag quasi einen religiösen Rahmen.

14 Sollte die durch EDEL, *Vertrag*, p. 80 vorgenommene Rekonstruktion vom § 26 der babylonischen Fassung zutreffend sein, dann steht die Segensformel an erster Stelle (vor der Fluchformel). Diese Reihenfolge wurde aber im hieroglyphischen Text so umgestellt, dass die Fluchformel zuerst erwähnt wird. Dies lässt sich vielleicht dadurch erklären, dass im ägyptischen Rechtsdenken die Klausel über die Vertragsverletzung für wichtiger gehalten wurde. Dies sticht in der Inschrift der sog. *stèle de l'apanage* hervor, wo eine lange Serie von Verwünschungen gegen jeden Zuwiderhandelnden angebracht wurde; cf. K. JANSEN-WINKELN „Stele Kairo JE 31882" in: *CdE* 67, 1992, p. 254-259 (mit älterer Literatur). Zu dieser Inschrift im allgemeinen, zuletzt S. ALLAM «Religiöse Bindungen im Recht und Rechtswirksamkeit in Altägypten» in: H. Barta *et alii* (Hrsg.) *Recht und Religion – Menschliche und göttliche Gerechtigkeitsvorstellungen in den antiken Welten,* p. 129-130.

15 EDEL, *ÄHK* I, p. 23-25 + II, p. 40.

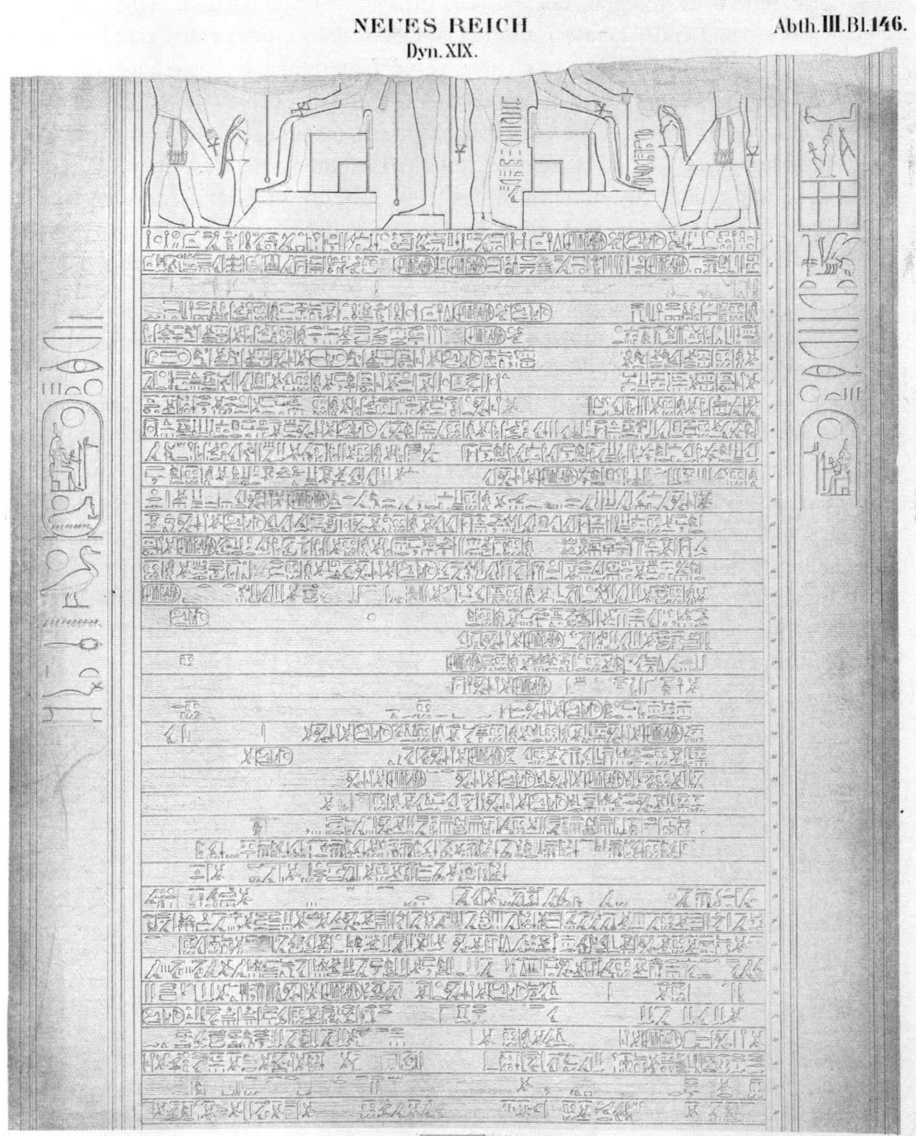

Abb. 1: Hieroglyphische Inschrift im Karnak-Tempel zu Theben

Abb. 2: Hieroglyphische Inschrift im Karnak-Tempel zu Theben

Im Vertragstext wird also die Verständigung beider Herrscher vorgegeben als von den Göttern gewollt, und ihre politische Vereinbarung wird geradezu als eine Willensäußerung der Götter dargetan. Die Rolle der Götter wird ferner unterstrichen, dass der Vertrag – durch seine Beschwörung – unter Schutz und Garantie der Götter gestellt wurde. Das sakrale Element fand seinen sichtbaren Ausdruck durch die Niederlegung der Vertragsurkunde im Tempel der Hauptgottheit des betreffenden Landes. Derartige Denkformen vermögen uns heute nicht über den tatsächlichen Verlauf der Dinge in der realen Welt hinweg zu täuschen. Wissen wir doch, dass die beiden Herrscher ihre Einigung erst nach schwierigen und langwierigen Verhandlungen zustande brachten, was ihre persönliche Korrespondenz hinsichtlich des Vertragsabschlusses durchschimmern lässt.[16] Diese Tatsache spiegeln auch die einzelnen Vertragsbestimmungen wider; diese stellen sachliche und äußerst profane Formulierungen dar. Wegen dieser Sachlage möchte ich annehmen, dass den verhandelnden Parteien durch machtpolitische Gegebenheiten gewisse Grenzen gesetzt waren.

Mit der Einbeziehung der Götter in den Vertragstext wollte man im Grunde wohl dem guten Willen der Kontrahenten Nachdruck verleihen und insbesondere ihre Versöhnung betonen. Und wenn die Götter Vertragsbruch bestrafen und Vertragstreue belohnen, so liegt dem offensichtlich die Vorstellung zugrunde, dass der Bestrafung bzw. Belohnung durch die Götter niemand entkommen kann. Damit hängt zusammen, dass die Götter beiden Parteien Segen erteilten, indem diese in Gemeinschaft mit jenen abgebildet wurden. Menschen aller Kulturen neigen ja zu religiösen Formen: Werte, die in der Gesellschaft von Belang sind, werden eher eingehalten, wenn sie als Befehl eines höheren, göttlichen Wesens ausgegeben werden.[17]

Die hieroglyphische Inschrift setzt mit dem Datum im 21. Regierungsjahr Ramses' ein; die spezifische Phraseologie enthält einen traditionellen, wortreichen Lobpreis auf den Pharao. Danach wird die Ankunft einer hochrangigen Delegation aus Cheta mitgeteilt. Sie überbrachte die Silbertafel des hethitischen Königs in die ägyptischen Residenzstadt Piramses (im östlichen Delta).

Die Delegation kam dem Wortlaut zufolge „um Frieden zu erbitten bei der Majestät des Königs Ramses" (Z. 4 + 5). Auf den ersten Blick mag eine solche Formulierung unter gleichberechtigten Partnern befremdlich klingen, dürfte aber insofern zutreffen, als Ḫattušili bekanntermaßen den legitimen hethitischen König – seinen Neffen Urḫi Tešup (Muršili III. ca. 1272-1267) – stürzte und sich selbst zum König des Großreiches proklamierte. Gewiss wollte Ḫattušili durch den Vertrag seine Position auf internationaler Ebene stärken und sein Prestige unter den zeitgenössischen Fürsten erhöhen. Von dieser Interessenlage her erscheint es plausibel, dass es Ḫattušili war, der die Initiative zum Abschluss eines Vertrages ergriffen

16 Zur Vorbereitung des Vertrags siehe KLENGEL, *Hattuschili und Ramses*, p. 75-78.

17 S. ALLAM, *op. cit.* p. 131-132.

hatte.[18] Überdies hatte im ober-mesopotamischen Raum ein Vormarsch assyrischer Truppen begonnen – in Richtung auf die nord-syrische Euphratgrenze. Umso mehr musste Ḫattušili darauf bedacht sein, an seiner südlichen Grenze freiere Hand zu haben, indem er jeglichen Konflikt mit Ramses zu vermeiden suchte. Übersehen wir ferner nicht, dass die erste Welle der sog. Seevölker (Vorboten der kommenden Völkerwanderung) mit ihren Räuberrazzien eine ständige Bedrohung für beide Großreiche darstellte.[19]

Unser Verständnis wird ferner durch einen Hinweis in der Korrespondenz zwischen den beiden Herrschern untermauert. Demnach sollte zuerst die Silbertafel des Hethiterkönigs in Cheta hergestellt werden; erst nach Auslieferung der Tafel wird Ramses aufgefordert, auch seine Tafel herstellen zu lassen.[20] Auf diese Weise hatte der Austausch der Dokumente zu erfolgen.

Im Übrigen tritt unter den Boten bzw. Diplomaten, die das Dokument in die ägyptische Hauptstadt überbrachten, ein Abgesandter des Königs von Qarkamisch auf. Seine Beteiligung wird dahin erklärt, dass dieser König die syrischen Gebiete für den hethitíschen Großkönig verwaltete und in der hethitischen Hierarchie nach dem Großkönig und dem Kronprinzen die dritthöchste Stelle innehatte (*vide infra* Übersetzung, Anm. 31). Neben dem Abgesandten von Qarkamisch bestand die Delegation sowohl aus hethitischen Würdenträgern, als auch ägyptischen hohen Funktionären, die zuvor offenbar zum Aushandeln des Vertrages nach Ḫattuša entsandt worden waren.

Nach dem obigen, von ägyptischer Seite eingefügten Vorspann werden die einzelnen Regelungen des Vertrags dargelegt. Zuerst werden die beiden Parteien namentlich angegeben (§ 1). Dabei werden die früheren Könige Šuppiluliuma I. (ca. 1355-1320 v.u.Z.) und Muršili II. (ca. 1318-1290) als die beiden Großherrscher von Cheta genannt werden, und bei Ramses werden sein Vater Sethos I. (1290-1279) und sein Großvater Ramses I. (1292-1291) angeführt. Die hieroglyphische Textfassung macht aber einen deutlichen Unterschied hinsichtlich des Ranges der beiden Könige, indem durchgehend Ramses als „der Großherrscher von Ägypten" betitelt wird, während Ḫattušili als „der Großfürst-von-Cheta" erscheint. Dies steht nicht im Einklang mit der keilschriftlichen Fassung, wo die Titel beider Herrscher einheitlich wiedergegeben werden. Von solchen unwesentlichen Abweichungen haben wir generell abzusehen und es ist von ein und demselben Rang für beide Könige aus-

18 *Vide supra* Anm. 5. KLENGEL, *Hattuschili und Ramses*, p. 75 + p. 85; cf. P. BRAND "Ideological Imperatives – Irrational Factors in Egyptian-Hittite Relations under Ramesses II" in: P. Kousoulis / K. Magliveras (Hrsg.) *Moving across Borders – Foreign Relations, Religion and Cultural Interactions in the Ancient Mediterranean* (Leuven 2007) p. 19-33.

19 KLENGEL, *Hattuschili und Ramses*, p. 153-158; *LÄ* V, col. 814-822 (*s.v.* Seevölker). A. SCHULMAN „Aspects of Ramesside Diplomacy – The Treaty of Year 21 „ in: *The Society for the Study of Egyptian Antiquities – Journal* 8, 1977-1978, p. 119-120.

20 EDEL, *ÄHK* I, p. 17-23; cf. S. LANGDON / A. GARDINER "The Treaty of Alliance between Ḫattušili and Ramesses II" in: *JEA* 6, 1920, p. 201.

zugehen (*vide supra* Anm. 7). Als vorrangiger Zweck des Vertrags wird sodann die Herstellung von „gutem Frieden und guter Brüderschaft für alle Zeiten" mehrfach betont (§ 1, Z. 7 + § 3).

All das könnte den Eindruck erwecken, dass der Vertrag nicht von zwei Staaten, sondern nur zwischen ihren Herrschern vereinbart wurde. Diesen Eindruck könnten auch die Worte des hethitischen Königs bekräftigen, wenn er sagt:

> „Siehe, Ḫattušili … hat (die Politik) durch einen Vertrag mit Ramses (wieder)hergestellt … um zwischen uns guten Frieden und gute Brüderschaft für immer entstehen zu lassen. Er (Ramses) ist nunmehr verbrüdert mit mir, er ist in Frieden mit mir. Auch ich bin verbrüdert mit ihm, ich bin in Frieden mit ihm für immer". Weiter spricht Ḫattušili aus: „Siehe, ich bin mit Ramses (in einen Bund) eingetreten. … Siehe, ich (befinde mich nunmehr) mit Ramses … in gutem Frieden und in guter Brüderschaft" (§ 3, Z. 9-12).

Doch aus einer Stelle im Text geht deutlich hervor, dass der Vertrag geschmiedet wurde „für die Dauerhaftigkeit der Politik – welche die Götter Re und Sutech für das Land-Ägypten und das Land-Cheta geschaffen haben, um Feindseligkeiten zwischen ihnen niemals aufkommen zu lassen" (§ 3, Z. 8-9). Und in einem anderen Zusammenhang paraphrasiert der hethitische Herrscher die gemeinsam von ihm und Ramses erwünschte Politik folgendermaßen: „Auch die Kinder der Kinder des Groß-fürsten-von-Cheta sollen sich verbrüdern und in Frieden bleiben mit den Kindern der Kinder des Ramses … Sie werden bei unserer Politik der Brüderschaft und bei unserer Friedenspolitik bleiben. Auch das Land-Ägypten und das Land-Cheta sollen auf ewig in Frieden sein und sich verbrüdern, genauso wie wir (selbst)" (§ 3, Z. 12-13). Dabei fällt auf, dass die babylonische Version die Wendung „Kinder der Kinder" nicht gebraucht und stattdessen schlicht von „Söhnen" spricht. Mit diesem Wort verstehen wir – nach orientalischem Sprachgebrauch – nicht unbedingt die leiblichen Nachfahren (etwa des jeweiligen Herrschers); eher wird sein Volk gemeint (*vide infra* Übersetzung, Anm. 54). Dadurch wird der eigentliche Sinn des infrage stehenden Passus stichhaltig.

All das verdeutlicht, dass der Vertrag sowohl für beide Herrscher als auch für ihre Länder bzw. Völker verbindlich sein soll.[21] Dieser Aspekt kommt auch durch einen Hinweis aus der Korrespondenz der beiden Herrscher zum Vorschein; demnach sollen „Vornehme sowie Geringe die Worte des Vertrags hören" *(vide supra* Anm. 5). Und zur Steigerung der Publizität wurde der Vertrag außerdem auf der Wand im Tempel durch Einmeißeln verewigt und so der Öffentlichkeit zugänglich gemacht.[22] Alles in allem erscheint nicht nur der jeweilige König an den Vertrag

21 G. Kestemont «Accords internationaux relatifs aux ligues hittites (1600-1200 av. J.C.)» in : *OLP* 12, 1981, p. 61.

22 I. Harari „La Publication des dispositions législatives dans le temple» in: *DE* 11, 1988, p. 103-109.

gebunden; auch sein Volk, das zum Vertragsabschluss herangezogen wird, soll sich nicht minder daran halten.

In diesem Rahmen wird im Vertrag anschließend ein Rückblick auf frühere Zeit geboten. Dabei wird auf zwei staatliche Verständigungen verwiesen, die in Verbindung mit zwei ehemaligen hethitischen Herrschern gebracht werden: Šuppiluliuma I. und sein Nachfolger Muwatalli II. (§ 5, Z. 14). Folgerichtig müssen früher zwei Vorgänger von Ramses je ein Abkommen mit den Hethitern geschlossen haben. An diese ehemaligen Abkommen will der hethitische Herrscher Ḫattušili nunmehr anknüpfen. Erwähnt wird ferner ein Kampf zwischen Ramses und dem früheren hethitischen König Muwatalli (§ 2, Z. 8); vielleicht wird hier auf die Schlacht von Qadesch vor 16 Jahren angespielt, wo die beiden Könige im Waffengang aufeinander stießen. Eine unzweideutige Aussage über den Ausgang dieses Kampfes wird vermutlich ganz bewusst ausgeklammert.[23] Hier lässt uns der Text im Dunkeln tappen.[24] Bemerkenswert ist weiter, dass die babylonische Fassung auf die Vorgeschichte des Vertrags nicht eingeht [25]; auch in der umfangreichen Korrespondenz zwischen beiden Herrscherhäusern fehlt jeder Hinweis auf frühere Abkommen. Im Übrigen erwähnt die bisherige hethitische Überlieferung mit keinem Wort solche Abkommen.

Dem allgemeinen Zweck des Vertrags zufolge verpflichten sich beide Seiten zuallererst das Land des Partners nicht anzugreifen „um irgendetwas (*i.e.* Gebiet) davon einzunehmen" (§ 4). Diese allgemeine Freundschaftserklärung will wohl besagen, dass jeder Herrscher unter Wahrung der Souveränität seines Partners doch freie Hand in seiner Außenpolitik behält. Der gegenseitige Nichtangriffspakt erlaubte dem hethitischen König zweifellos eine stärkere Position auch gegenüber dem aufstrebenden Assyrien in Obermesopotamien, wo eine große Bedrohung durch die Ausdehnung assyrischen Einflusses nicht zu übersehen war; die vertragliche Bestimmung entlastete ihn also von einer potentiellen Gefahr an seiner Grenze zu Ägypten. Für Ramses, der in Ägypten keinen ähnlichen Gegner befürchtete, war diese Vereinbarung wohl weniger dringend. Obgleich gegenseitig vereinbart, scheint diese Klausel insbesondere die Position des hethitischen Königs zu stützen.

In diese Richtung weist ferner die einseitige Verpflichtung von Ramses in der Frage der hethitischen Thronfolge (§ 10). Im Text sagt Ḫattušili einmal: „Nachdem der Großfürst-von-Cheta Muwatalli, mein Bruder, seinem Schicksal gefolgt war, setzte sich Ḫattušili als Großfürst von Cheta auf den Thron seines Vaters" (§ 3, Z. 10-11). Doch wissen wir, dass nach Muwatalli nicht sein Bruder Ḫattušili, sondern sein Sohn Urḫi Tešup (Muršili III.) den Thron bestiegen hatte, der aber nach mehrjähriger Herrschaft von seinem Onkel Ḫattušili abgesetzt wurde. Über diese

23 KLENGEL, *Hattuschili und Ramses*, p. 86.

24 Ob Muwatalli II. eine Übereinkunft mit König Haremhab (1322-1292 v.u.Z.) oder Sethos I. getroffen hat? KLENGEL, *Hattuschili und Ramses*, p. 54 + p. 86-87.

25 EDEL, *Vertrag*, p. 20-24.

Entmachtung schweigt der hieroglyphische Text ebenso wie die babylonische Fassung. Auch in der Korrespondenz zwischen Ḫattušili und Ramses mit deren Höfen wird die Entthronung Muršilis III. mit keinem Wort erwähnt.

Bei diesen Prämissen will Ḫattušili offenbar seine Nachfolge – wohl durch seinen Sohn Tutḫalija – sicherstellen; im Hintergrund spielt die Entthronung des letzten Königs doch eine Rolle. Diese Problematik findet in der Korrespondenz zwischen beiden Herrschern ihren Niederschlag.[26] Es ist ja nicht ausgeschlossen, dass sich der gestürzte König auf ägyptischem Boden oder irgendwo im ägyptischen Hoheitsgebiet aufhielt (*vide infra* Text bei Anm. 29); damit wäre er eine Art Faustpfand für den Pharao, sollte die politische Situation es erfordern.

Im Übrigen sind alle anderen Vereinbarungen des Vertrags paritätisch und spiegel-bildlich abgefasst – mit Ausnahme dieser einseitigen Verpflichtung von Ramses.[27] So fehlt im Vertrag jede Verpflichtung des Ḫattušili, die legitime Thronfolge in Ägypten zu unterstützen. Dies dürfte man dahingehend interpretieren, dass die ägyptische Thronfolge anscheinend kein Problem für Ramses darstellte. Von daher erscheint die eigene Thronfolge als maßgebender Grund für den hethitischen König zum Abschluss des Vertrags mit Ramses. Dies leuchtet umso mehr ein, als Ramses zugunsten des designierten Kronprinzen notfalls militärisch einschreiten soll; gegebenenfalls „soll Ramses … mit seiner Sprache niemals schweigen; er soll vielmehr ausziehen, auf dass er das Land Cheta zu Grunde richte; er soll für den Großfürsten von Cheta sowie für das Land Cheta eintreten“ (§ 10, Z. 21).

Im Folgenden wollen wir einen Blick auf die weiteren Klauseln des Staatsvertrags werfen. Es kommt zunächst ein Defensivbündnis gegen mögliche Feinde – gleichgültig ob sich diese aus dem eigenen Land oder von außen kommen (§§ 6-9). Die wechselseitige Unterstützung soll aber im Falle äußerer Feinde nur nach ausdrücklicher Aufforderung des in Bedrängnis geratenen Partners erfolgen – und zwar wenigstens durch die Entsendung von Fußtruppen und Wagenkämpfern; es wird also nicht als notwendig erachtet, dass der Partner in eigener Person in den Kampf ziehen muss. An solche Festlegung war offensichtlich Ḫattušili besonders interessiert. Denn während der Pharao weder im eigenen Territorium noch in angrenzenden Gebieten eine schlagkräftige militärische Opposition zu befürchten hatte, befand sich Ḫattušili in einer prekären Lage. In seinem Reich könnte es Gruppen aus dem einheimischen Adel gegeben haben, die in der Lage waren, innerdynastische Querelen um die Thronfolge für seine Nachkommen anzuzetteln. Darüber hinaus bestand eine große Gefahr durch den Aufstieg Assyriens in Obermesopotamien; dadurch war das syrische Gebiet des HethiterReiches in seiner Treue zu den Hethitern verunsichert. Dazu

26 EDEL, *ÄHK* I, p. 51 + p. 58-65 und II, p.74-88.

27 Im Allgemeinen erklärt der Aussteller der Urkunde (Ramses oder Ḫattušili) zuerst seine vertragliche Pflicht; daran wird die gleiche Verpflichtung für den Partner angereiht.

kam noch die ständige Bedrohung durch die Vorboten der sog. Seevölker mit ihren Razzien.

Die nächsten Abschnitte im Vertrag widmen sich der Auslieferung von Überläufern und sonstigen Emigranten aus beiden Herrschaftsgebieten.[28] Dabei geht es um Bürger, die das ägyptische Einflussgebiet verlassen und sich ins hethitische begeben – und Bürger, die vom hethitischen Territorium fortgehen und ins ägyptische kommen. In den einschlägigen Passagen wird die Frage der Emigranten / Grenzgänger / Übersiedler / Überläufer nicht pauschal behandelt: Solche Personen werden vielmehr streng auseinander gehalten.

Zuerst werden Würdenträger erwähnt, die im Text als Personen von hoher Würde (schlicht "Vornehme / Große Leute") bezeichnet werden; sie erscheinen in Verbindung mit Bevölkerungsteilen, die unter „Stadt / Region" und dergleichen subsumiert werden (§§ 11 + 13). Bei solch hochrangigen Überläufern handelt es sich offenkundig um politisch engagierte Persönlichkeiten – vielleicht mit von ihnen abhängigen Territorien samt Bevölkerung im Gefolge. Zu jener Zeit befanden sich ja die syrischen Fürsten – zwischen den beiden „Supermächten" – in einer schwierigen Lage; sie schwankten – je nach politisch-militärischer Situation – in ihrer Loyalität gegenüber der einen oder anderen Seite. Sollte eine solche Person von hoher Würde Zuflucht beim andern Herrscher suchen, ist dieser angehalten, sie auf keinen Fall aufzunehmen: Er darf sie nicht in seinem Einflussgebiet dulden; vielmehr soll er sie seinem Partner übergeben.

Hier dürfen wir den einst brisanten Fall ins Gedächtnis zurückrufen. Der von Ḫattušili entthronte Mušili III. hatte – eventuell mit treuen Würdenträgern – das Land Cheta verlassen und ihm wurde möglicherweise in Ägypten Asyl gewährt.[29] Nach der vertraglichen Vereinbarung sollte er dann samt Geleit in die eigene Heimat zurückgeführt werden. Handelt es sich hingegen, wie aus dem Text verlautet, um eine Stadt oder eine Region, die aus dem einen politischen Lager ins andere überwechselt, soll der aufgesuchte Herrscher sie wieder an seinen Partner zurückführen. Hier können wir uns gut vorstellen, dass ein zwischen Cheta und Ägypten liegendes Gebiet gegenüber seinem jeweiligen Oberherrscher die Treue nicht mehr hält und zum anderen Herrscher überwechselt. In einem solchen Fall wird unsere vertragliche Vereinbarung greifen.

28 In den hethitischen Verträgen spielt dieser Topos im allgemeinen eine wichtige Rolle. Cf. BECKMAN, *Hittite Diplomatic Texts*, p. 206 (*s.v.* fugitives); LIVERANI, *International Relations*, p. 66-70 (Runaways and Extradition).

29 J. QUACK „Die Beziehungen zwischen Ḫattusa und Ägypten im Lichte ihrer diplomatischen Korrespondenz" in: Kunst- und Ausstellungshalle der Bundesrepublik Deutschland (Hrsg.) *Die Hethiter und ihr Reich – Das Volk der 1000 Götter* (Stuttgart 2002) p. 288-293. HOUWINK TEN CATE „The Sudden Return of Urḫi-Teššub to his Former Place of Banishment in Syria" + I. SINGER "The Urḫi-Teššub Affair in the Hittite-Egyptian Correspondence" in: T. van den Hout (Hrsg.) *The Life and Times of Ḫattušili III and Tutḫaliya IV* (Leiden 2006) p. 1-8 + p. 27-35.

Bei der anderen Personengruppe von Übersiedlern spricht der Text von „einzelnen Personen, die man nicht kennt und fernab ihrem Stammland verbleiben; sie kommen ins andere Land und wollen bei dem anderen König Untertanen werden“ (§§ 12 + 14). Wenn der Anschein nicht trügt, sind es Personen geringer Herkunft und ohne politische Ambitionen, zumal sie gehorsame Untertanen bleiben wollen.[30] Nach der vertraglichen Bestimmung sind solche Emigranten allerdings unwillkommen; sie sollen ihrem ursprünglichen Herrscher überstellt werden.

Was sollte mit politischen Flüchtlingen und sonstigen Emigranten nach ihrer Auslieferung an den Heimatstaat geschehen? In diese Problematik bringen die darauf folgenden Vertragsklauseln wenig Licht. Ganz allgemein sprechen die Klauseln – nur scheinbar – von bedingungsloser Straffreiheit (§ 17-18) – ohne nähere Angaben über die infrage kommende Personengruppe zu machen. Daraus haben frühere Forscher die Folgerung gezogen, dass sämtlichen von einem Herrscher seinem Partner zurückgeführten Überläufern / Übersiedlern Amnestie gewährt werden sollte. Aber, wäre dem so, würden konsequenterweise alle Überläufer / Übersiedler (egal ob adlige Persönlichkeiten oder Emigranten geringer Herkunft) Straflosigkeit erlangen. Dies stünde doch im Widerspruch zu der Sachlage, dass die beiden Vertragspartner beharrlich auf Auslieferung aller Überläufer / Übersiedler bestehen. Wozu denn sie überhaupt zurückfordern? Unter Berufung auf diese vermeintliche Generalamnestie hätte dann auch der entmachtete König Muršili III. aus Ägypten unbeschadet nach Cheta zurückkehren können, was in der damaligen politischen Lage schwerlich denkbar gewesen wäre.

Gegen die herrschende Meinung erheben sich weitere Bedenken: Warum wird im Vertrag unter den betroffenen Personen (politisch engagierte Vornehme + Bevölkerung abtrünniger Gebiete + vereinzelte Personen geringer Herkunft, ohne politische Motivation) eine Differenzierung gemacht? Eine scharfe Trennung von prominenten Überläufern (eventuell mit abhängiger Bevölkerung) und gewöhnlichen Grenzgängern ist doch unverkennbar. Wäre keine Trennung beabsichtigt gewesen, hätte man bereits beim Abfassen des Vertragstextes formulieren können, dass ausgelieferte Übersiedler von jeder Verfolgung befreit werden sollten; zusätzliche Angaben und Einordnung in unterschiedliche Personengruppen hätten sich dann erübrigt. Vergegenwärtigen wir uns zudem, dass der Vertrag insgesamt – von einigen Floskeln abgesehen – einen nüchternen juristischen Stil aufweist, der uns sonst selten aus dem Altertum belegt ist (Abb. 3). Bei allen Erwägungen erscheint die in der Literatur eingebürgerte Meinung, dass allen von einem Herrscher seinem Partner zurückgeführten Überläufern / Übersiedlern Generalamnestie gewährt werde, letzt-

30 Reisende Handelsleute (*sine loco*), Handwerker usw. könnten hier gemeint sein. Cf. S. ALLAM „Vermittler im Handel zur Zeit des Neuen Reiches“ in: *SAK* 26, 1998, p. 14. Ob darunter auch Bauern vorkamen, die wegen der ihnen auferlegten enormen Steuerlast ihre Heimat verließen? Cf. G. POSENER „L'Anachoresis dans l'Egypte pharaonique“ in: J. Bingen *et alii* (Hrsg.) *Le monde grec – Hommages à Cl. Préaux* (Bruxelles 1976) p. 663-669.

endlich nicht folgerichtig; bei genauerem Hinsehen kann man sie nicht mehr aufrechterhalten.[31]

Abb. 3: Dienstgebäude des Auswärtigen Amtes unter den Ramessiden

Die vermeintliche Amnestieklausel handelt ausschließlich von einzelnen Bürgern: „ … ein Mensch – seien es zwei oder drei“ heißt es im Text. Hinzu kommt wohlgemerkt keine „Stadt / Region“ (samt Bevölkerung – gegebenenfalls mit einer Person von hoher Würde als Anführer). Diese vereinzelten Übersiedler kommen in das Hoheitsgebiet des anderen Herrschers wahrscheinlich ohne illoyales bzw. politisches Ansinnen. Grundsätzlich sollen sie dennoch von dem betreffenden Herrscher festgehalten und dem Partner ausgeliefert werden. Am Ende aber droht ihnen keine Verfolgung; sie haben sich ja keiner Straftat schuldig gemacht – wohl im Gegensatz zu politisch agierenden Anführern, die von einem Herrscher zum anderen „flüchten“ – eventuell mit abtrünnigen Städten / Regionen. Bei Abwägung dieser Gesichtspunkte werden wir schließlich in der Annahme kaum fehlgehen, dass nur gewöhnliche Emigranten unter die deklarierte Straflosigkeit fallen; keinerlei Verschulden kann man ihnen anlasten. Mit anderen Worten, die Straffreiheit ist keineswegs für sämtliche von einem Herrscher seinem Partner ausgelieferten Grenzgänger vorgesehen. Von der Strafbefreiung profitieren lediglich gewöhnliche Emigranten, während abtrünnige Gebiete sowie deren politische Anführer – hier still-

31 EDEL, *Vertrag*, p. 97 denkt, dass die Amnestie auch für die „Vornehmen“ und für deren Gebiete bzw. Bevölkerung gegolten haben dürfte, auch wenn dies nicht eindeutig im Text steht. Er führt fort, dass die in der Amnestieklausel aufgeführten drakonischen Strafdrohungen ohnehin eine abschreckende Wirkung bei allen Personen erzielen würden. Er fügt aber hinzu, dass eine Amnestie (im vollen Sinne des Wortes) wohl für keine der ausgelieferten Personen galt!

schweigend – davon ausgeschlossen bleiben. Mit ihnen kann der jeweilige Herrscher (Ḫattušili oder Ramses) nach eigenem Gutdünken verfahren.[32]

Bei einem Vergleich unseres Textes mit anderen hethitischen Verträgen fällt auf, dass eine Regelung der territorialen Abgrenzung beider Staaten im mittelsyrischen Raum nicht zur Debatte stand. Die Grenzregelung war folglich keine Vorbedingung beim Aushandeln der Vertragsbestimmungen. Aller Wahrscheinlichkeit nach ging man wortlos vom *status quo* aus; vielleicht war die Fixierung gemeinsamer Grenzen damals längst erledigt. Ebensowenig findet sich in unserem Dokument irgendeine Erwähnung von einem nunmehr beseitigten Kriegszustand zwischen Ḫattušili und Ramses. Aus solchen Überlegungen erachten manche Forscher unseren Vertrag als den Abschluss einer Allianz zwischen den beiden „Supermächten". Dem entspricht auch, dass den allgemein gehaltenen Worten über den Frieden (§ 3) stichhaltige Einzelheiten über ihre gemeinsamen Verbindungen gegenüberstehen.[33] Es will daher scheinen, dass das Anliegen beider Staaten bei ihrer Vereinbarung eher in folgenden Punkten bestand: Anerkennung der Souveränität des Partners (Nichtangriffspakt), gegenseitige Hilfe gegen Feinde (Defensivbündnis), und vor allem die Regelung der hethitischen Thronfolge.

32 Bei einigen hethitischen Verträgen wird dem Ermessen des Herrschers in dieser Frage Rechnung getragen. Beispiele, BECKMAN, *Hittite Diplomatic Texts*, p. 35 + p. 66 + p. 75; cf. LIVERANI, *International Relations*, p. 68.

33 M. MÜLLER «Der Bündnisvertrag Ramses' II. und des Chetiterkönigs" in: *Mitteilungen der Vorder-asiatischen Gesellschaft* (Berlin 1902) Heft 5, p. 23-26; S. LANGDON / A. GARDINER "The Treaty of Alliance between Ḫattušili and Ramesses II" in: *JEA* 6, 1920, p. 179-205; G. KESTEMONT „Accords internationaux relatifs aux ligues hittites" in: *OLP* 12, 1981, p. 15- 78.

Appendix: Übersetzung der hieroglyphischen Inschrift

Symmetrische Darstellungen und Beischriften[1]

(*oben rechts*) Das Götterpaar ⌜Amon (sitzend) und Mut (hinter ihm stehend)⌝ [2] empfängt Opfer vom König.
Rede des Amon: „(Ich) ⌜gebe dir⌝ (hiermit) die Kraft der beiden Herren[3], (auf dass) du deine Grenzen festsetzest, wie (es) dir beliebt".
Rede der Mut: „(Ich) gebe dir (hiermit) alle ebenen Länder und alle bergigen Länder".
(*oben links*) Die Gottheiten ⌜Amon (sitzend) und (sein Sohn) Chons (hinter ihm stehend)⌝ empfangen Opfer vom König. (Beischriften zerstört).
(*am rechten Rand der Stele, senkrecht*) Titulatur des Königs:
„[Horus], starker [Stier] – geliebt von (der Göttin) Maat[4], König-von-Ober- und-Unterägypten, Herr-der-beiden-Länder[5]; der Herr, der-alles-vollzieht, (UserMaatRe-[SetepenRe[6])] --- – geliebt vom GötterKönig-AmonRe, dem Herrn-des-Himmels".
(*am linken Rand der Stele, senkrecht*) Titulatur des Königs:
„- - - ⌜Herr-der-beiden-Länder⌝ ; der Herr, der-alles-vollzieht, (UserMaatRe-SetepenRe) – geliebter leiblicher Sohn-des-Re, Herr-der-Kronen (Ramses-MeriAmon)[7] – geliebt von ⌜AmonRe⌝ , dem Herrn-der-Throne-der-beiden-Länder".

1 *KRI* II, p. 225 gibt die hieroglyphischen Beischriften, soweit erhalten, wieder. Cf. C. R. LEPSIUS, *Denkmaeler aus Aegypten und Aethiopien*, Abteilung III (Berlin 1849-1859) Blatt 146, wo unsere Stele gänzlich nachgezeichnet ist. (Abb. 1-2)

2 Die GötterTriade von Theben besteht aus Amon, seiner Gemahlin Mut und dem Sohn Chons. Amon kann ebenfalls in der Gestalt des Sonnengottes Re zeitweilig erscheinen; dann heißt er AmonRe.

3 Damit sind wohl die streitbaren Götter Horus und Seth zu verstehen. Vielleicht wurde dahinter eine Gottheit (in Form eines Falken- bzw. Raubvogelpaares) gedacht, die später von den Griechen mit ihrem Riesen Antaios gleichgesetzt wurde. A. H. GARDINER, *Ancient Egyptian Onomastica* II (Oxford 1947) p. 317 + p. *18-*19; H. BONNET, *Reallexikon der ägyptischen Religionsgeschichte* (Berlin 1952) p. 38-39; Chr. Leitz (Hrsg.) *Lexikon der ägyptischen Götter und Götterbezeichnungen* III (Leuven 2002) p. 801.

4 Die ägyptische Göttin der kosmischen Ordnung, der Wahrheit und Gerechtigkeit.

5 D.h. Herr von Ober- und UnterÄgypten.

6 So lautet der Thronname Königs Ramses II. (1279-1212 v.u.Z.). UserMaatRe bedeutet „Stark ist die Ordnung / Wahrheit des Sonnengottes Re", SetepenRe „Der von Re Auserwählte". Cf. K. GOEBS „The Five-Fold Titulary – Aspects of Kingship" in: Wilkinson (Hrsg.) *The Egyptian World*, p. 283-284.

7 So lautet Ramses' Eigenname. Ramses bedeutet „Der von Re Geborene", MeriAmon „Der von Amon Geliebte".

Hieroglyphischer Text[8]

Datum

<Zeile **1**> Jahr 21, erster (Monat) der Saatzeit, (Tag) 21 unter der Majestät des Königs-von-Ober-und- Unterägypten (UserMaatRe-SetepenRe) Sohn-des-Re (Ramses-MeriAmon)[9] – (ihm sei) Leben gewährt für immer (und) ewig: (König Ramses) geliebt von AmonRe (und) vom (Gott) Harachte[10] (und) vom (Gott) Ptah-südlich-seiner-Mauer[11], dem Herrn-von-AnchTaui[12] – (geliebt von der Göttin) Mut, der Herrin-von-Ischeru[13] (und vom Gott) ChonsNeferhetep[14]: (König Ramses), der auf dem Thron-des-Horus-der-Lebenden erschienen ist – wie (sein) Vater ReHarachte – für immer (und) ewige (Zeiten).

Ankunft der hethitischen Delegation mit der Silbertafel

<**2**> (An) diesem Tag (befand sich) seine Majestät in der Stadt Per-(Ramses-MeriAmon)[15]. (Dabei) verrichtete (er), was (die Götter) loben (nämlich sein) Vater AmonRe (samt) Harachte (samt) ┌Atum┐ [16] dem Herrn-der-beiden-Länder, der-von-

8 Der Text (sowohl im Karnak als auch im Ramesseum-Tempel) wurde schon früh durch mehrere Forscher am Original kollationiert; entsprechende Bearbeitungen wurden auch publiziert. Für ausführliche Literaturangaben, EDEL, *Vertrag*, p. 13-14; K*RI – Translated & Annotated – Notes & Comments* (Oxford 1999) p. 136 -137. Ferner, J. PIRENNE, *Histoire de la civilisation de l'Egypte ancienne* II (Paris 1962) p. 354-367; G. KESTEMONT „Accords internationaux relatifs aux ligues hittites (1600-1200 av. J.C.)" in: *OLP* 12, 1981, p. 15-78.

9 Der vollständige Name Königs Ramses „(UserMaatRe-SetepenRe) + (Ramses-MeriAmon)" war offiziell festgelegt – so auch in den bei Bogazköy aufgetauchten Briefen, die in Ägypten geschrieben und an den hethitischen Königshof adressiert wurden. In diesen babylonisch geschriebenen Briefen dürfte die Schreibung des Namens der tatsächlichen Aussprache so nahe gekommen sein, wie sich das in Keilschrift überhaupt erreichen ließ. Die amtlich festgelegte Schreibung lautet dort ^{m}*Wašmuaria šatepnaria* ^{m}*Riamašeša mai-*^{d}*amana*; E. EDEL „Neue keilschriftliche Umschreibungen ägyptischer Namen aus den Bogazköy-Texten" in: *JNES* 7, 1948, p. 22. Auffallend wird im babylonischen Text des Vertrags lediglich ^{m}*Riamašeša mai-*^{d}*amana* – seltener ^{m}*Riamašeša* – durchweg angegeben. Im Übrigen wechseln im hieroglyphischen Text der Thron- und der Eigenname regelmäßig ab; EDEL, *Vertrag*, p. 105.

10 D.h. der zum Horizont gehörige (Falkengott) Horus. Mit dem Sonnengott assoziert, heißt er dann ReHarachte.

11 Wahrscheinlich lag der Tempel dieses Gottes (Herr der Residenz im Alten Reich; von den Griechen ihrem Hephaistos gleichgesetzt) südlich der Stadt Memphis.

12 AnchTaui bezeichnet ursprünglich den Kultort des Gottes Ptah in der Gegend von Memphis; später wurde darunter auch die ganze Nekropole verstanden.

13 Ischeru ist der Tempel samt heiligem See für die Göttin Mut in Karnak zu Theben.

14 Neferhetep „Der schön Ruhende" ist Beiname des Gottes Chons in Theben.

15 Dies ist die Ramsesstadt / Piramses, Residenz der Könige der 19. und 20 Dynastien (1292-1078 v.u.Z.). Sie wurde im Ostdelta gegründet, damit nebst der Verwaltung Ägyptens wohl auch die ägyptischen Einflussgebiete im Vorderasien näher kontrolliert werden konnten. Cf. *LdÄ* V col. 128-146; *OEAE* III, p. 48-50 (dort friedliche Präsenz von Hethitern, p. 49).

16 Dies ist der SchöpferGott, der Älteste der großen GötterNeunheit in der Stadt Heliopolis.

Heliopolis, (samt) Amon-des-(Ramses-MeriAmon)[17] (samt) Ptah-des-(Ramses-MeriAmon) (samt) [Seth][18] groß-an-Kraft (und) Sohn-der-Mut. (Was die Götter loben, verrichtete seine Majestät) in der Art, wie sie ihm gewähren eine Unendlichkeit von Sedfesten[19] (und) eine Ewigkeit von friedlichen Jahren, indem alle Flachländer (und) alle Bergländer für immer zu seinen Sandalen in gebeugter Haltung sind. (An diesem Tag) <**3**> ⸢kamen der Königsbote[20] (und) Stellvertreter-der-Wagentruppe[21] Nemti[22], der KönigsBote⸣ - - -, [der Königsbote (?)] - - -, ⸢der Bote des⸣ Land-[Cheta] - - - ⸢Nerikaili (?) (und) Tilitešup⸣ [23], der zweite ⸢Bote-

17 Ramses wollte in PiRamses die wichtigsten Reichsgötter sowie einige Gottheiten aus Vorderasien um sich sammeln. Zu den Hauptgöttern seiner Residenz zählten Amon des Ramses, Ptah des Ramses, Seth des Ramses und Re/Pre des Ramses; durch den Beinamen „des Ramses" wurden sie von ähnlichen Kulten im übrigen Land unterschieden. Nach diesen vier Göttern wurden zur Zeit Königs Ramses die vier wichtigen Divisionen der ägyptischen Armee benannt.

18 Dieser Gott, auch Sutech genannt, wurde in Gestalt eines Tiers (Wildesel?) verehrt. Er war in der Wüste beheimatet, was ihn als unholde Macht erscheinen ließ. Er galt als der Gegenpart des Falkengottes Horus.

19 Es handelte sich um das ThronBesteigungsFest, das zuerst nach 30 RegierungsJahren des Königs und dann alle drei Jahre regelmäßig gefeiert wurde. K. GOEBS „Kingship" in: Wilkinson (Hrsg.) *The Egyptian World*, p. 292.

20 Die Königsboten (*wpti nswt*), die nach Ägypten entsandt wurden, waren oft hochrangige Emissäre. M. VALLOGIA, *Recherche sur les „messagers" (wpwtyw) dans les sources égyptiennes profanes* (Genève 1976) p. 275-277; cf. H. EL-SAADY "The External Royal Envoys of the Ramessides – A Study on the Egyptian Dipolmats" in: *Mitteilungen des Deutschen Archäologischen Institutes – Abteilung Kairo* 55 (Mainz 1999) p. 411-425. Zu den diplomatischen Aufgaben der Gesandten und ihrer Immunität sowie zum Umgang mit ihnen im ausländischen Staat existierte damals eine Reihe von international anerkannten Konventionen. LIVERANI, *International Relations,* p. 71-76; S. ROTH „Internationale Diplomatie am Hof Ramses' II." in: R. Gundlach / A. Klug (Hrsg.) *Der ägyptische Hof des Neuen Reiches – Seine Gesellschaft und Kultur im Spannungsfeld zwischen Innen- und Außenpolitik*: *Akten des Internationalen Kolloquiums – Mainz, Mai 2002* (Wiesbaden 2006) p. 89-118.

21 Zu dem hohen Militärrang „Stellvertreter (des Königs / des Generals) der Streitwagentruppe", EDEL, *ÄHK* II, p. 30 (7).

22 Zu dieser Lesung entschloss sich letztmalig EDEL, *Vertrag*, p .16. Früher wollte er *ꜥnti* (eventuell **ꜥnti-ḥtp*) lesen; E. EDEL „Die Teilnehmer der ägyptisch-hethitischen Friedensgesandtschaft im 21. Jahr Ramses' II." in: *Orientalia* 38, 1969, p. 177-186 + p. XXII (speziell p. 180). Für diesen Funktionär (unter dem Namen Anti-hetep), A. GNIRS, *Militär und Gesellschaft – Ein Beitrag zur Sozialgeschichte des Neuen Reiches* (Heidelberg 1996) p. 32 + p. 78 (318), wo auch sein Titel *idnw n n.t-ḥtri* als Feldmarschall gewertet wird.

23 Der erste Mann – sollte Nerikaili hier zu lesen sein – war ein Prinz und Thronfolger, vielleicht ein Sohn von Ḫattušili; er war mit der Tochter des Amurru-Fürsten Benteschina verheiratet. KLENGEL, *Hattuschili. und Ramses*, p. 79 (134). Somit war er (als Vertreter des hethitischen Königs) der Leiter dessen Gesandtschaft, während Tilitešup (als Spezialist für die ägyptisch-hethitischen Beziehungen) der Träger und Überbringer der Silbertafel. Hierzu EDEL, *ÄHK* II, p. 47-49, wo die Würdenträger Nerikaili und Tilitešup (sowie der *infra* erwähnte Ramose) ebenfalls in der Korrespondenz beider Könige erscheinen.

von-Cheta[24] Ramose[25], (und) der Bote⌉ [des Land]- ⌈Qarkamisch[26] Pijasili[27]⌉ [mit der Silbertafel, welche] <**4**> der Großfürst-von-Cheta Ḫattušili[28] zum Pharao Er lebe, sei heil und gesund. 29 bringen [ließ], um ⌈Frieden⌉ zu erflehen [bei der Majestät des Königs-von-Ober- und-UnterÄgypten (UserMaatRe]-SetpenRe)| Sohn-des-Re ⌈(Ramses⌉ -MeriAmon)| – (ihm sei) Leben jeden Tag gewährt für immer (und) ewig wie (seinem) Vater Re.

Gegenstand der Silbertafel

Wortlaut[30] der Silbertafel, welche der Großfürst-von-Cheta Ḫattušili zum Pharao Er lebe, sei heil und gesund. bringen ließ durch die Hand[31] seines ⌈Boten⌉ <**5**> Tilitešup (und)

24 D.h. der Bote zweiten Ranges; *op. cit.* p. 47. Tilitešup und Ramose kommen noch in Z. 5 vor – bei der Übergabe der Silbertafel an König Ramses, wobei ersterer als ranghöchster Funktionär auftritt.

25 Dieser Bote, dessen Name ägyptisch klingt, war Tilitešup wohl untergeordnet. In der damaligen Diplomatie konnte ein Ausländer, wenn der Anschein nicht trügt, auch an einem Königshof beschäftigt sein; E. EDEL „Neue keilschriftliche Umschreibungen ägyptischer Namen" in: *JNES* 7, 1948, p. 17-18; IDEM „Teilnehmer der ägyptisch-hethitischen Friedensgesandtschaft" in: *Orientalia* 38, 1969, p. 186 verweist auf einen Fall, wo ein Gesandter des Königs von Mitanni am ägyptischen Hofe in Amarna fungiert haben soll, womit der Gesandte geradezu einem modernen „Botschafter" (mit Residenz) entsprochen haben dürfte. Andererseits ist es nicht auszuschließen, dass der Bote Ramose nach Chatti entsandt worden war, um mit den hethitischen Funktionären den endgültigen Vertrag auszuhandeln, ehe der Text dem Pharao vorgelegt wurde; KLENGEL, *Hattuschili und Ramses*, p. 80.

26 Der Begründer des hethitischen Großreiches Šuppiluliuma I. (ca. 1355-1320 v.u.Z.) – zur Zeit der Könige Amenophis III. (1387-1348) und Amenophis IV. – hatte alle Fürsten in Nordsyrien besiegt und schließlich auch die Stadt Qarkamisch (am Euphratufer) erobert. Die Kontrolle dieser Gebiete legte er dann in die Hände des Königs von Qarkamisch; einer seiner Söhne wurde ja als König dort eingesetzt und verwaltete fortan im Auftrage seines Vaters den syrischen Raum. Dementsprechend erhielt dieser König den dritten Platz in der Hierarchie des hethitischen Reichs (nach dem Großkönig und dem Kronprinzen). Von daher war von besonderer Bedeutung die Teilnahme des Boten von Qarkamisch an der hethitischen Delegation, zumal die ägyptisch-hethitischen Beziehungen auch für den König dieser angrenzenden Stadt von Belang waren. So wurde dieser König durch einen eigenen Boten bei der Überbringung der Vertragstafel beteiligt, wenn auch in Z. 5 dieser Bote nicht namentlich erwähnt und nur Tilitešup nebst Ramose als Überbringer der Tafel genannt werden.

27 Geschrieben *Ypsir* / *Ypsil*, also mit einer Metathese behaftet; E. EDEL „Teilnehmer der ägyptisch-hethitischen Friedensgesandtschaft" in: *Orientalia* 38, 1969, p. 183-184.

28 Ḫattušili III. (ca. 1267-1237 v.u.Z.).

29 Pharao (*pr-ˁȝ*) bedeutet wörtlich „Großes Haus". Damit wurde seit dem Alten Reich der königliche Palast bzw. Königshof bezeichnet, wenn beispielsweise auf die Verwaltung Bezug genommen wurde. P. POSENER-KRIEGER, *Les Archives du temple Funéraire de Néferirkarê-Kakaï* (*Les Papyrus d'Abousir*) II (Le Caire 1976) p. 658 *et passim*; K. SETHE, *Urkunden des Alten Reiches* (Leipzig 1933) p. 98,14; p. 100,7; p. 101,3; p. 102,10; p. 193,13 *et passim*. Später wurde die Person des Königs so betitelt. A. GARDINER, *Egyptian Grammar*[3] (Oxford 1957) p. 75.

30 Das Wort *mitt* muss nicht immer als „Kopie" verstanden werden; VAN HEEL / HARING, *Writing in a Workmen's Village,* p. 94-97.

seines Boten Ramose, um Frieden zu erflehen bei der Majestät [des Königs-von-Ober- und-UnterÄgypten (UserMaatRe-SetepenRe)] Sohn-des-Re (Ramses-MeriAmon), dem Stier-(unter)-den-Herrschern, der seine Grenzen in jedem Land festsetzt, wie (es) ihm beliebt.

§ 1 Vertragspartner – Zweck des Vertrags[32]

Der Vertrag[33], den der Großfürst-von-Cheta Ḫattušili, der Held[34], Sohn <**6**> des Großfürsten-von-Cheta Muršili [35], des Helden, Sohn-des-Sohnes [des Großfürsten-von-Cheta] ⌜Šuppiluliuma⌝, des ⌜Helden⌝, verabschiedet hat auf einer Silbertafel für den Großherrscher-von-Ägypten (UserMaatRe-SetepenRe), den Helden, Sohn[36] des Großherrschers-von-Ägypten (MenMaatRe)[37], des Helden, Sohn-des-Sohnes <**7**> des Großherrschers- von-Ägypten (MenPehtiRe)[38], des Helden.

Der gute Friedens- und Brüderschaftsvertrag, welcher [guten] Frieden [zwischen uns für immer] stiftet, [welcher gute Brüderschaft[39] zwischen uns] für immer [stiftet].

31 Bei *m-ḏr.t* „durch die Hand (von)" könnte es sich um eine zusammengesetzte Präposition zur Einleitung des Subjekts (*agens*) nach einem Passiv handeln; A. LOPRIENO „Towards a Detailed Perspective on Deir-el-Medina", in: A. Dorn / T. Hofmann (Hrsg.) *Living and Writing in Deir-el-Medine* (Basel 2006) p. 169; ERMAN, *Neuäg. Grammatik*, p. 153.

32 In seiner Bearbeitung hat EDEL den Text in Paragraphen (§§) nach sachlichen Gesichtspunkten untergliedert, um historisch bedeutende Aspekte sowie Unterschiede in den Auffassungen und Formulierungen der beiden Vertragspartner herauszustellen. Auch in unserer Betrachtung wird seine Untergliederung in §§ übernommen; damit mag für den kritischen Leser keine Verwirrung entstehen.

33 Das Verständnis von *nt-ꜥ* als „Vertrag" ist in unserem Text sicher, so auch die einhellige Meinung in der Literatur. Für die verschiedenen Nuancen dieses Terminus, J.-M. KRUCHTEN, *Le Grand texte oraculaire de Djéhoutymose intendant du Domaine d'Amon sous le pontificat de Pinedjem* (Bruxelles 1986) p. 143-144; cf. MURNANE, *The Road to Kadesh*, p. 73-74.

34 Zu dem ab der Zeit des Neuen Reiches belegten Wort *tnr*, M. GÖRG „*ṯnr* 'stark', ein semitisches Lehnwort" in: *Göttinger Miszellen – Beiträge zur ägyptologischen Diskussion* 68 (Göttingen 1983) p. 53-54. In unserem Text wird dies Wort in Apposition zu dem jeweiligen König gesetzt und somit als Substantiv verstanden. In Anlehnung an den babylonischen Text kann man es getrost als „Held" wiedergeben.

35 Muršili II. (ca. 1318-1290 v.u.Z.) war Zeitgenosse der Könige Haremhab (1322-1292), Ramses I. (1292-1291) und Sethos I. (1290-1279).

36 EDEL, *Vertrag*, p. 105 macht aufmerksam auf das hieroglyphische Determinativ (Kind trägt Stirnband, mit Uräus auf dessen Vorderseite) bei dem Wort für „Sohn" in den Filiationsangaben von Ramses. Bei denen des Hethiterkönigs fehlt der Uräus in Z. 6, und in Z. 5 fehlen Stirnband und Uräus.

37 Der Thronname Königs Sethos I. bedeutet "Es dauert Maat (die göttliche Ordnung) des Sonnengottes Re".

38 Der Thronname Königs Ramses I. bedeutet „Es dauert die Kraft des Re".

39 *Wb* IV, p. 172-174 gibt *snsn* (Reduplikation von *sn* „Bruder") mit „sich gesellen / sich zum Freunde machen (mit)" u.ä. wieder. Die Nuance „sich verbrüdern" hat EDEL vom babylonischen Text ausgehend erschlossen; cf. A. THEODORIDES „Les Relations de l'Egypte pharaonique avec ses voisins" in: *RIDA* 22, 1975, p. 125-126. Für eine erotisch anklingende Bedeu-

§ 2 Vorgeschichte des Vertrags

Vormals, seit Ewigkeit – in Bezug auf die Politik[40] des Großherrschers-von-Ägypten und des Großfürsten-von-Cheta: nicht erlaubte der Gott durch Vertrag <auf ewig>[41], dass Feindseligkeiten zwischen ihnen aufkommen.[42] Aber zur <**8**> Zeit des Großfürsten-von-Cheta Muwatalli[43], meines Bruders, (da) führte er[44] Krieg [mit] dem Großherrscher-von-Ägypten [(Ramses-MeriAmon])].[45]

§ 3 Ḫattušili bekräftigt die frühere Freundschaft

Fortan allerdings, vom (heutigen) Tage an: Siehe, der Großfürst-von-Cheta Ḫattušili (besteht) [auf] einem Vertrag, um die Politik dauerhaft zu machen, welche (der Gott) Re geschaffen hat, welche (der Gott) Sutech[46] geschaffen hat – für das Land-Ägypten <**9**> und das Land-Cheta, um Feindseligkeiten zwischen ihnen niemals entstehen zu lassen.

Siehe, der Großfürst-von-Cheta Ḫattušili hat sie (*i.e.* die Politik) durch den Vertrag <auf der Silbertafel> [(wieder)hergestellt] mit dem Großherrscher-von-Ägypten (UserMaatRe-SetepenRe)], <seinem Bruder> – vom (heutigen) Tage an – um zwischen uns für immer guter Friede und gute Brüderschaft entstehen zu lassen.

tung, H. BUCHBERGER „Der Brief auf dem Gefäß München ÄS 4313“ in: *SAK* 18, 1991, p. 67-68.

40 Für das Wort *sḫr* gibt *Wb* IV, p. 258-260 verschiedene Nuancen – mit der Grundbedeutung „Art und Weise / Plan“ (cf. *sḫr* eines Landes). In unserem Kontext ist nicht verfehlt, es mit „Politik“ zu übersetzen. Cf. A. GARDINER, The Treaty of Alliance between Ḫattušili, King of the Hittites, and the Pharaoh Ramesses II of Egypt„ in: *JEA* 6, 1920, p. 187 (1); A. THEODORIDES, *loc. cit.* p. 116-118; IDEM «Libertés et coutumes dans l'Egypte pharaonique» in: Société d'Histoire du Droit (Hrsg.) *Coutumes et libertés – Actes des Journées Internationales de Toulouse 1987* (Université des sciences sociales de Toulouse, Montpellier 1988) p. 233; I. HARARI „Historical Meaning of the Legal Words Used in the Treaty Established between Ramesses II and Hattusilii III“ in: S. Groll (Hrsg.) *Studies in Egyptology presented to M. Lichtheim* (Jerusalem 1990) p. 429-430.

41 In unserer Übersetzung sind hin und wieder einige Worte (in Spitzklammern gesetzt) eingeschoben worden, die im babylonischen Text stehen, aber im hieroglyphischen fehlen.

42 Anspielung auf einen früheren Vertrag von Suppiluliuma I. (mit Amenophis III. oder IV.). Dieser Vertrag wäre später zwischen Muwatalli II. (ca 1290-1272 v.u.Z.) und Sethos I. erneuert worden.

43 Muwatalli II. war Sohn von Muršili II., also Bruder und indirekter Vorgänger von Ḫattušili III.

44 EDEL, *Vertrag*, p. 21 bezieht dies Pronomen auf den soeben erwähnten Gott. Ebenso gut könnte König Muwatalli gemeint sein.

45 An dieser Stelle schiebt EDEL, *Vertrag*, p. 21 einen Passus (Z. 10, Ende - Z. 11, Anfang) ohne ersichtlichen Grund ein. Unsere Übersetzung folgt getreu dem hieroglyphischen Text.

46 Es handelt sich hier um einen kampfsüchtigen Gott, der sich im Alten Orient einer verbreiteten Verehrung erfreute. Der Übersetzer der dem hieroglyphischen Text zugrunde liegenden Silbertafel scheint ihn mit dem ägyptischen Gott Sutech gleichgesetzt zu haben. *Vide infra* Anm. 84.

<**10**> Er ist (nunmehr) verbrüdert mit mir, er ist in Frieden mit mir. (Auch) ich bin verbrüdert mit ihm, ich bin in Frieden mit ihm für immer.

Nachdem der Großfürst-von-Cheta ⌜Muwatalli⌝, mein Bruder, seinem Schicksal ⌜gefolgt war⌝[47], setzte sich Ḫattušili als <**11**> Großfürst-von-Cheta auf den ⌜Thron⌝ seines Vaters.[48] ⌜Siehe⌝, ich ging (ein Bündnis) mit dem Großherrscher-von-Ägypten (Ramses-MeriAmon)| ein. [Schön ist diese Politik (in Bezug auf) unseren] ⌜Frieden (und) unsere Brüderschaft⌝. Sie ist – (was) den Frieden (und) die Brüderschaft (angeht) – schöner als die ehemalige (Politik), welche in dem [Land] <Ägypten und dem Land-Cheta> bestand.

Siehe, ich als der Großfürst-von-Cheta (befinde mich nunmehr) ⌜mit <**12**> dem⌝ Großherrscher-[von]-Ägypten [(UserMaatRe-SetepenRe)|] in schönem Frieden (und) in schöner Brüderschaft. (Auch) die ⌜Kinder-der-Kinder⌝ des Großfürsten-von-Cheta (sollen) sich verbrüdern und in Frieden bleiben ⌜mit den Kindern-der-Kinder des Großherrschers-von-Ägypten⌝ [(Ramses-MeriAmon)|] – <für immer>.[49] [Sie] werden bei unserer Politik (für) Brüderschaft (und) [bei] unserer <**13**> Politik [für Frieden] (bleiben. Auch) [das Land-Ägypten] und das Land-Cheta (sollen) auf ewig in Frieden sein und sich verbrüdern, genauso wie wir. Niemals sollen Feindseligkeiten zwischen ihnen ⌜aufkommen⌝.

47 Aus dem babylonischen Text übernommener Euphemismus für „sterben"; EDEL, *Vertrag*, p. 90. *Vide infra* Anm. 61.

48 Wir wissen aber, dass auf Muwatalli II. zuerst sein Sohn Urchitešup (Muršili III.) folgte; dieser wurde nach kurzer Regierungszeit (ca. 1272-1267) durch seinen Onkel Ḫattušili III. abgesetzt. Wohl deshalb wollte Ḫattušili ihn im Vertrag nicht nennen. Da dieser ebenfalls seinen Bruder Muwatalli als Vorgänger nicht erwähnt, wäre dahingehend zu verstehen, dass Ḫattušili seinen Thron von seinem Vater direkt ableiten wollte. Es ist auch nicht auszuschließen, dass doch sein Bruder Muwatalli hier im übertragenen Sinne als „Vater" bezeichnet wird, zumal dieselbe Bezeichnung *infra* Z. 14 wiederkehrt; dort wird Muwatalli als Ḫattušilis Vater bezeichnet (*vide infra* Anm. 52). Im orientalischen Sprachgebrauch kann ja „Vater" einen Älteren oder einen AmtsVorgänger bedeuten. Cf. Papyrus Abbott, recto 6, 21: E. PEET, *The Great Tomb-Robberies of the Twentieth Egyptian Dynasty – Text* (Oxford 1930) p. 41; dort ist unter "Väter" Amtsvorgänger zu verstehen.

49 Der babylonische Text erwähnt die „Söhne" beider Länder, und nicht deren Kindeskinder; EDEL, *Vertrag*, p. 24. Somit können wir bei unserer Interpretation generell von „Söhne" ausgehen. Im Orient versteht man darunter nicht ausschließlich leibliche Nachkommen; das Wort wird oft im weiteren Sinne als „Stamm / Volk" aufgefasst. S. ALLAM „ *msw* = Kinder / Volksgruppe / Produkte/ Abgaben" in: *SAK* 19, 1992, p. 1-13. In unserem Vertrag sind entsprechend die Völker von Chatti und Ägypten eher gemeint – dies umso mehr, als im Folgenden (Z. 13) von beiden Ländern *expressis verbis* gesprochen wird. Dieselbe Auffassung vertritt gleichfalls EDEL, *ÄHK* II, p. 49 – allerdings ausgehend von anderen Argumenten (gegenseitige Beschenkung der beiden Könige samt Völkern). Unsere Deutung wird wohl auch durch §§ 22-25 (Fluch- und Segensformeln) in der babylonischen Version untermauert. Nach EDELs Rekonstruktion wird dort von dem jeweiligen König mitsamt den „Söhnen / Kindern" des Land-Ägypten und des Land-Cheta wiederholt gesprochen; EDEL, *Vertrag*, p. 76.

§ 4 Gegenseitiges NichtangriffsVersprechen

Der Großfürst-von-Cheta <Ḫattušili> wird niemals in das Land-Ägypten einfallen, um (irgend)etwas aus ihm fortzunehmen. (Auch) der ┌Großherrscher┐-von-Ägypten (UserMaatRe-SetepenRe) wird niemals in das Land <**14**> [Cheta] einfallen, [um irgendetwas] ┌aus ihm┐ [fortzunehmen].

§ 5 Ḫattušili und Ramses erneuern den früheren Vertrag

Bezüglich des anerkannten[50] Vertrags, der hier[51] zur Zeit [des] Großfürsten-von-Cheta Šuppiluliuma bestand – ebenfalls des anerkannten Vertrags, der zur Zeit des Großfürsten-von-Cheta Muwatalli[52], meines Vaters[sic] (*i.e.* Vorgänger) bestand: daran halte ich fest. Siehe, (auch) der Großherrscher-von-Ägypten (Ramses-MeriAmon) hält fest <**15**> [an jenem Vertrag. Er (*i.e.* der Vertrag)] wurde unter uns (beiden) zusammen vom (heutigen) Tage an [(wieder)hergestellt]. Wir halten an ihm fest, (indem) wir gemäß dieser anerkannten Politik handeln werden.

§ 6 Ḫattušili hilft Ramses gegen äußere Feinde

Falls ein Dritter[53] (als) Feind gegen die Länder des Großherrschers-von-Ägypten (UserMaatRe-SetepenRe) zieht und er (*i.e.* König Ramses) zu dem Großfürsten-von-Cheta schickt, mit den Worten „Komm mit[54] mir als Verstärkung gegen ihn", wird der Großfürst-von-Cheta <**16**> [zu ihm als Verstärkung gehen, und] der Großfürst-von-Cheta wird seinen Feind erschlagen (helfen). Wenn aber ┌der┐ Großfürst-von-Cheta nicht beabsichtigt (selbst) zu gehen, wird er ┌sein Heer (und) seine WagenTruppe┐ eilends gehen lassen, ┌auf dass er seinen Feind (*i.e.* des Königs Ramses) erschlagen (helfe)┐.

50 Mit dem Vokabel *mty* / *mtr* bieten sich mehrere Nuancen an. Cf. P. POSENER-KRIEGER «Construire une tombe à l'ouest de *Mn-nfr* (P. Caire 52002)» in: *RdE* 33, 1981, p. 56 (av); CHR. EYRE «A Draughtsman's Letter from Thebes (P. Gardiner 4)» in: *SAK* 11, 1984, 199 (m); S. ALLAM «Trois lettres d'affaires (P. Caire CG 58056 + 58058 + 58060)» in: *Mélanges G. Mokhtar* (IFAO, Bibliothèque d'Etude 97/1, Le Caire 1985) p. 23 (27); W. MURNANE, *The Road to Kadesh*, p. 74; VAN HEEL / HARING, *Writing in a Workmen's Village*, p. 117-118. EDEL, *Vertrag*, p. 29 + p. 88 übersetzt es mit „festgelegt".

51 Das Adverb *dy* «hier / dort» erscheint als müßiger Zusatz.

52 Die Nennung des Königs Muwatalli führen manche Forscher kurzerhand auf einen Schreibfehler zurück, da dieser König nicht Ḫattušilis Vater, sondern Bruder war. Andererseits kehrt dieselbe Bezeichnung *supra* Z. 11 wieder, so dass ein Schreibfehler schwerlich anzunehmen ist; *vide supra* Anm. 48. Auch hier sollen wir „Vater" im übertragenen Sinne als AmtsVorgänger begreifen.

53 Für *ky*, *Wb* V, p. 113,6.

54 Beachte die seltsame hieroglyphische Schreibung für die zusammengesetzte Präposition *m-di*; sie ist nochmals in Z. 31 anzutreffen. Cf. H. BUCHBERGER „Der Brief auf dem Gefäß München ÄS 4313" in: *SAK* 18, 1991, p. 69.

§ 7 Ḫattušili hilft Ramses gegen innere Feinde

Des weiteren[55]: Falls **<17>** [der Großherrscher-von-Ägypten] (Ramses-MeriAmon) auf ihm gehörige Untertanen zornig wird, weil sie ein Anderes – (nämlich einen) Frevel[56] – gegen ihn begangen haben, und er zieht aus, um sie ⸢zu erschlagen⸣, wird der Großfürst-von-Cheta ⸢gemeinsam mit ihm alle (Untertanen)⸣ [zu Grunde richten, auf die] sie (*i.e.* beide Könige) ⸢zornig werden⸣.

§ 8 Ramses hilft Ḫattušili gegen äußere Feinde

⸢Falls ein Dritter (als) Feind⸣ gegen den [Großfürsten-von-Cheta zieht, und er (*i.e.* der Großfürst) zu dem **<18>** Großherrscher-von-Ägypten] ⸢(UserMaatRe⸣-SetepenRe) [schickt (Beistand erbittend), wird er (*i.e.* König Ramses)] zu ihm als Verstärkung kommen, um dessen Feind erschlagen (zu helfen). Wenn der Großherrscher-von-Ägypten (Ramses-MeriAmon) beabsichtigt (selbst) zu kommen, soll er [kommen, auf dass er für das Land-Cheta Rache nehme[57]]. Wenn [aber der Großherrscher-von-Ägypten (UserMaatRe-SetepenRe) nicht beabsichtigt (selbst) zu kommen, soll er sein **<19>** Heer und seine] ⸢Wagentruppe⸣ [eilends kommen lassen] und[58] für das Land-Cheta Rache nehmen.

§ 9 Ramses hilft Ḫattušili gegen innere Feinde

Falls Untertanen[59] des Großfürsten-von-Cheta sich gegen ihn vergehen, und [der Großherrscher-von-Ägypten] (Ramses-MeriAmon) [davon hört, wird der

55 *rꜣ-pw* „oder / ferner": *Wb* II, p. 396,18; „im anderen Falle / sonst": ERMAN, *Neuäg. Grammatik*, p. 338 (678).

56 Das Substantiv *ṯꜣy* wird im *Wb* V, p. 349 mit „Vorwurf / Tadel" wiedergegeben. EDEL, *Vertrag*, p. 33 übersetzt es mit „Vergehen". Wahrscheinlich handelt es sich um Verschwörungen oder Revolten gegen den regierenden Herrscher, eventuell in seinen besiegten Gebieten.

57 G. LEFEBVRE «Un conte égyptien : Vérité et mensonge» in: *RdE* 4, 1940, 23 (20) versteht *ʿnn-wšb* (mit folgender Präposition *n*) als "tirer vengeance de (quelqu'un) / venger (quelqu'un)"; IDEM, *Romans et contes égyptiens de l'époque pharaonique* (Paris 1949) p. 166 (27); A. THEODORIDES «Le serment terminal de 'Vérité et Mensonge'» in: *RdE* 21, 1969, p. 103. *Wb* I, p. 189,6 gibt diese Redewendung mit "für jem. eintreten" wieder.

58 Außer unserer Stelle kommt *ʿnn-wšb* ebenfalls in Z. 18 + 21 vor, wo der Konjunktiv (*m-tw* nach EDELs Rekonstruktion) verwendet wird. Analog dazu würde man dieselbe Verbalform auch an unserer Stelle erwarten. In diesem Falle aber stünde der Konjunktiv ohne Subjekt. Cf. M. KOROSTOVTSEV, *Grammaire du néo-égyptien* (Moscou 1973) p. 342; P. FRANDSEN, *An Outline of the Late-Egyptian Verbal System* (Copenhagen 1974) p. 122-123 (80). Sonst kann man *m-di* + *ʿnn-wšb* als die früheste Form des Konjunktivs (*ḥnʿ* + Infinitiv) auffassen, wobei *m-di* (zur Schreibung *vide supra* Anm. 54) in unserem Text für ursprünglich *ḥnʿ* steht; mit EDEL, *Vertrag*, p. 92-93 übereinstimmend. Cf. A. GARDINER "An Egyptian Split Infinitive and the Origin of the Coptic Conjunctive Tense" in: *JEA* 14, 1928, p. 86-96.

59 *Wb* I, p. 429 versteht *bꜣk.w* schlicht als „Diener / Untergebene". Es kann auch „Sklaven" bedeuten; *OEAE* III, p. 393-396 (*s.v.* Slaves). „Untertanen" wird hier besser passen. A. THEODORIDES „Les relations de l'Egypte pharaonique avec ses voisins" in: *RIDA* 22, 1975, 131 denkt eher an „staatliche Arbeiter".

Groß]herrscher-[von-Ägypten (UserMaatRe-SetepenRe)] alle (Untertanen) zu Grunde richten, auf die sie (*i.e.* beide Könige) zornig werden].

§ 10 Ramses sichert dem hethitischen Kronprinzen die Thronfolge zu

[Siehe, das Land] Cheta (und) ⌜das land⌝ [Ägypten <**20**> sind befriedet und verbrüdert auf ewig] ⌜auch nach unserem Leben. Weitere Worte[60]⌝: Ich werde ⌜meinem Schicksal⌝ folgen[61]. Der Großherrscher-von-Ägypten (Ramses-[MeriAmon])] möge (aber) ein (langes)[62] Leben haben, auf dass ⌜man[63]⌝ [in] das [Land] ⌜Cheta komme⌝, [um zu veranlassen, dass sie (*i.e.* Adlige und Funktionäre) meinen Sohn zu] ⌜ihrem Herrn⌝ [einsetzen], (und) ⌜um zu verhindern⌝, [dass sie] sich [einen anderen zu ihrem Herrn] ⌜einsetzen⌝. [Wenn] sie (aber) <**21**> [gegen ihn eine Missetat begehen], (indem) sie [ablehnen[64]], ihn sich zum Herrn einzusetzen, (so) soll [der] ⌜Grossherrscher-von-Ägypten⌝ (UserMaatRe-⌜SetepenRe⌝)] [mit] seiner Sprache niemals ⌜schweigen[65]⌝. Er soll (vielmehr) ⌜ausziehen, auf dass⌝ er das Land-Cheta ⌜zu Grunde richte⌝; er soll ⌜für den Grossfürsten-von-Cheta sowie für das Land-Cheta Rache nehmen⌝.

60 Beachte, dass *k3* eine unorthographische Schreibung für *ky* ist; A. GARDINER „The Egyptian Word for ‚in other words / in short' " in: *JEA* 24, 1938, p. 243-244. Für den Ausdruck *ky ḏd*, *Wb* V, p. 111,10 + p. 113,16.

61 Euphemismus für „sterben"; *vide supra* Anm. 47.

62 wörtlich „ewiges".

63 Damit ist der ägyptische Partner angedeutet. In diesem Falle soll Ramses, wenn er nicht persönlich kommt, wenigstens eine militärische Hilfe – etwa unter Leitung eines Prinzen oder Heerführers – aussenden.

64 Für diese BedeutungsNuance, EDEL, *Vertrag*, p. 94.

65 Das Schweigen des Königs käme seiner Duldung der eventuell entstandenen politischen Verhältnisse gleich; EDEL, *Vertrag*, p. 94.

§ 11 Ḫattušili führt hochrangige Flüchtlinge und abtrünnige Gebiete zurück

[Falls eine Person-von-hoher-Würde[66] <aus dem Land Ägypten> sich entfernt[67] und sie kommt zu] ⌜dem Großfürst-von-Cheta⌝ – oder eine Stadt[68] <**22**> [aus den (Städten) der Länder des Großherrschers-von-Ägypten (Ramses-MeriAmon)] – und sie kommen zu dem Großfürsten-von-Cheta, wird der Großfürst-von-Cheta nicht handeln, um sie aufzunehmen. Der Großfürst-von-Cheta wird (vielmehr) handeln, (so dass) sie (zurück)gebracht werden zu dem Großherrscher-von-Ägypten (UserMaatRe-SetepenRe)], ihrem Herrn [Er lebe, sei heil und] gesund. [69]

§ 12 Ḫattušili liefert gewöhnliche Emigranten aus

Des weiteren: Falls [eine] ⌜Person⌝ oder zwei Personen, die man nicht kennt[70], <**23**> [aus dem Land-Ägypten sich entfernen], und sie kommen in das Land-Cheta,

66 Die Ergänzung des Textes erfolgte an dieser Stelle nach der gut erhaltenen Parallele in Z. 23, wo auch das Determinativ (Mann+Frau) vorkommt. Mit einer „Person-von-hoher-Würde" wird generell eine hochgestellte Person (Mann wie Frau) gemeint. In unserem Kontext wird wohl auf politisch engagierte Persönlichkeiten angespielt. Cf. S. ALLAM „Elders – Notables – Great men" in: K. Ryholt (Hrsg.) *Acts of the Seventh International Conference of Demotic Studies – Copenhagen 1999* (Copenhagen 2002) p. 7.

67 In §§ 11-14 + 17-18 wird vom Verbum *wꜥr* wiederholt Gebrauch gemacht, das *Wb* I, p. 286 mit „fliehen / entlaufen" wiedergibt. Cf. W. HAYES, *A Papyrus of the Late Middle Kingdom in the Brooklyn Museum – P. Brooklyn 35.1446* (New York 1955) p. 49; R. PARANT, *L'affaire Sinouhé – Tentative d'approche de la justice répressive égyptienne au début du IIe millénaire av. J.C.* (Aurillac 1982) p. 18-38. Aus sachlichen Gründen aber können wir diese Bedeutung nicht überall in unserem Vertrag zur Anwendung bringen. Besonders in §§ 17-18 erscheint diese Bedeutung unzutreffend, da den infrage kommenden Personen keine Flucht zur Last gelegt wird; sie werden ja amnestiert (*vide supra* kommentar, *in fine*). Im Übrigen wird das Verbum *wꜥr* in anderen Texten verwendet, wenn z. B. Arbeiter ihrem Dienst einfach fernbleiben. W. SIMPSON, *Papyrus Reisner I* (Boston 1963) p. 36; IDEM, in: E. Teeter / J. Larson (Hrsg.) *Gold of Praise – Studies on Ancient Egypt in Honor of E. Wente* (Chicago 1999) p. 389; "absent / missing without the precise meaning of fleeing / escaping" wird stattdessen vorgeschlagen. Um allen Paragraphen in unserem Vertrag sachgerecht zu deuten, wird *wꜥr* daher nicht wie üblich mit „fliehen", sondern ohne jegliche Implikationen durchweg mit „sich entfernen" übersetzt, was schließlich unser Verständnis nicht trübt.

68 Dies bedeutet nicht unbedingt, dass die Bevölkerung einer Stadt ihren Boden definitiv verlässt und zu einem anderen König überläuft. Gemeint wird eher, dass die bestreffende Stadt – in ihrem Fürsten verkörpert – ihre loyalen Beziehungen zu dem gegenwärtigen Herrscher (Ḫattušili oder Ramses) abbricht und sich dem anderen Partner zuwendet. Cf. LIVERANI, *International Relations*, p. 66-67.

69 EDEL, *Vertrag*, p. 48 + p. 95 ist der Überzeugung, dass in der entsprechenden Lücke des babylonischen Texts das Land Amurru und dessen König Benteschina gestanden haben; der König dieses heute im nördlichen Libanon, zwischen Ägypten und Chatti gelegenen Landes (als Pfufferstaat) hätte also beim Austausch von Flüchtlingen und sonstigen Emigranten zwischen den beiden „Supermächten" zu vermitteln. Davon fehlt aber im hieroglyphischen Text jegliches Indiz.

70 Damit wird kein Status für diese Leute angegeben. Sicherlich handelte es sich um gewöhnliche, politisch nicht motivierte Menschen geringer Herkunft – im Gegensatz zu den Personen-von-

um für einen Anderen (*i.e.* König[71]) Untertanen zu werden[72], wird man sie im Land-Cheta nicht bleiben lassen; man wird sie (vielmehr) zu dem Großherrscher-von-Ägypten (Ramses-MeriAmon) (zurück)bringen.

§ 13 Ramses führt hochrangige Flüchtlinge, ebenso abtrünnige Gebiete zurück

Des weiteren: Falls eine Person-von-hoher-Würde aus dem Land-Cheta sich entfernt und [sie geht zu] dem [Großherrscher]-von-Ägypten [(UserMaatRe]-SetepenRe) – oder eine Stadt oder eine Region oder <**24**> [eine Ortschaft aus] den (Gebieten) des Land-Cheta[73] – und sie gehen zu dem Großherrscher-von-Ägypten (Ramses-MeriAmon), wird der Großherrscher-von-Ägypten (UserMaatRe-SetepenRe) nicht handeln, um sie aufzunehmen. Der Großherrscher-von-Ägypten (Ramses-MeriAmon) wird (vielmehr) handeln (und) veranlassen, (dass) sie (zurück)gebracht werden zu dem ⌜Großfürsten⌝ -[von-Cheta]; nicht wird man sie (da) bleiben lassen.

§ 14 Ramses liefert gewöhnliche Emigranten aus

Gleicherweise: Falls eine Person oder zwei Personen, <**25**> die man [nicht] kennt, <aus dem Lande Cheta> sich entfernen und sie gehen in das Land-Ägypten, um für Andere[74] Untertanen zu werden, wird der Großherrscher-von-Ägypten (UserMaat-Re-SetepenRe) nicht handeln, (um) sie (da bleiben zu) lassen; er wird (vielmehr) veranlassen, (dass) sie (zurück)gebracht werden zu dem Großfürsten-von-Cheta.[75]

hoher-Würde (Z. 21).

71 Dies könnte der Herrscher von Chatti sein – gegebenenfalls ein Vasallenkönig, in diesem Falle der König von Amurru.

72 Der Ausdruck „für einen Anderen (*i.e.* Herrscher) Diener / Untertan werden“ deutet wohl an, dass der betreffende Bürger sein Land endgültig verlässt und sich in ein anderes begibt; damit will er seine Bürgerschaft endgültig wechseln. G. KESTEMONT “Accords internationaux relatifs aux ligues hittites (1600-1200 av. J.C.)» in: *OLP* 12, 1981, p. 46 (94). Andererseits vermutet EDEL, *Vertrag*, p. 95 + p. 108 – vom babylonischen Text ausgehend – eine Fehlschreibung für das Wort *b3k.w*. Nach ihm hätte der ägyptische Schreiber / Steinmetz dies Wort mit dem Determinativ einer Buchrolle (und nicht mit dem von Mann+Frau, wie es hier vorliegt) wiedergeben sollen. So oder so ändert sich jedoch nichts am Sinn des Ganzen.

73 Damit ist sicherlich ein unter hethitischem Einfluss stehendes Gebiet gemeint; *vide supra* Anm. 68.

74 Der Text spricht hier vom Plural, wohl von Ägypten samt Vasallen; cf. EDEL, *Vertrag*, p. 49 (38).

75 Die hieroglyphische Inschrift zeigt an dieser Stelle ein Rätsel auf. Inmitten der von Flüchtlingen und Auswanderern handelnden Paragraphen (§§ 11-14 + 17-18) tauchen nämlich zusammenhanglos eine Liste von Gottheiten (als Zeugen) sowie Fluch- und SegensFormeln (§§ 21+26+27: Z. 25-32) auf. Eigentlich sollten diese ihren Platz erst am Ende des VertragsTextes finden, wie es auch in anderen hethitischen Staatsverträgen der Fall ist. Dies leuchtet umso mehr ein, wenn man die Reihenfolge der entsprechenden Paragraphen im babylonischen Text nicht aus dem Auge verliert. Somit erweist sich die Abfolge im hieroglyphischen Text als deplaciert: sämtliche §§ betreffs Flüchtlinge und Auswanderer sollten ohne Unterbrechung auf einander folgen und dürften nicht durch andersartige Einschübe auseinander gerissen werden. Dies Rätsel wurde nunmehr aufgehellt, A. SPALINGER „Considerations on the Hittite Treaty

§§ 15+16 des babylonischen Texts sind ohne Entsprechung im hieroglyphischen Text; sie sind in §§ 11-12 + 13-14 ohnehin enthalten

§ 17 Ramses amnestiert ihm ausgelieferte gewöhnliche Emigranten

<**32**, Ende> Falls ein Mensch aus dem Land-Ägypten sich entfernt – (seien es) zwei oder drei (Menschen) – und <**33**> ⸢sie⸣ kommen zu dem Großfürsten-von-Cheta, soll der Großfürst-von-Cheta handeln, (so dass) ⸢sie⸣ ergriffen werden; [er wird veranlassen], (dass) sie wieder zu dem ⸢Großherrscher⸣ -von-Ägypten (UserMaatRe-SetepenRe) (zurück)gebracht werden. Betreffs des ⸢Menschen⸣, den man zu dem Großherrscher-von-Ägypten (Ramses-MeriAmon) (zurück)bringt, (dem) möge man seine Verfehlung nicht gegen ihn verfolgen.[76] Man darf <**34**> sein Haus, seine Frauen[77] (oder) seine ⸢Kinder⸣ nicht ⸢zu Grunde richten⸣; [nicht darf man ihn zu Grunde richten; man darf] ihn [nicht töten]; man darf seine Augen, seine Ohren, seinen Mund (oder) seine Füße[78] nicht verletzen.[79] Man möge keinerlei [Verfehlung] gegen ihn [verfolgen].

between Egypt and Hatti" in: *SAK* 9, 1981, p. 348-349. Demnach enthielt die nach Ägypten überbrachte Silbertafel (mit einem babylonischen Text) recto und verso je zwei Kolumnen – angeordnet nach der üblichen Leserichtung bei babylonischen Schriften: man beginne auf der Vorderseite mit der linken Kolumne, danach wende man die Tafel, und auf der Rückseite wird der Text durch die Kolumne rechts fortgesetzt. Diese Reihenfolge aber hätten die Ägypter – durch ihre eigene (verkehrte) Leserichtung – übersehen; kurzum, die Ägypter ließen ahnungslos auf Kol. I-II (recto) erst Kol. IV, dann III (verso) folgen. Diese Interpretation, vorerst einsichtig, lässt die Frage offen, wieso die bilinguische ägyptische Kanzlei (mit Keilschriftkundigen; EDEL, *Vertrag*, p. 109; KLENGEL, *Hattuschuli und Ramses*, p. 81) einer solchen banalen Vertauschung ahnungslos unterlag. Darüber hinaus müsste sich das Siegel – nach Aussage der hieroglyphischen Inschrift – in der Mitte der Silbertafel befunden haben; das hätte man nicht gut sagen können, wenn sich das Siegel ausdrücklich in der Mitte von Kol. IV befunden hätte. EDEL, *Vertrag*, p. 86-88 versucht solche Widersprüche dahin zu zerstreuen: die ursprüngliche Silbertafel (mit dem Siegel in der Mitte) gelangte wohl nicht in die Hände des ägyptischen Übersetzers, an ihrer Stelle wurde ihm eher eine Textkopie auf Tontafel (mit zwei Kolumnen je Seite) ausgehändigt. Für die genauere Stelle, wo das Siegel aufgedruckt wurde, *vide infra* Anm. 106.

76 Es mag (hier und vielfach *infra*) auffallen, dass der negierte Jussiv (mit *m dy* „Lasse nicht zu, dass …") öfters verwendet wird. Sprachlich mag dies uns etwas stören, zumal die Vertragspartner sonst nicht mit der zweiten Person Singular angeredet werden; EDEL, *Vertrag*, p. 96. Man bemerke aber, dass sogar Gottheiten in der Du-Form durch Menschen angeredet werden; anschauliches Beispiel (*im n:k snb* usw.) im hieratischen Papyrus Bologna 1086 (W. WOLF, in: *ZÄS* 65, 1930, p. 90). Der negierte Imperativ tut also dem sprachlichen Stil unseres Texts keinen Abbruch. Seine Bedeutung im Neuägyptischen ist ja so verflacht, dass er öfters einem Optativ gleichkommt; ERMAN, *Neuäg. Grammatik*, p. 400.

77 Man soll nicht gleich denken, dass der infrage kommende Mann polygam lebt. Unter „Harim / Frauen" versteht man in orientalischen Kulturen sämtliche weiblichen Personen desselben Haushalts.

78 Ob man das Wort *rd.wy* in unserem Text als „Füße" oder „Beine" auffasst, ist unerheblich und ändert nichts an der Sachlage. Im Übrigen machen die medizinischen Texte keine scharfe Unterscheidung; H. VON DEINES / W. WESTENDORF, *Wörterbuch der medizinischen Texte*

§ 18 Ḫattušili amnestiert ihm ausgelieferte gewöhnliche Emigranten

Gleicherweise: Falls Menschen aus dem Land-Cheta sich entfernen – sei es einzelner, seien es zwei (oder) drei – und sie gehen zu <**35**> dem Großherrscher-von-Ägypten (UserMaatRe-SetepenRe), soll der ┌Großherrscher-von-Ägypten┐ (Ramses-MeriAmon) [sie] ergreifen (lassen); [er wird veranlassen], (dass) sie zu dem Großfürsten-von-Cheta (zurück)gebracht werden. Der ┌Großfürst-von-Cheta┐ möge [ihre Verfehlung] ┌nicht┐ gegen sie ┌verfolgen┐. Man darf sein[*sic*] [Haus], seine Frauen (oder) seine ┌Kinder┐ [nicht] zu Grunde richten; nicht darf man ihn töten; man darf seine Ohren, <**36**> seine Augen, seinen Mund (oder) seine Füße nicht verletzen. Man möge keinerlei Verfehlung gegen ihn verfolgen.

§§ 19+20 des babylonischen Texts sind ohne Entsprechung im hieroglyphischen Text; sie sind in §§ 11-12 + 13-14 ohnehin enthalten

§ 21 Liste der Götter als Zeugen

<**25**, Ende> Bezüglich dieser Worte des ┌Vertrags┐, den ┌der Großfürst┐-von-Cheta ┌mit┐ dem Großherrscher- <**26**> -[von-Ägypten] (Ramses-[MeriAmon]) verabschiedet hat: sie sind] auf dieser Silbertafel (nieder)geschrieben. In Bezug auf diese Worte: (die) 1000 Götter[80] aus den (Göttern) des Land-Cheta – männliche (wie) weibliche Götter – zusammen mit (den) 1000 Göttern aus den (Göttern) des Land-Ägypten – männliche (wie) weibliche Götter – sie sind bei mir als Zeugen, (denn) sie haben diesen Worten [zugehört[81]], (namentlich):

(Berlin 1961) p. 536-537 (§ 1); so auch heute zB im gesprochenen schwäbischen Deutsch.

79 Die Verstümmelung von Augen und Füßen sind in sonstigen ägyptischen Texten nicht als körperliche Strafen belegt; cf R. MÜLLER-WOLLERMANN, *Vergehen und Strafen – Zur Sanktionierung abweichenden Verhaltens im alten Ägypten* (Probleme der Ägyptologie 21, Leiden 2004) p. 200-208. Derartige Strafandrohungen in unserem Text gehen wahrscheinlich auf die hethitische Vorlage zurück. Zur Blendung der Augen unter Bürgern, A. THEODORIDES „Les Relations de l'Egypte pharaonique avec ses voisins" in: *RIDA* 22, 1975, p. 124 (139). Ob in der Verstümmelung von Mund (Lippen oder Zunge) eine real zu vollziehende Strafe zu sehen ist?

80 In der hethitischen Tradition findet sich eine enorme Anzahl von Götternamen. Dort werden immer wieder „die 1000 Götter des Land-Cheta" angeführt. Ob diese stetige Zahl den Realitäten entsprochen hat, bleibt ungewiss. Im Übrigen erscheinen die meisten in unserem Vertrag aufgezählten Gottheiten ebenfalls in anderen hethtitischen StaatsVerträgen.

81 Das plausibel rekonstruierte Verbum *sḏm* war bereits durch A. GARDINER „The Treaty of Alliance between Ḫattušili and Ramesses II „ in: *JEA* 6, 1920, p. 194 (4) vorgeschlagen worden; EDEL, *Vertrag*, p. 98 folgend.

der Sonnengott, der Herr-des-Himmels; die Sonnengottheit[82] der Stadt-Arinna[83]; <**27**> ⌜Sutech⌝ [84], der Herr-des-Himmels; ⌜Sutech⌝ -von-Cheta; Sutech-der-⌜Stadt-Arinna⌝ ; Sutech-der-Stadt-Zippalanda; Sutech-der-Stadt-Pitriq; Sutech-der-Stadt-Chischschaschpa[85]; Sutech-der-Stadt-Sarissa; ⌜Sutech⌝ -der-Stadt-Chalab; Sutech-der-Stadt-Lichsina; Sutech- <**28**> -[der-Stadt-Churma (oder: Stadt Nerik / Schartiasch / Chullaschscha)]; [Sutech-der-Stadt-Uda][86]; ⌜Sutech⌝ -[der-Stadt-Schapinuwa (oder: Stadt Schamucha)]; [Sutech-des-Donners (?)][87]; Sutech-der-Stadt-Schachpina; Astartu des Land-Cheta; der Gott-von-Zitcharija[88]; der Gott-von-⌜Karzis⌝ ; der Gott-von-Chapantallias; <**29**> die Göttin-der-Stadt- ⌜Karachna; die Göttin-der-Flur⌝ ; die Göttin-von-Ninuwa (Stadt Ninive); die Göttin- ⌜ des Kleinviehs[89]; der Gott-<von>-Ninatta; der Gott-von- ⌜Kulitta⌝ ; der Gott-von-Chepat; die Königin-des-Himmels; ⌜die Götter, die Herren-des-Eides⌝ ; die Göttin, ⌜die⌝ Herrin-der-Erde[90]; {die Herrin-des-Eides}[91] Ischchara-Herrin-<des-Eides>.[92]

<Die männlichen (wie) weiblichen Gottheiten: die> <**30**> Berge (und) die Flüsse des Land-Cheta; die <männlichen (wie) weiblichen> Gottheiten des Land-Qizzuwatna[93]; Amon, der SonnenGott (und) Sutech; die männlichen (wie)

82 Im Text steht das Maskulinum *pꜣ Rꜥ*; *vide infra* Anm. 103. Die Sonnengottheit von Arinna ist aber weiblichen Geschlechts. Anscheinend wurde sie von den Ägyptern, in Anlehnung an den eigenen (männlichen) Sonnengott, für Maskulinum gehalten.

83 Die im Folgenden genannten Städte und Regionen (in Kleinasien oder Obersyrien) standen wahrscheinlich unter hethitischer Herrschaft.

84 Damit ist nicht der ägyptische Gott Seth / Sutech gemeint, sondern der entsprechende vorderasiatische Wetter- bzw. Sturmgott; *vide supra* Anm. 46.

85 In unserer Übersetzung wird mancher Name nach dem babylonischen Text buchstabiert.

86 Rekonstruktion nach dem babylonischen Text; EDEL, *Vertrag*, p. 68-69.

87 *Op. cit.* p. 99.

88 Die meisten im Vorstehenden genannten Götter werden in Verbindung mit gewissen Städten genannt. Von hier an – bis zum Gott von Chepat – werden manche Götter hingegen ohne Zusatz aufgezählt. Dies mag darauf zurückgehen, dass der ägyptische Übersetzer diese Götter nicht Städten, sondern Ländern / Regionen zuordnen wollte, zumal er das Determinativ von Bergland jeweils hinzufügte. Über die Verwendung dieses Determinativs, A. SPALINGER „A Garland of Determinativs" in: *JEA* 94, 2008, p. 139-164.

89 Die vier letzten Gottheiten heißen nach dem babylonischen Text „Ischtar der-Stadt-Karachna, Ischtar des-Feldes (*Ṣer*); Ischtar der-Stadt-Niniva, Ischtar des-Kleinviehs (*Ṣen*)". E. EDEL „Neues zur Schwurgötterliste im Hethitervertrag" in: U. Luft (Hrsg.) *The Intellectual Heritage of Egypt – Studies Presented to L. Kàkosy* (Studia Aegyptiaca 14, Budapest 1992) p. 119-122.

90 Dies ist wohl die Herrin der Unterwelt; EDEL, *Vertrag*, p. 100.

91 Wahrscheinlich gehört dies Attribut – so auch „die Königin des Eides„ im babylonischen Text – zur nächsten Gottheit (Ischchara), zumal dies Attribut nicht von der Herrin-der-Erde geführt wird; EDEL, *Vertrag*, p. 100.

92 Es folgen die Götter von Chatti, Qizzuwatna und Ägypten sowie kosmische Götter. Im babylonsichen Text werden zudem solche vom Land Amurru aufgeführt. EDEL, *Vertrag*, p. 72.

93 Dies Land lag nördlich vom Golf von Alexandrette zwischen Hethitern und Assyrern. Außer seiner wichtigen strategischen Lage war es von wirtschaftlicher Bedeutung aufgrund seiner Erzvorkommen. Mit diesem Land schloss mancher hethitischer König einen StaatsVertrag; BECKMAN, *Hittite Diplomatic Texts*, p. 11-22. Auch Ḫattušili III. verheiratete sich mit der

⸢weiblichen Gottheiten⸣ : die Berge[94] (und) die Flüsse des Land-Ägypten; der Himmel; die Erde; das Große Meer[95]; der Wind (und) die SturmWolken.

§§ 22+23+24+25 des babylonischen Texts sind ohne Entsprechung im hieroglyphischen Text; sie sind in §§ 26-27 ohnehin enthalten

§ 26 Fluch für den vertrags-brüchigen Partner[96]

Bezüglich dieser Worte, <**31**> die auf dieser Silbertafel für das Land-Cheta und das Land-Ägypten (stehen), bezüglich desjenigen – (Hethiter oder Ägypter) – der sie nicht halten wird: (die) 1000 Götter des Land-Cheta zusammen mit (den) 1000 Göttern des Land-Ägypten werden sein Haus, sein Land (und) seine Untertanen (heimsuchen)[97].

§ 27 Segen für den Vertrag-einhaltenden Partner

Betreffs desjenigen aber, der diese Worte halten wird, die auf dieser Silbertafel (stehen) – seien sie[*sic*] <Leute> aus Cheta, seien sie Leute (aus) Ägypten – <**32**> und gegen sie ⸢keine⸣ Mißachtung[98] bereitet: (die) 1000 Götter des Land-Cheta zusammen mit (den) ⸢1000 ⸣ Göttern des Land-Ägypten werden ihn[*sic*] gesund erhalten (und) ihn leben lassen mitsamt seinen ⸢Häusern⸣, mitsamt seinem Land, mitsamt seinen Untertanen.[99]

Siegel: Beschreibung und Legenden

§ 28 Siegel auf der vorne befindlichen Seite[100]

<**36**, Ende > Was in der Mitte der Silbertafel (und zwar) auf ⸢ihrer ⸣ vorne befindlichen Seite (steht):

Tochter eines Priesters in Qizzuwatna; KLENGEL, *Hattuschili und Ramses*, p. 72 + p. 102.

94 Es handelt sich wohl um das Wort, das am Anfang unserer Zeile wiederkehrt.

95 Für die Orthographie *ynm* (mit intrusivem *n*), D. MEEKS „Les Emprunts égyptiens aux langues sémitiques» in: *Bibliotheca Orientalis* 54 (Leiden 1997) p. 37 (52). Unter dem Ausdruck „Großes Meer / Großer Fluss“ könnte man den Nil begreifen; cf. CL. VANDERSLEYEN „*Ym* désignant l'eau de l'inondation“ in: T. Bàcs (Hrsg.) *A Tribute to Excellence – Studies in honor of E. Gaàl / U. Luft / L. Török* (Studia Aegyptiaca 17, Budapest 2002) p. 473-475. An unserer Stelle kann diese Interpretation nicht zutreffen.

96 Für die Reihenfolge von §§ 26-27, *vide supra* Kommentar, Anm. 14.

97 wörtlich „zu Grunde richten“.

98 EDEL, *Vertrag*, p. 79 + p. 107 nimmt *ḫmḫmw* als Verbum an, das im *Wb* fehlt. Es sei die Reduplikation von *ḫm* „vergessen / unbeachtet-lassen“ u.ä.; *Wb* III, p. 278-280.

99 Hier schließen sich §§ 17-18 des hieroglyphischen Textes (Z. 32, Ende - Z. 36, Ende) an.

100 EDEL, *Vertrag*, p. 80 (§ 30) + p.104 vermutet, dass die von Ramses an Ḫattušili übersandte, babylonische Version ebenfalls Siegel getragen hätte, denn der uns heute erhaltene babylonische Text erwähnt – allerdings an einer verderbten Stelle – zweimal „das Siegel“.

Darstellung (der) Figur des (Gottes) Sutech ⸢beim Umarmen[101] der Figur des Großfürsten-von-Cheta⸣. (Die Darstellung ist) umgeben von einer Kette[102] von ⸢Worten, lautend⸣ „⸢Das Siegel⸣ des Sutech-Herrscher-des-Himmels: das Siegel des Vertrags, den verabschiedet hat der Großfürst- <**37**> -von- ⸢Cheta⸣ Ḫattušili, ⸢der Held, der Sohn des Großfürsten-von-Cheta Muršili, des Helden⸣ ".

⸢Innerhalb der Umrandung der Darstellung steht⸣ das ⸢Siegel⸣ des [Sutech-Herrscher-des-Himmels].

§ 29 Siegel auf der anderen Seite

[Was in der Mitte (der Silbertafel, und zwar) auf] ihrer anderen ⸢Seite⸣ (steht): Darstellung ⸢des Bildes der Göttin-von-Cheta[103] beim Umarmen des Bildes der Fürstin-von-Cheta. (Die Darstellung ist) umgeben von einer Kette von Worten, lautend⸣ „Das Siegel des <**38**> SonnenGottes der Stadt-Arinna, des Herrn-des-Landes: das Siegel von Puduchepa[104], der Fürstin des Land-Cheta, der Tochter des Land-⸢Qizzuwatna⸣, der [Priesterin[105] (?) des SonnenGottes]-von-Arinna, der Herrin-des-Landes, der Dienerin der ⸢Göttin⸣ ".

⸢Innerhalb⸣ der Umrandung der Darstellung (steht) das Siegel des SonnenGottes von Arinna, des Herrn jeden Landes[106].

101 Der hethitischen Überlieferung zufolge wird die „Umarmung" dahin vorgestellt, dass die Gottheit jemanden bei der Hand nimmt und ihn damit schützend führt. KLENGEL, *Hattuschili und Ramses*, p. 83.

102 *Wb* IV, p. 147,9 versteht das Substantiv *smdt* (allerdings mit dem Determinativ für Körner) als „Kette aus Perlen". An unserer Stelle ist es dann im übertragenen Sinne zu begreifen.

103 Es ist die (weibliche) SonnenGottheit der Stadt Arinna, die in unserem Passus mehrmals als Maskulinum (*pꜣ Rꜥ*) aufgefasst wird; *vide supra* Anm. 82.

104 Offenkundig hatte die hethitische Königin, die ihrem Gatten staatsrechtlich gleichgestellt war, unserem Vertrag zuzustimmen. Für die Korrespondenz dieser Königin mit der ägyptischen Königin Nefertari (Gemahlin von Ramses II.), EDEL, *AHK* I, p. 41-43. Für ihre Korrespondenz mit Ramses, *op. cit.* p. 106-113 *et passim.*

105 Alternative Lesung: *mryt* „Geliebte"; EDEL, *Vertrag*, 103.

106 Das Eindrücken eines Siegels auf beiden Seiten unserer Silbertafel wäre singulär; andere hethitische Staatsverträge zeigen es nur auf einer Seite; KLENGEL, *Hattuschili und Ramses*, p. 82. Zur Problematik unserer Silbertafel, EDEL, *Vertrag*, p. 103-104. Er geht von einem einzigen Siegel aus, das auf seiner rechten und linken Seite je eine „UmarmungsSzene" aufweist: rechts der Wettergott (Sutech) den König „umarmend", links die Sonnengöttin von Arinna die Königin „umarmend". Wenn die hieroglyphische Inschrift von „Vorderseite" und „andere Seite" spricht, werden damit angedeutet der vorne stehende Teil sowie der nachfolgende (d.h. rechte und linke Seite / Kolumne, und nicht Vorder- und Rückseite). Um beide Szenen liefen dann im Kreis zwei InschriftZeilen herum: die äussere nennt den König, und die innere die Königin. Gegen die Erklärung EDELs melden sich bereits Einwände, K. KITCHEN „Rezension von EDEL, *Vertrag*" in: *Orientalische LiteraturZeitung* 93 (Berlin 1998) col. 629; IDEM, *Ramesside Inscriptions – Notes & Comments* II, p. 144-145; F. BREYER „Redaktionsgeschichte und Siegelungspraxis des Ägyptisch-Hethitischen Staatsvertrages" in:

Abkürzungen

Beckman, Hittite Diplomatic Texts: G. Beckman / H. Hoffner (Hrsg.) Hittite Diplomatic Texts (Atlanta/Georgia 1996).

Cohen / Westbrook (Hrsg.), Amarna Diplomacy: R. Cohen / R. Westbrook (Hrsg.) Amarna Diplomacy – The Beginnings of International Relations (Baltimore 2000).

DE: Discussions in Egyptology, Oxford.

Edel, ÄHK: E. Edel, Die ägyptisch-hethitische Korrespondenz aus Boghazköi in babylonischer und hethitischer Sprache, 2 Bände (Opladen 1994).

Edel, Vertrag: E. Edel, Der Vertrag zwischen Ramses II. von Ägypten und Ḫattušili III. von Ḫatti (Berlin 1997).

Erman, Neuäg. Grammatik: A. Erman, Neuägyptische Grammatik (Leipzig 1933).

JEA: The Journal of Egyptian Archaeology, London.

JNES: Journal of Near Eastern Studies, Chicago.

Klengel, Hattuschili und Ramses: H. Klengel, Hattuschili und Ramses: Hethiter und Ägypter – ihr langer Weg zum Frieden (Mainz 2002).

KRI: K. Kitchen, Ramesside Inscriptions – Historical and Biographical (Oxford 1975-1990).

LdÄ: W. Helck et alii (Hrsg.), Lexikon der Ägyptologie (Wiesbaden 1975-1989).

Liverani, International Relations: M. Liverani, International Relations in the Ancient Near East, 1600-1100 BC (New York 2001).

Murnane, The Road to Kadesh: W. Murnane, The Road to Kadesh – A Historical Interpretation of the Battle Reliefs of King Sety I at Karnak[2] (Chicago 1990).

OEAN: D. Redford (Hrsg.) The Oxford Encyclopedia of Ancient Egypt (Oxford 2001).

OLP: Orientalia Loveniensia Periodica, Leuven.

Orientalia: Orientalia – Commentarii trimestres a Facultate studiorum Orientis antiqui Pontificii Instituti Biblici in lucem editi in Urbe, Roma.

RdE: Revue d'Egyptologie, Paris.

RIDA: Revue Internationale des Droits de l'Antiquité, 3e série, Bruxelles.

SAK: Studien zur Altägyptischen Kultur, Hamburg.

Van Heel / Haring, Writing in a Workmen's Village: K. Donker van Heel / B. Haring, Writing in a Workmen's Village – Scribal Practice in Ramesside Deir-el-Medina (Leiden 2003).

Wb: A. Erman / H. Grapow (Hrsg.), Wörterbuch der ägyptischen Sprache – im Auftrage der deutschen Akademien (Berlin 1926-1963).

Wilkinson (Hrsg.) The Egyptian World: T. Wilkinson (Hrsg.), The Egyptian World (London 2007).

ZÄS: Zeitschrift für Ägyptische Sprache und Altertumskunde, Berlin/Leipzig.

DE 46, 2000, p. 21-22.

Bildnachweis

Abbildung 1
C. R. Lepsius, *Denkmaeler aus Aegypten und Aethiopien*, Abteilung III (Berlin 1849-1859) Blatt 146.

Abbildung 2
Photo von der hieroglyphischen Inschrift im Karnak-Tempel zu Theben.
(mit freundlicher Genehmigung des Institut Français d'Archéologie Orientale du Caire)

Abbildung 3
L. Borchardt „Das Dienstgebäude des Auswärtigen Amtes unter den Ramessiden" in: *ZÄS* 44, 1907, p. 59.

Bilateralität und Vertragstechnik in der Amarna-Zeit[1]

Martin Lang, Innsbruck

Der Vordere Orient ab der Mitte des 2. Jt. v. Chr.

Als im Jahre 1887 das Keilschriftarchiv von Tell el-Amarna, der ägyptischen Residenz Amenophis' IV, Achet-Aton entdeckt und die Korrespondenz vorderasiatischer Herrscher und lokaler Fürsten aus der Levante und Zyperns mit dem Ägyptischen Hof bekannt wurde, hat sich schlagartig ein großes Fenster in die politische Geschichte Vorderasiens der zweiten Hälfte des zweiten vorchristlichen Jahrtausends aufgetan. Man hatte Dokumente in mesopotamischer Keilschrift in Ägypten gefunden. Im Zuge der Veröffentlichung und der intensiv darauf einsetzenden Studien offenbarte sich die vorderorientalische Spätbronzezeit als eine Periode, in der sich ein weiträumiges Netz zwischenstaatlicher Kontakte von Euphrat und Tigris nach Anatolien und von Zypern bis an den Nil spannte.

Es hat sich eingebürgert, diese Epoche als Amarna-Zeit zu bezeichnen. Im engen Sinne umfasst sie jenen Zeitraum von etwa 30 Jahren des 14. Jh.s. (von etwa 1365–1335 v. Chr.), in der die Briefe abgeschickt und archiviert worden sind. In einem weiteren Sinne hat die spätbronzezeitliche Epoche der vorderorientalischen Geschichte, also von etwa 1500 bis 1200 insgesamt den Namen „Amarna-Zeit" erhalten. Die Entdeckung der hethitischen Staatsarchive in Ḫattuša / Boghazköi sowie Funde in Alalaḫ und Ugarit in der ersten Hälfte des 20. Jh., in jüngerer Zeit auch in Kumidi (Khamid al-Lodz im heutigen Libanon) und Qaṭna (Tell Mišrife) im heutigen westlichen Syrien erweiterten das Bild und beschäftigen die Wissenschaften (Historische, Rechts- und Sozialwissenschaften) bis heute, wie einschlägige Publikationen in Zeitschriften über die Kunde der Diplomatie[2] und interdisziplinäre Workshops[3] zeigen.[4] Politikwissenschaftler[5] etwa haben sich der historischen Forschun-

1 Ich widme diesen Beitrag meinem lieben šeš-gal („großer Bruder" = „Instruktor" im edubba'a, dem babylonischen Lehrhaus) Manfred Schretter anlässlich seines 65. Geburtstages. Ich möchte Elena Devecchi herzlich danken: Sie hat mir Einsicht in das Manuskript ihres Vortrags auf der RAI in Würzburg, „Treaties and Edicts in the Hittite World" gewährt. Er wird in den Kongressakten veröffentlicht werden. Für eine ausführliche Diskussion und Korrekturen danke ich ebenso Robert Rollinger. Für den Inhalt jedoch bin ich alleine verantwortlich.

2 So steht etwa der Jahrgang 1996 der Zeitschrift „International Negotiation" unter diesem Stern. Vgl. dazu auch Lafont 2001b, 45–46 sowie den Verweis in Anm. 5.

3 Aus einem solchen ging der wichtige Sammelband Cohen – Westbrook 2000 hervor, in dem

gen über wechselseitige Beziehungen, Diplomatie und Vertragswesen angenommen und sie in ihre Darstellungen einbezogen. Sie sprechen – wenn auch etwas euphorisch – von einer „international society" mit „settled rules of protocol"[6] insofern, als sich gemeinsame Bemühungen um einen Interessensausgleich, akkordierte Formulierung von Werten, und das Bewusstsein herausbilden, ein gemeinsames Regelwerk zwischenstaatlicher Interaktion schaffen zu wollen.

Dabei darf jedoch eines nicht vergessen werden: Diplomatische Kontakte und Vertragswerke sind nichts grundsätzlich Neues im Vorderen Orient. Schon bald nach der Mitte des dritten[7] und aus dem frühen zweiten Jahrtausend kommen Nachrichten auf uns, dass es zwischenstaatliche Kontakte und Abkommen gegeben hat. Aus Mari am Euphrat ist uns aus dem ersten Viertel des zweiten vorchristlichen Jahrtausends ein dichtes diplomatisches Netzwerk nebst Verträgen bezeugt. Die Quellenlage in Mari erlaubt auch einen Blick in die rituellen Vorgänge bei Vertragsabschlüssen.[8] Etwa gleichzeitige, altassyrische Vertragstexte vervollständigen das Mosaik.[9] Dennoch weist die von uns in den Blick genommene Epoche eine Entwicklung mit Merkmalen auf, die sich in der Spätbronzezeit deutlich verdichten. Es entsteht ein internationales *System* interagierender Staaten, das den mesopotamischen Kernraum und die unmittelbar angrenzenden, peripheren Gebiete sprengt, sich nach Westen verlagert und auch jenseits unmittelbar angrenzender politischer Gebilde wirksam wird.

Nach einer unsicheren, und auch quellenmäßig schwer erschließbaren Zeit im 16. vorchristlichen Jh. tritt eine politische Konstellation auf, die eine gewisse Stabilität und ein Kräftegleichgewicht, eine *balance of power*, wenn man so will, aufweist. Dabei erscheinen folgende, große politische Kräfte auf der internationalen Bühne:

→ Ägypten, das sich im 15. Jh. seine Vorherrschaft auf der syropalästinischen Landbrücke sichert,

→ Mitanni in Nordsyrien, das aber noch während dieser Epoche an Macht einbüßt, quasi implodiert, und damit

historische, rechts- und sozialwissenschaftliche Erkenntnisse zu den internationalen Kontakten der Spätbronzezeit vernetzt und gebündelt werden.

4 Eine umfangreiche Bibliographie zum antiken Völkerrecht und den Positionen innerhalb der Rechtswissenschaften findet sich bei Otto 2006.

5 Cohen 1996; Ragionieri 2000.

6 Westbrook 2000, 377.

7 Den Vertrag Eblas mit Abarsal hat Manfred Krebernik in einem meisterhaften Vortrag auf dieser Tagung behandelt. Auf den speziellen Aspekt der Freund-Feind-Klausel im Vertrag Narām-Sîns mit Elam rekurriert Scheibelreiter in seinem Beitrag in diesem Buch. Aktuelle Listen der altorientalischen Staatsverträge nebst Angaben zu den Editonen und Bearbeitungen, sowie der wichtigsten Sekundärliteratur bieten Neumann 2003 und Müller – Sakuma 2003.

8 Siehe dazu Lafont 2001a.

9 Veenhof 2008, 183–201; Eidem 2008, 311–324.

→ Hatti in Anatolien den Aufstieg, und dem

→ Newcomer Assyrien ein „upgrading" ermöglicht, und schließlich

→ Babylonien, das sich unter kassitischer Herrschaft befindet.

Die Herrscher dieser politischen Gebilde stehen miteinander in regem Kontakt und bezeichnen sich untereinander als *šarru rabû* – als „großer König". Die Kontakte schlagen sich – neben der brieflich-diplomatischer Kommunikation – im Austausch von Prestigegütern[10] und in der interdynastischen Heiratspolitik[11] nieder. In der jüngeren Forschung hat sich im Gefolge der prägenden Arbeiten Liveranis für diese Konstellation die Bezeichnung „the great powers' club"[12] festgeschrieben. In dieses Konzert der Großmächte mischen sich aber auch die Stimmen der Fürsten, die in einem wie auch immer gearteten, beizeiten auch wechselnden Vasallitätsverhältnis zu einem der Großen Könige stehen.[13] Demnach ist bilateraler, zwischenstaatlicher Austausch aus der Perspektive des Vertragswesens in dieser Epoche gekennzeichnet entweder durch

- Gleichrangigkeit der Kommunikationspartner (paritätisches Verhältnis), oder aber auch durch
- Über- und Unterordnung (Subordinationsverhältnis).

Global playing heißt Standardisierung und Simplifizierung

Was diese Zeit so hervorhebt, ist weniger das *quod* dieser vielfältigen und großflächigen Interaktionen, als vielmehr das *quomodo*. Ein derartiges kommunikatives Netzwerk kann nur möglich werden, wenn gewisse Prozesse der Interaktion vereinheitlicht und standardisiert werden. Die Korrespondenz und auch die Verträge dieser Zeit weisen – je nach Textgattung – auf einen hohen Grad an Standardisierung[14] und – das ist der Hauptaspekt – auf eine Einheitssprache, eine „lingua franca", nämlich das Akkadische. Dieses fungiert als *koinē*,[15] oder auch als „interlanguage" in einem polykulturellen Milieu,[16] als Instrument, um den interkulturellen Austausch zu er-

10 Rezent Feldman 2006; formativ: Zaccagnini 1973.

11 Siehe dazu nach wie vor: Pintore 1978.

12 Liverani 2000.

13 Territorien wie Ugarit, Amurru, Kizzuwatna und Hanigalbat als Nachfolgestaat für Mitanni fällt die Funktion einer „territorial mediation of buffer-states" (Zaccagnini 1990, 37) zu.

14 Dies lässt sich am besten anhand der hethitischen Verträge ablesen. Vgl dazu den Beitrag von Hans Neumann in diesem Band, rezent aber auch d'Alfonso 2006, bes. 310–327.

15 Moran 1992, xviii–xxii; von Dassow 2004; George 2008 verwendet in seiner Beschreibung des Akkadischen für das im internationalen Austausch verwendete Akkadisch nun „International Akkadian".

16 Cohen – Westbrook 2000, 10 definieren „interlanguage" der Amarnaperiode als „an artificial

möglichen und zu vereinfachen. Dieser wiederum geht mit einem erhöhten Bedarf an zwischenstaatlichen Regelungen Hand in Hand, der in den Briefquellen, zwar anders als in Vertragstexten, aber doch deutlich spürbar wird.

So kann etwa der Herrscher von Alašia, das nach jüngsten, archäologisch-naturwissenschaftlichen Erkenntnissen wohl im Süden Zyperns zu suchen ist,[17] an den Pharao schreiben:

> „Ein zweites: Ein Mann aus Alašia ist in Ägypten zu Tode gekommen und sein bewegliches Gut (*unūtu*) (befindet sich) in deinem Land, sein Kind und seine Frau aber bei mir. […], mein Bruder, die Sachen der Leute von Alašia und gib sie zu Handen meines Boten, mein Bruder!“ (EA 35, 30–34)[18]

Neben dem offenkundigen Regelungsbedarf wird in den Quellen auch eine sich im internationalen diplomatischen Verkehr herausbildende Etikette, ein Regelwerk von “does and dont's” greifbar, gegen das nicht ohne Sanktion verstoßen werden darf. In einem Amarnabrief wird dieses Verhalten im Sinne eines “correct international custom” als *parṣu*[19] (EA 43,18) bezeichnet.

In den nun folgenden Ausführungen soll der Blick auf einige für die rechtliche Seite dieser Briefe wichtige Aspekte fallen, dann aber anhand eines Beispiels auf die Vertragstechnik der Amarna-Epoche im weiteren Sinne gelenkt werden. Es liegt in der Natur der Textsorte „Brief“, dass zum einen „Zweiseitigkeit“ nicht in der Weise zum Ausdruck kommen kann, wie es bei formellen Verträgen der Fall ist; zum anderen wird die Kommunikation auf eine Weise geführt, die einer „Dechiffrierung“ bedarf.

Die Fiktion der Familiarität: Bruderschaft und Liebe

Mario Liverani zeigt auf, dass *internationale* Beziehungen dem Modell *interpersonaler* Beziehung nachgebildet werden, wie sie in sozialen Gebilden auftreten, in denen sich Leute von Angesicht zu Angesicht kennen, etwa dem der Sippe oder eines Dorfes.[20]

development designed to serve as a neutral intermediary between different cultures. In social science, this would be called a medium for constructing intersubjective reality in a world of many cultures. It is in its *polycultural* nature that the Amarna system may have the most to teach us. By polycultural, we mean a society in which different cultures coexist on equal terms.“

17 Yuval – Finkelstein – Na'aman 2002; Yuval – Finkelstein – Na'aman 2004; Zur Linguistik dieser Texte siehe jüngst Cochavi-Rainey 2003.

18 Akkadischer Text in Transliteration nach wie vor nach Knudtzon 1915, 286. Englische Übersetzung und Kommentar: Moran 1992, 107–109.

19 Artzi 2005, 474–479 erarbeitet eine weitere Bedeutungsebene des ursprünglich theologisch-metaphysischen Begriffes *parṣu*: Gegenseitige Achtung, Akzeptanz der Gleichrangigkeit, kein Sich selbst über den anderen Erheben. Das eigentliche Ziel von *parṣu* ist ein dauerhaftes, beständiges Friedensverhältnis.

20 Liverani 2000, 18. Zur Analogie bei *zwischen-menschlicher* wie *zwischen-staatlicher* Konflikt-

Demnach gestaltet sich die Anrede der Großen, wenn sie gleichrangig sind, auf der Ebene von Bruderschaft (*aḫu*)[21], liebevoller Vertrautheit (*râmu*)[22] und der Teilhabe am familiären Leben des jeweiligen Adressaten durch die häufig begegnende Frage: „Mir geht es gut, wie geht es Dir, Deinen Frauen und Deinen Eseln und Deinen Truppen?“ Die politische Landschaft des Nahen Ostens, „the great powers’ club“ dieser Zeit gerät in dieser Fiktion zu einem „enlarged village“[23], in dem jeder jeden kennt und auf dieser Basis miteinander in Kontakt tritt.

Zwischenstaatliche Abkommen sind auf dem Hintergrund dieser Semantik nicht Abkommen zwischen souveränen Staaten mit eigener Rechtssubjektivität im modernen Sinn, sondern Übereinkünfte zwischen Männern, die dem jeweiligen Haushalt vorstehen. Dementsprechend gibt es in diesem System nicht nur „Gleiche“, die durch das fingierte Konstrukt der Bruderschaft (*aḫḫūtu*) miteinander verbunden sind, sondern Ungleichrangige, die entweder im Verhältnis Vater – Sohn (*abu – aḫu*) oder Herr – Sklave (*bēlu – ardu*) stehen.

Obwohl die tatsächliche Dauer einer Karawanenreise mehrere Monate beträgt – die virtuellen Distanzen in der Fiktion einer großen Familie schwinden, als ob Pharao in der Parallelstrasse zu Hause wäre. So kann es zu jener Äußerung kommen, in der Burra-Buriaš von Babylon sich an Amenophis IV / Echnaton wendet und sich beklagt:

> … als ich krank war, hat mein Bruder mein Hau[pt nicht erhoben]. Ich wurde zornig gegenüber meinem Bruder: Hat mein Bruder nicht vernommen dass ich krank war? Warum hat er mein Haupt nicht erhoben? Warum hat er seinen Boten nicht gesandt, mich nicht besucht? (EA 7,14–17)

Das Konstrukt der Ebenbürtigkeit zum Zweck der Konfliktminderung

Ist eine Gruppe dergestalt, dass ihre Individuen auf Augenhöhe miteinander kommunizieren, bringt das Probleme mit sich: Jede Statusveränderung in einem derartigen *equilibrium* wird mit Argusaugen beobachtet. Gelangt ein bisher lediglich geduldetes Mitglied in eine gehobenere Position, wird dies in Zweifel gezogen. *miḫrūtu* („Gleichrangigkeit“) resultiert nicht (nur) aus harter Arbeit, sondern offenkun-

regelung und ihrer Genese siehe auch den Beitrag von Heinz Barta, bes. S. 22.

21 Diese Anrede begegnet schon im dritten, vorchristlichen Jt. in einem Ebla-Text („Ḫamazi-Brief“), der auch von Manfred Krebernik in seinem Vortrag so meisterhaft besprochen wurde, sowie im Dokument der Bruderschaft zwischen Enmetena von Lagaš und Lugalkinešdudu von Uruk im 25. Jh. v. Chr. Es ist dies eine Inschrift auf einem Tonnagel, die historisierend auf Abkommen zweier Stadtstaatherrscher referiert: u$_4$-ba en-te-me-na ensi$_2$-Lagaš^{ki} lugal-ki-ne-eš-du$_7$-du$_7$ ensi$_2$-unug^{ki} nam-šeš e-ak – „An jenem Tag haben Enmetena, Stadfürst von Lagaš und Lugalkinešdudu, Stadtfürst von Uruk Bruderschaft geschlossen“ (Text: Steible 1982, 260–264; rezente Bearbeitung: Neumann 2005, 9–10).

22 Zu *aḫḫūtu u ra’amūtu* („Bruderschaft und Zuneigung“) siehe Weinfeld 1990, 177.

23 Liverani 2000, 18–19.

dig aus lange andauernden sozialen Prozessen,[24] die durch Boten- und Gabentausch in Gang gebracht und aufrecht erhalten werden.[25] Diese durch die Herrscher wechselseitig eingeräumte Gleichrangigkeit kann sich über große Distanzen erstrecken, ohne dass deren Protagonisten sich je wirklich begegnet wären. Etwa attestieren hethitische Quellen neben der Bezeichnung „großer König“ (LUGAL.GAL, *šarru rabû*) auch die dezidierte Aussage über „Ebenbürtigkeit“ (heth. *annauli-, annau̯ali-*)[26], so etwa zwischen dem Herrscher von Ḫatti und dem von Aḫḫiawa.[27] Als Assyrien Ambitionen anmeldet, im Klub der Grossen mitreden zu wollen, wird sein Auftreten als Anmaßung, die Rede von Bruderschaft als Verletzung der Etikette gewertet. Die Anrede „mein Bruder“ ist bei weitem nicht jedem erlaubt, sondern setzt ein langes, diplomatisches Kommunikationsprocedere voraus. Setzt sich ein „Neuling“ über diese Verfahren hinweg, kommt es zu Missstimmungen. Ein beredtes Zeugnis einer derartigen Irritation zwischen dem Hethiterkönig Urḫi-Teššub(?)[28] und dem assyrischen Herrscher Adad Nārārī I. (1295–1264 v. Chr.) stammt aus Ḫattuša:

3 [Mi]t der Waffe hast du gesiegt

4 Mein [.] hast du besiegt. Ein großer König (LUGAL.GAL)

5 bist du geworden. Was sprichst Du aber

6 immer wieder von Bruderschaft (ŠEŠ-*UT-TA*) und der Besichtigung des Ammana-Gebirges?

7 Was soll das, Bruderschaft (ŠEŠ-*UT-TA*)? Was soll das,

8 die Besichtigung des Ammana-Gebirges?

9 Aus welchem Anlass werde ich dir Bruderschaft (ŠEŠ-*tar*) schreiben?

10 Wer schreibt einem anderen immer wieder Bruderschaft (ŠEŠ-*tar*)?

11 Diejenigen, die nicht (miteinander) befreundet sind,

12 pflegt da einer dem anderen Bruderschaft (ŠEŠ-*tar*) zu schreiben?

13 Weshalb aber sollte ich Dir Bruderschaft (ŠEŠ-*tar*)

14 [schrei]ben? Du und ich,

24 Vgl. Liverani 1990, 71.

25 Zu Phänomenen, die Ähnlichkeit zu diplomatischer Immunität aufweisen, siehe Lafont 2001b, 45–46.

26 Das aus unbekannter Quellensprache ins Hethitische entlehnte *annauli-, annau̯ali-* („gleichrangig“, „ebenbürtig“)ist das semantische Pendant zu *miḫru / miḫrūtu.* Vgl. Friederich – Kammenhuber [2]1975, 80; Tischler 1983, 31–32.

27 Vgl dazu jüngst Heinhold-Krahmer 2007, 194.

28 Der Text ist an der Stelle des Königsnamens zerstört.

15 sind wir denn in einer Mutter gezeugt?

16 Weil mein [Großvater] aber und mein Vater dem König des Landes Assur

17 nicht [Bruderschaft] zu schreiben pflegten, sollst auch du mir

18 nicht [Bruderschaft] und Großkönigschaft (LUGAL-GAL-*UT-TA*) schreiben.[29]

19 [Es ist nicht mein] Wille.

In den Briefen werden bei aller Diplomatie durchaus Reibungsflächen benannt und Momente offenkundiger Konflikte[30] greifbar, wenngleich rhetorisch das „element of peace“ etwa im Vergleich zum in der Textgattung der Königsinschriften hauptsächlich vorhandenen „element of war“ deutlich vorherrschend ist. Dieser Aspekt verschiebt sich in den uns schriftlich überlieferten Verträgen stark hin zur Betonung eines Gleichgewichts im Sinne einer friedlichen Koexistenz („element of egality“).[31] Guy Kestemont hat in einer seiner richtungweisenden Publikationen[32] als Hauptmerkmal der „principes généraux du droit“ die Konfliktvermeidung benannt:

> „Au milieu du IIe millénaire avant notre ère, le principe fondamental du droit international consiste en l'obligation de se conduire de manière telle qu'on ne suscite aucun conflit envers son voisin [...] Le plus souvent, cependant, il est exprimé par une formule basée sur le permansif du verbe accadien *šalāmu* ou sur le terme hittite *takšul*.“[33]

Die Maxime der Konfliktvermeidung schlägt sich auch in der Sprachgestalt der Verträge nieder und wird in der Terminologie (akk. *šalāmu*[34] / heth. *takšul*[35]) der keilschriftlichen Dokumente manifest.[36] Im Blick auf die Terminologie hethitischer Verträge wird man der binären Opposition *nakru* („feindlich“) – *šalmu* (hier: „freundlich“, „wohlgesonnen“) gewahr. *Tertium non datur*. Der Fremde wird als der schlechthin Andere,[37] der Unbekannte angesehen.[38] „L'etranger, c'est *l'autre*“[39] ist

29 KUB XXIII 102, 4-6 (Üs. nach Hagenbuchner 1989, 261–262; Kommentar Liverani 1990, 73).

30 Ganz zu schweigen von deutlichen Missverständnissen, die weiteres Konfliktpotential liefern. Vgl. Liverani 2001.

31 Zaccagnini 1990, 46–50.

32 Kestemont 1978.

33 Kestemont 1978, 269.

34 Nicht unwesentlich scheint die Tatsache zu sein, dass gerade in den epistolarischen Grußformeln und in den Fragen nach / den Berichten über das Wohlergehen *šalāmu / šalmu* eine bedeutende Rolle spielen. Vgl hierzu die Belege in CAD Š (1989) 209–210.

35 In seiner ursprünglichen Bedeutung heißt *takšul* „Anordnung“, „Pakt“, „Friede“; in einer sekundär konkretisierten, bei weitem häufiger gebrauchten Konnotation „Freund“, Verbündeter“ (vgl. Tischler 1991, 47).

36 Weinfeld 1973, 191–192.

37 Dem wichtigsten sumerischen Wort für “Fremder” – lú kúr – haftet die Bedeutung von

wohl ein menschliches *universale*. Mario Liverani hat diesen Sachverhalt in einem Kapitel unter dem Thema „Peace as mutual recognition“ auf folgende Weise dargestellt:

> „In any case, the existence of a formal treaty, ratified by an oath sworn in the name of the gods, transforms an ‘enemy’ [= *nakru* M. L.] into a ‘friend’ [= *šalmu* M. L.]. (All foreign states are enemies until proven to the contrary.) Thus the state of peace is brought about by a conventional and a cultural act.“[40]

Nun schlägt sich die Bipolarität von „freundlich“ – „feindlich“ auch in jenen Vorgängen nieder, die sich im Vorfeld von vertraglichen Lösungen ereignen. In eskalierenden Situationen werden vor dem Kriegsherrn bestimmte Urkunden des Gegners verlesen, entweder solche, die Kriegserklärungen enthalten (*ṭuppātu ša nukurti*) oder gegebenenfalls eine Friedenserklärung (*ṭuppu ša šulmi*). Solche Texte beinhalten deutlich jene Elemente, die dann auch in den Verträgen zur Anwendung kommen. D’Alfonso hat jüngst gezeigt, wie ein *ṭuppu ša šulmi* zum Element der Vertragsanbahnung wird. Der Vertrag selbst wird dann als *ṭuppu ša māmīti* („Eidestafel“ → „Vertragsurkunde“) bezeichnet.[41]

Speziell in den hethitischen Verträgen erscheint eine Formel, in der deutlich das Ziel eines Vertragsschlusses zum Ausdruck kommt: Er soll zu stabilen Verhältnissen führen, oder, um es auf Hethitisch auszudrücken: *AŠŠUM* EN-*UT-TIM paḫš-* „um der Bewahrung der Herrschaft willen“.[42]

Wie diese erreicht werden soll, und welche Mittel dazu angewendet werden, soll im Folgenden ausführlicher erläutert werden.

Zur Terminologie und Struktur der Verträge:

Grundsätzlich unterscheidet man zwischen paritätischen Verträgen und Vasallenverträgen.[43] Die bei weitem größere Zahl von Verträgen ist letzterer Gruppe zuzurechnen. Wirklich paritätische Übereinkünfte gibt es – und das ist nach wie vor um-

„anders sein“, „gewechselt sein“ „sich unterscheiden“, „unterschiedlich sein“ an, und es wird in keilschriftlichen lexikalischen Listen auch mit dem akkadischen Wort *nakrum* „Feind“ geglichen. Zur Homophonie von KUR und KÚR siehe Wilcke 2003, bes. 107–108.

38 Zur Bipolarität von Freund / Feind – (eigenes) Land / Fremdland vgl. auch Haas 1980; Röllig 1995, Prechel 1992.

39 Limet 1972, hier 124.

40 Liverani 2007, 123.

41 d’Alfonso 2006, 305–307.

42 Cancik 1993, 125.

43 Rezent dazu Devecchi (im Druck). Siehe auch die Ausführungen von Philipp Scheibelreiter in diesem Buch auf S. 55.

stritten – nur zwei oder drei.[44] Carlo Zaccagnini hat darauf aufmerksam gemacht, dass die Unterschiede zwischen Verträgen unter Gleichen und unter Ungleichen nicht substanzieller, sondern lediglich gradueller Natur sind, und dass sich zwischen Egalität und Unterwerfung eine weite Spanne mit feinen Abstufungen befindet. Es bedarf eines genaueren Hinsehens, ob ein nun stark auf Egalität getrimmtes Abkommen nicht doch ein Vassallitätsvertrag sein kann. Entscheidend ist darüber hinaus die Quellenlage: Von welchem Vertragspartner kennen wir das Exemplar? Haben wir ein „Original" oder lediglich einen präliminären Entwurf des Vertrages? Wie sich noch zeigen wird, scheint aus sprachlicher Sicht nicht zuletzt die Wahl der Pronomina und der Präpositionen bei der Formulierung des Vertragstextes eine nicht unbedeutende Rolle zu spielen.

„Ver-*bind*-lichkeit" als Grundmuster vertraglichen Handelns und geregelter Reziprozität

Schon die Terminologie weist darauf hin, was unter Vertrag zu verstehen ist: Das akkadische Wortfeld *riksu* / *rikil/s/štu* / *rakāsu*, dem das hethitische *išḫiul-* / *išḫija-* entspricht, legt die Metapher eines Bandes,[45] einer Verbindung nahe. Es bedeutet in einem weiten Sinn „Obligation", „Verbindlichkeit", Anordnung, „Vertrag" und meint bei Verträgen unter Gleichrangigen die gegenseitig bindende, wechselseitige Verpflichtung, die in den allermeisten Fällen spiegelbildlich strukturiert ist. Die Semantik von *riksu* reicht aber auch in einen anderen Bereich hinein: als „Verbindlichkeit" kann *riksu* auch in Gestalt einer bindenden „Anordnung", eines „Dekrets" von einem Oberherrn auf den Untergebenen ergehen. Dies ist etwa der Fall in den mittelassyrischen Hof- und Haremserlässen (einen „Erlass erlassen": *riksa rakāsum*). Das Formular *A riksa ana B irkus* hat Tradition von Aššur-uballiṭ I. (1353–1318 v. Chr.) bis herauf zu Tiglat-Pileser I. (1114–1076 v. Chr.)[46]

Für Ḫatti ist auch zu beobachten, dass normative Dokumente mit Anweisungen des Königs an hohe Staatsbeamte in einer ganz ähnlichen Terminologie gehalten sind.[47] Das Wortfeld akk. *rikiltu* / *riksu* / heth. *išḫiul-* im Sinne von „Anordnung" spielt sowohl *ad intra* an Stadtpolitiker (*ḫazannu*) und an der empfindlichen Grenze an „Grenzbeamte" (*bēl madgalti*), die wohl besser als Provinzgouverneure[48] im

44 Aufzählung bei Altman 2004 und Altman 2008.

45 Devecchi (im Druck).

46 Zaccagnini 1990, 62.

47 Hoffner 1997, 2; d'Alfonso 2006, 318, präsentiert eine Entwicklung von dem Gebrauch präziser Textmodelle hin zu einem zunehmenden Verlust an Deutlichkeit ab der Regierungszeit von Tuthalijas IV.

48 Dem *BĒL MADGALTI* (heth. *auriyaš išḫa-*) dürfte hurr. *ḫalzuḫli* aus den Nuzi-Texten entsprechen (Márquez-Rowe 1997, 193–194). In allen Fällen dürfte er eine höhere Position innegehabt haben, als nur die eines höheren Beamten in der Grenzsicherung. Vielmehr steht er zwar in strikter Abhängigkeit zum König, hat aber weitreichende Befugnisse in zivilen und militärischen Belangen. Die wichtige Studie von Beal 1992, 436, plädiert deshalb für die Bezeichnung „provincial governor" setzt ihn demnach in den Rang eines *šaknu*.

Grenzland anzusehen sind, als auch *ad extra* in eben den nicht paritätischen Verträgen eine bedeutsame Rolle.[49] Eine Anweisung „nach unten" gehört demnach ebenso demselben Wortfeld an (*riksu* / *rikil/s/štu* / *rakāsu* und *išḫiul-* / *išḫja-*) und ist in den hethitischen Dienstanweisungen gut bezeugt. Ganz parallel dazu erscheint auch im Gebet des Muwatalli II. eine unbedingt zu befolgende, göttliche Anordnung als *išḫiul-*.[50]

Reziprozität und Synchronie

Reziprozität prägt aber bei weitem nicht ausschließlich Verträge, sondern insgesamt die zwischenstaatlichen Kontakte und drückt sich etwa im Austausch von Prestigegütern aus. Das *pendant* zu dieser synchronen, wechselseitigen Spiegelbildlichkeit im Vertrag ist im diplomatischen Kontakt auf dem Wege des Briefverkehrs, v. a. aber durch den Austausch von Geschenken in der Gestalt von Gabe und Gegengabe durch diachrone Zerdehnung gekennzeichnet.

In einem Vertragswerk wird die Reziprozität für gewisse Sachverhalte *pro futuro* einem klaren Regelwerk unterworfen – mit deutlichen Konsequenzen für beide *partes*: Es müssen Verfahrensregeln und Vorgangsweisen nicht mehr für den Einzelfall und aus Anlässen heraus entschieden und gegebenenfalls erstritten werden. Damit können lange Prozesse von diplomatischem Austausch, Konflikten – womöglich bis zu einem militärischen Eklat – vermieden werden. Aus dieser Rücksicht ist in einem transnationalen Vertrag auch eine Verfahrensvereinfachung im zwischenstaatlichen Kontakt zu erblicken.

Durch *riksu*, d.h. „Bindung", die Auferlegung der Verbindlichkeit, allein ist der Vertrag noch nicht perfekt, es bedarf zur Inkraftsetzung und zum in Geltung-Setzen eines weiteren Elements, nämlich des Eides. Dafür steht der Begriff *māmītu* / heth. *lingai-*.[51] Die Doppelbegrifflichkeit für „Vertrag" *riksu* / *rikistu* / *rikiltu u māmītu* bzw. im Plural *riksāte u māmīte* als eine wechselseitige Übernahme von Verbindlichkeiten erfährt ihre Prägung ganz offenkundig in Mesopotamien und Anatolien etwa um die Mitte des zweiten Jahrtausends[52] und erhält eine Eigenprägung bis hin zu einem asyndetischen *riksu māmītu*.[53] Eine *māmītu* ist ein derart konstitutives Ele-

49 Zaccagnini 1990, 54–55.

50 Weinfeld 1990, 182–183. Da die „eigenbegriffliche" Terminologie in hethitischen Texten, sowohl vertraglicher als auch normativer Natur, identisch ist, plädiert jüngst d'Alfonso 2006, 328, für den Wegfall der klassischen Unterscheidungen.

51 Der Weg zu "lex", "ligāre", "ligāmen" ist hier nicht weit.

52 Vgl. Weinfeld 1973, 190–191. Die Pionierarbeit Weinfelds (Weinfeld 1973) zeichnet den Weg der Vertragsterminologie bis nach Griechenland: The Greeks, who apparently borrowed the treaty terminology [...] from the East, used identical terms for covenant: *horkos*, *syntheke*, and likewise combined them into a hendiadys *horkos kai syntheke*." Zur konsequenten Weiterentwicklung der Weinfeld'schen Thesen und zum Fortleben altorientalischer, spezifisch neuassyrischer Vertragstradition und ihrer rituellen Einbettung in der homerischen Literatur siehe Rollinger 2005.

53 Die Doppelbegrifflichkeit mit ihrer asyndetischen Struktur ist aber auch (noch?) in der

ment eines Vertrages, dass es beizeiten gerade in der Amarna-Korrespondenz als *pars pro toto* für das Vertragswerk an sich stehen kann.[54]

Es stellt sich hiermit die Frage, wie nun jene Bedeutungsvariante von *riksu* als Anordnung / Auferlegen einer verbindlichen Anweisung im Kontext von Verträgen aufzufassen ist. Möglicherweise fallen in einem Vertrag mehrere wechselseitige Verbindlichkeiten zusammen und ein Vertrag (*riksu*, *rikiltu*) versammelt die gegenseitigen Verpflichtungen (*riksū*; *riksātu*) der Kontrahenten. Viktor Korošec hat in seinem nach wie vor häufig zitierten Werk „Hethitische Staatsverträge. Ein Beitrag zu ihrer juristischen Wertung“ schon 1931 festgestellt, dass es sich bei einem paritätischen Vertrag im Grunde genommen um einen Doppelvertrag handelt, in dem wechselseitig jede Partei für sich „bald zum Urheber des *riksu*, bald als der die *māmītu* Leistende“[55] erscheint.

Verhältnis zwischen Vasall und Oberherr

So weit ich sehe, gestaltet sich die Diskussion über die völkerrechtliche Rechtsnatur nicht-paritätischer Verträge im rezenten Diskurs als uneinheitlich, etwa nicht zuletzt deshalb, weil aus moderner Sicht die Freiwilligkeit und der Mangel an Souveränität als Konsensmangel auf Seiten des schwächeren Vertragspartners, also des Vassallen ins Treffen geführt werden. Gerade das wird etwa von Raymond Westbrook[56] abgeschwächt, indem er eben auf die Amarnakorrespondenz verweist, in der ein Vasall das „Offert“[57] eines Vasallitätsverhältnisses – offenbar freiwillig – ablehnt.[58]

Was die Kommunikation anbelangt, so wird die (Rechts-)Fiktion der Bruderschaft (*aḫḫūtu*) in paritätischen Verhältnissen durch die Begrifflichkeit von Herr – Sklave und Vater – Sohn abgelöst.[59]

Strukturell verlagert sich die wechselseitige Nennung der Verbindlichkeit (*riksu*) und Performierung einer *māmītu* hin zur Einseitigkeit: Das Auferlegen der Verbindlichkeit (*riksu*) mit dem Oberherrn als Subjekt entspricht der Übernahme der (Folgen der) *māmītu* auf Seiten des schwächeren Vertragspartners. Wie ist dann doch mit einer eventuellen Parität in derartigen Verträgen zu argumentieren?

Nomenklatur der Konsensualverträge des römischen Rechts manifest: *emtio venditio, locatio conductio*.

54 EA 74, 39-45, vgl. Westbrook 2000b, 38, Moran 145; EA 149, 54-63. Dies gilt auch für die Terminologie in den hethitischen Verträgen: Ein *ṭuppu ša māmīti* („Eidestafel“) wird zur Vertragsurkunde schlechthin, vgl. auch oben, S. 124.

55 Korošec 1931, 26.

56 Westbrook 2000b, 38-39.

57 Zum Offert, das sich im ersten, vorchristlichen Jahrtausend u.a. im Gestus der Handreichung niederschlägt, vgl. Rollinger 2007 und Rollinger 2009.

58 EA 51, Addu-Nīrārī von Nuhašše berichtet dem ägyptischen Oberherrn von der Zurückweisung eines Angebots von hethitischer Seite. Vgl. dazu Westbrook 2000b, 39.

59 Zu dieser Fiktion und Konstruktion von Filiation in altorientalischen, „historiographischen“ Texten siehe rezent Pongratz-Leisten 1997, 76.

Zum einen hätte ein bloßes, erpresserisches Diktat auch für den Oberherren keinen Nutzen. Zum zweiten – und dies ist aus der sozialen Realität heraus zu verstehen – folgt auch das Verhältnis Oberherr – Vasall der Fiktion der Zugehörigkeit zum Haushalt in einem hierarchisch gegliederten Clan, und demzufolge resultiert daraus für beide Beteiligten die jeweilige Verpflichtung zu Schutz für den Untergebenen auf Seiten des Oberherrn und zu Loyalität durch den Untergebenen.

Schon Korošec hat für die hethitischen Vasallenverträge argumentiert, dass das „reale Moment" in der *Vorausleistung* bestehe. Es geht mithin nicht um die spiegelbildliche, gleichzeitige Übernahme einer Gegenleistung durch den souveränen Teil, sondern um *vergangene* Leistungen in der Gestalt etwa von Gunsterweisen und Wohltaten (die durchaus das politische Sein oder Nichtsein des Vasallen bedeuten können). Diese „Leistungen" werden in den sogenannten „historischen Prologen" aufgelistet und können sich beizeiten bis in frühere Generationen rückbeziehen.

Der Form ist mit Nennung der wechselseitigen Verpflichtungen allein nicht Genüge getan. Eine Struktur einer Maximalversion, wie sie etwa bei etlichen hethitischen Staatsverträgen anzutreffen ist, lässt sich folgendermaßen darstellen:

→ Präambel: Die Namen der Kontrahenten, Titel, evtl. Genealogie

→ Historischer Prolog:[60] die in den allermeisten Fällen *nicht* gleichrangigen Vertragspartner müssen zum einen mit ihrem zu Vereinbarenden in einem historischen Rahmen zusammenfinden, zum anderen scheint gerade bei Subordinationsverträgen der Geschichtsverlauf als vertragliche „Vorleistung" der überlegenen Partei zu fungieren. Dieser Rahmen, der freilich als Konstrukt einer idealen (geschönten) Vergangenheit stilisiert wird, soll die Basis für den neuen, durch den Vertrag herbeizuführenden Zustand bilden.[61] Ein besonderes Augenmerk liegt auf der Geschichte, die unmittelbar zum Vertragsabschluss hinführt.[62]

→ Inhalt: Die Vertragsstipulationen variieren naturgemäß am meisten, die breiteste Beleglage stammt aus den hethitischen Verträgen.[63] Es handelt sich hauptsächlich um die Regelung von Tributen (akk.: *mandattu* / *maddattu*; sowie *argamannu*[64] / *arkamman-*[65]), Verpflichtung zur Militärassistenz, Ver-

60 Siehe dazu grundsätzlich rezent Devecchi 2008. Altman 2004, 43, streicht heraus, dass die historischen Einleitungen der hethitischen Verträge bis auf einen (den ägyptisch-hethitischen paritätischen Vertrag zwischen Ramses II. und Ḫattušili III.) durchgängig in Subordinationsverträgen zur Anwendung kommen.

61 Paradebeispiel für ein solches Geschichtskonstrukt ist der Vertrag des uns auch gut aus dem Amarna-Corpus bekannten Aziru von Amurru mit Šuppiluliuma I. Vgl. dazu Liverani1983; Text: Beckman ²1999, 36–41.

62 Zaccanigni 1990, 68–71.

63 Sie dazu und im Folgenden Beckman ²1999, 3.

64 CAD A II (1968), 253.

65 Wohl nicht hethitisch *arkamman-* (Friederich – Kammenhuber ²1975, 302–302).

zicht auf weitere, externe diplomatische Kontakte und Bündnispolitik; Verbot von kriegerischen Auseinandersetzungen zwischen subordinierten Vertragspartnern, der hethitische Großkönig ist aber Schiedsinstanz für Zwistigkeiten unter Vasallen; unter Umständen besteht die Verpflichtung des subordinierten Vertragsteiles zum jährlichen Erscheinen am hethitischen Hof. Schließlich können noch Grenzbeschreibungen angefügt sein.

→ Schwur: Der Vertrag ist unwirksam, wenn er nicht durch einen Schwur, bei dem die Gottheiten als Zeugen und Garanten angerufen werden, bestärkt und abgesichert wird.

→ Fluch und Segen: Altorientalische Verträge sind ohne die Dimension der Sakralität nicht denkbar.[66] Dieses Moment der Vertragsbesicherung rechnet explizit mit dem Eingreifen der göttlichen Sphäre für den Fall der Eidbrüchigkeit. Anne Marie Kitz hat versucht, gemeinsame Merkmale des Fluchs in altorientalischen Quellen herauszuarbeiten. Es sind dies: „(i) divine judgement; (ii) the arousal of divine wrath; (iii) separation from the deities; (iv) separation from society; (v) and finally, if left unforgiven separation from life. Every curse, either implicitly or explicitly, importunes the deities for a judgment in a perceived unjust situation. This means that the petition is ultimately inspired by a conflict between two opposing forces that, from the perspective of the curser, requires some form of divine intervention.“[67]

Es folgt nun ein Beispiel eines für unsere behandelte Epoche frühen, internationalen Vertrages. Es soll zum einen zeigen, welche Strukturen auch eine „Minimalversion“ aufzuweisen hat, welche linguistischen Merkmale es aufweist, und schließlich, um welche inhaltlichen Angelegenheiten es gehen kann. Zudem ist es, obwohl aus der Zeit vor der Mitte des 15. Jh.[68] stammend, ein Beispiel dafür, welche Inhalte solche Vereinbarungen haben können. Die hier genannten, auch für andere Verträge repräsentativen Vertragsmaterien sind in hohem Maß sicherheits- und wirtschaftspolitischer Natur. Es geht in unserem Beispiel um einen paritätischen Vertrag zweier Fürsten, des in bündnispolitischen Fragen auch sonst umtriebigen Pillija aus dem südanatolischen Kizzuwatna[69] und des Idrimi[70] von Alalaḫ[71] in Nordsyrien. Die

66 Lafont 2001b, 44.

67 Kitz 2007, 618.

68 Eine genaue Datierung ist außerordentlich stritttig. Siehe Márquez-Rowe 1997, 178–179, und rezent mit der (Re-)Konstruktion einer Gleichzeitigkeit von B/Parattarna I. von Ḫurri/Mitanni (ca. 1500–1480) – Zidanz/ta von Ḫatti (1500–1485) – Pillija von Kizzuwatna (ca. 1500–1480) – Thutmosis II. von Ägypten (1492–1479) Freu 2008, 5–9. De Martino 2004, 40 synchronisiert allerdings Parattarna I (Mitanni) – ? Tuthmosis III. (Ägypten) – ? Zidanza II (Ḫatti) – Idrimi (Alalaḫ) – Pilliya (Kizzuwatna) – Qiš-Addu (Terqa).

69 So Freu 2003, 18; jüngst auch Niedorf 2008, 36 mit reichen Literaturangaben. Gemäß KUB XXVI 108, Z1-3 ist Pillija Vertragspartner des Zidanta von Hatti: LUGAL.GAL ^{m}*Zi-da-an-za* LUGAL KUR ^{URU}*Ḫa[-at-ti* ... LUGAL KUR ^{URU}*Ki-iz-zu-ua-at-na ták-šu-ul i-e-e[r*...

Besonderheit dieses Vertrages besteht darin, dass trotz seiner paritätischen Gestalt einer der Vertragpartner in einem Vasallenverhältnis *ad extra* steht, und dieses Verhältnis auch im Vertragswerk benannt wird.[72] Der Hauptzweck des Vertrages besteht darin, die Auslieferung von Flüchtlingen[73] klar zu regeln. Die Urkunde wurde in Alalaḫ, dem heutigen Tell Açana während der Kampagnen im Jahre 1937–1939 und 1946–1949 von Sir Leonhard Wooley[74] ergraben und von Donald Wiseman [75] erstveröffentlicht.[76]

Einleitung

1–5: Vertragstafel (*ṭuppi rikši*): Als Pillija und Idrimi einen Eid bei den Göttern aussprachen *(nīš ilāni izkurū*) und diesen Vertrag (*rikšam annêm*) miteinander schlossen (*ina birīšunu irkušū*)

Corpus (Vertragsmaterie)

6–15: [Flüch]tlinge[77] (aus dem Land des Vertragspartners) liefern sie einander stets [aus]: sollte Idrimi Flüchtlinge des Pillija festnehmen, liefert er (sie) stets dem Pillija aus; und sollte Pillija Flüchtlinge des Idrimi festnehmen, liefert er (sie) stets dem Idrimi aus.

15–17: Wer auch immer einen Flüchtling festgenommen hat, liefert (ihn) seinem Herrn aus.

18–23: Wenn es sich um einen Mann handelt, zahlt (der Besitzer demjenigen, der den Sklaven festgenommen hat,) 500 (Sekel) Kupfer zur Belohnung; und wenn es sich um eine Frau handelt, gibt man (ihm) 1000 (Sekel) Kupfer zur Belohnung.)

70 Idrimi von Alalaḫ hat durch seine, mit einer langen Inschrift versehenen Statue (ed. Dietrich – Loretz 1981, Kommentar: Klengel 1981) nachhaltige Berühmtheit erfahren. Aus dieser Inschrift – ihre Biographie scheint mehr ein literarisches Konstrukt, als ein „historischer" Bericht zu sein – geht ein weiterer Vertragsabschluss mit einem seiner Nachbarfürsten hervor.

71 Zur Geschichte von Alalaḫ siehe rezent die monumentale Arbeit von Von Dassow 2008.

72 Siehe dazu unten S. 133.

73 Vgl. Anm. 83.

74 Wooley 1955; zum archäologischen Fundkontext und zu den archivalischen Verhältnissen von AlT 3: von Dassow 2005.

75 Wiseman 1953, 31–32

76 Der hier zitierte, deutsche Text orientiert sich weitgehend nach D. Schwemer, TUAT N.F. 2, 183, die Transliteration des Keilschrifttextes beruht zunächst auf Wiseman 1953, 31–32 (= AlT 3) und auf dem Ergebnis einer Kollation der Tafel im British Museum im Sommer 2008 durch den Autor. Diese wird, nebst einem philologischen Kommentar gesondert veröffentlicht werden. Zur rezenten, kursorischen Behandlung von AlT 3 siehe Niedorf 2008, 35–37.

77 Der hier und auch in anderen Verträgen immer wiederkehrende Terminus heißt *munnabtu*. Vgl. CAD M II (1977) 203–205.

23–35: Und wenn ein Flüchtling des Pillija in das Land des Idrimi kommt, und niemand ihn (dort) festnimmt, sein Herr ihn aber (selbst) festnimmt, muss er niemandem eine Belohnung bezahlen. Und wenn ein Flüchtling des Idrimi in das Land des Pillija] kommt, und niemand ihn (dort) festnimmt, sein Herr ihn aber (selbst) festnimmt, muss er niemandem eine Belohnung bezahlen.

36–39: Und in welcher Stadt auch immer man einen Flüchtling (angeblich) verbirgt,[78] (dort) muss der Bürgermeister zusammen mit fünf zuverlässigen Männern einen Eid bei den Göttern leisten.

Klausel: Zitat eines anderen (nicht-paritätischen) Vertrages im Vertrag

40–43: An welchem Tag auch immer Parrattarna zusammen mit Idrimi einen Eid bei den Göttern ausgesprochen hat (*itti Idrimi nīš ilāni izkur*), von jenem Tag an gilt[79], dass man einen Flüchtling aus[lie]fert.

Fluch (ohne Segensklausel)

44–47: Wer auch immer die Worte dieser Tafel übertritt, dessen Namen mögen der Wettergott, der Sonnengott, Išḫara und alle Götter vernichten!

Kommentar

Vertragstyp und Thema

Die Abfassung des Vertrages hat einen ganz offenkundigen Anlass: Migration von „Flüchtligen“,[80] die sich auf dem Territorium des jeweilig anderen aufhalten. [81] Dies ist kein spezieller Einzelfall, denn aus anderen, beinahe gleichzeitigen Quellen gibt es Hinweise auf derartige Vorkommnisse. Dass gerade dieses Dokument sich ausschließlich mit der Herausgabe von Flüchtlingen beschäftigt, lässt zudem den Schluss zu, dass dem Vertragsschluß eine kriegerische Auseinandersetzung eben zwischen Mukiš und dem nördlicheren Kizzuwatna stattgefunden hat. Es ist die „reflection of a conflict“.[82] Der Vertrag markiert zugleich das Ende der Kämpfe und eine Regelung der anstehenden Probleme. Offensichtlich – und das geht aus zahlreichen, etwa gleichzeitigen Dokumenten hervor – war die Zahl der Flüchtlinge

78 Lies wohl *upazzarū* für *ú-ba-ZA-ru*. Die Transkription von Wiseman 1953, 31–32 ist falsch. Die von Giacumakis 1970, 69 unter *basāru* (für die Stelle in AlT 3 liest er *ú-ba-sà-ru*) geführte Bedeutung „to tell, inform, speak“ dürfte gerade hier nicht zutreffen.

79 So bei einer Lesung *qa-bi* (wtl. "ist gesagt“), bei einer – durchaus möglichen, und im westlich-peripheren Akkadischen nicht unüblichen – Lesung *ga₅-bi* (v. *gabbu* „alle“, „jeder“) hieße es: „... von jenem Tag an liefert man jeglichen Flüchtling aus“. Vgl. von Dassow 2008, 34.

80 Liverani 1964.

81 Márquez-Rowe 2003, 708.

82 Von Dassow 2006, 174.

so beträchtlich, dass sie wirtschaftliche und soziale Unsicherheiten verursachten und die Herrscher zwangen, Maßnahmen zu ergreifen, die über das eigene Einflussgebiet hinausgingen.[83] Es gibt praktisch kein Vertragswerk der betrachteten Epoche, in welchem „Flüchtlinge“ nicht Thema wären, sodass das Thema „Flüchtlinge“ für Verträge dieser Ära beinahe wesensmäßig dazuzugehören scheint.[84] In Hinblick auf unseren vorliegenden, kleinen Vertrag müsste man konstatieren: Ohne Flüchtlinge gäbe es keinen Vertrag, weil er keine „Materie“ aufweisen könnte.

Am Beginn, nach der Nennung des Dokumententyps – „Vertragstafel“ (*ṭuppi rikši*) – erfolgt die Nennung der kontrahierenden Subjekte. Dies geschieht nicht in einer Auflistung der Kontrahenten als Genetive zu *ṭuppi rikši* (im Sinne von: Vertragstafel von A und B, …), sondern „historisierend“ vermittels eines durch *inūma* – „als“ eingeleiteten Temporalsatzes:[85]

> *ṭuppi rikši* ***inūma*** *Pillija u Idrimi nīš ilāni izkurū u rikšam annêm ina birīšunu irkušū*
>
> Vertragstafel: Als Pillija und Idrimi einen Eid bei den Göttern aussprachen und diesen Vertrag miteinander schlossen.

Der Text trägt klare Kennzeichen eines paritätischen Vertrages. Der Ausweis der Parität erfolgt durch strukturelle und linguistische Merkmale:

→ Struktur: Fehlen des Historischen Prologes und spiegelbildlich-wechselseitige Anordnung der Vertragsinhalte.

→ Linguistische Signale: Setzung bestimmter Präpositionen und die Unterscheidung Singular / Plural bei den Verben.

Die spiegelbildlich-wechselseitige Anordnung der Vertragsinhalte hat zur Folge, dass gewisse Passagen verdoppelt werden und lediglich die Subjekte mit den Objekten vertauscht werden müssen:

8 ⸢*mu-un*⸣*-na-ba-ti ša* [I]*Pil-li-ia*

83 Vgl. etwa den Vertrag zwischen Ir-Addu von Tunip und Niqmepa von Mukiš, der nur eine Generation später abgeschlosssen wurde. Jüngste Bearbeitung: Dietrich – Loretz 1997, rezente Übersetzung Schwemer 2005. Von Dassow 2008, 38; 53 und öfter, macht die soziale Gruppe der *munnabtū* zwar namhaft und bringt sie in Beziehung zur alten Frage der *ḫapirū*, bietet aber keine Erklärung, worin der Grund für die Bewegungen der offenkundig zahlreichen Landlosen besteht. Offenkundig ist mit einer weitreichenden Pauperisierung und damit Nomadisierung ganzer Landstriche im Vorderen Orient zu dieser Zeit zu rechnen. Vgl. Sommer 2001.

84 In einer präzise anhand des Vertrages zwischen Muršili II. von Ḫattuša und Niqmepa von Ugarit erarbeiteten Generalstruktur räumt Del Monte 1986, 10–11 den „fuggiaschi“ nach den „dipendenti di palazzo“ eine eigene strukturgebende Einheit solcher Verträge ein.

85 Vielleicht lässt sich – vorsichtig gesprochen – in einer solcherart konzipierten Einleitung doch so etwas wie ein „Historischer Prolog“ *in nuce*, oder zumindest ein funktionales Äquivalent zu den „Historischer Prologen“ in den hethitischen Verträgen, die ja zuallermeist Subordinationsverträge sind, feststellen.

9 ^{I}*Id-ri-mi iṣ-ṣa-bat-ma*

10 *ù a-na* ^{I}*Pil-li-ia*

11 *ut-ta-*[*na*]-⸢*ar*⸣

12 *ù mu-un-na-*⸢*ba-ti*⸣

13 ⸢*ša*⸣ ^{I}*Id-ri-*⸢*mi*⸣ ^{I}*Pil-li-ia*

14 *iṣ-ṣa-bat-ma* ⸢*ù*⸣ *a-na Id-ri-mi*

15 ⸢*ut*⸣*-ta-na-ar*

sollte Idrimi Flüchtlinge des Pillija festnehmen, liefert er (sie) stets dem Pillija aus; und sollte Pillija Flüchtlinge des Idrimi festnehmen, liefert er (sie) stets dem Idrimi aus.

Linguistische Merkmale und eine Klausel als Zitat eines Vertrages im Vertrag

Als deutliches linguistisches Merkmal für ein paritätisches Vertragskonstrukt ist die Präposition *ina birīšunu* („mit-, untereinander") zu werten. Die Wahl dieser Präposition mit dem Pluralsuffix kennzeichnet die gegenseitige, wechselseitige Übernahme von Verpflichtungen. Fehlte ein Pluralsuffix, und stünde lediglich *ina beri / ina biri*, wäre von einer subordinierenden Vertragsbildung auszugehen.[86] Dieser Beobachtung korrespondiert auch die Wahl der Pluralformen beim Verb: *nīš ilāni izkurū* – „sie haben einen Eid bei den Göttern geschworen" (Z 3). Ist das Verb im Plural gehalten, kann man annehmen, dass beide *contrahentes* zunächst grammatikalisches Subjekt, dann aber auch auf juristischer Ebene „gleichrangig" sind.[87] Die Inhalte sind absolut spiegelbildlich-wechselseitig strukturiert.

Der Vertrag beinhaltet eine Sondervereinbarung: die Zeilen 40–43 lassen sich als Klausel interpretieren, die ihrerseits ein Zitat eines Subordinationsvertrages des Idrimi mit Parattarna (I.?) von Mittanni (unklare Chronologie, jedenfalls knapp nach 1500 v. Chr.)[88] im Hauptvertrag anführt.[89] Während Idrimi im Innenverhältnis als gleichrangiges Vertragssubjekt mit Pillija aufscheint, ist er im Außenverhältnis, auf welches in der Klausel Bezug genommen wird, Untergebener.[90] Dies lässt sich deutlich an der Wahl der Präpositionen ablesen: *itti* „mit" (in anderen Subordi-

86 Zum Gebrauch von Präpositionen in Vertragstexten vgl. Zaccagnini 1990, 59–62.

87 Zu Gleichrangigkeit (*miḫrūtu / annauali-*) vgl. oben, S. 122.

88 Siehe hierzu die Anm. 68.

89 Bündnisverbot ist im Normalfall ein Hauptmerkmal von Subordinationsverträgen (Zaccagnini 1990, 54–56, Beckman ^{2}1999, 3).

90 Von Dassow 2008, 34, mit weiterer Literatur, weist, ausgehend von der streng reziprok strukturierten Formulierung des Vertragstextes darauf hin, dass ebenso das Exemplar des Pillija diese Klausel beinhaltet haben muss. Allerdings dürfte dort nicht Idrimi als Subordinierter von Parattarna stehen, sondern Pillija. Von Dassow geht also davon aus, dass *beide* Kontrahenten sich in einem Subordinationsstatus zu Parattarna befinden.

nationsverträgen erscheint auch *ana*[91] „zu-hin"). Vertrag schließendes „Subjekt" ist Parattarna (mit *izkur* – das Verb *zakarum* steht im Singular). Der Hauptvertrag hingegen weist mit den zwei vertragsschließenden Subjekten den Plural *izkurū* auf: gleichrangige Partner sind beide gleichermaßen handelnde Subjekte.

Entwicklungsgeschichtlich haben wir mit diesem Vertrag ein frühes Zeugnis einer syro-anatolischen Vertragstradition vor uns, deren konkrete Spuren aber bis in die Mari-Zeit zurückverweisen.[92] Andererseits reichen Linien von Entsprechungen in die hethitische Tradition hinein. Beispielsweise hat die Dokumentenüberschrift *ṭuppi rikši* ein hethitisches Pendant mit DUB *išḫiulaš,* o.ä., welche ein Bestandteil vieler hethitischer Verträge ist. Dessen ältesten, greifbaren Vertreter stellt aber der Vertrag zwischen Telipinu und Išputaḫšu von Kizzuwatna dar.[93]

Ausblick

Wir haben ein Vertragswerk diskutiert, das in ein „Frühstadium" der „Amarna-Zeit" datiert werden kann. Es weist bei aller Kürze bedeutende Wesensmerkmale eines paritätischen Staatsvertrages auf. Bei aller Formverbundenheit ist eine hohe Anpassungsfähigkeit an die jeweilige Situation und den jeweiligen Bündnispartner zu beobachten. Vor allem in den uns primär bekannten hethitischen Kanzleien, aus welchen die bei weitem meisten bisher aufgefundenen Staatsverträge stammen, beobachten wir ein ausgeklügeltes, wohl durchdachtes, flexibel adaptierbares System. Gerade dies aber lässt den Schluss zu, dass ein solches System keine Schöpfung, quasi *ex nihilo*, in der zweiten Hälfte des zweiten Jahrtausends war, sondern eben auf Vorlaufszeiten zurückblicken kann. Beim Blick auf unsere Quellen, aber auch v.a. auf jene, die aus dem dritten Jahrtausend erhalten sind, fällt auf, dass epistolarische Quellen in größere Nähe zu Vertragstexten gerückt werden müssen. Der diplomatische Brief dient nicht nur der transnationalen Verständigung, sondern er ist das Medium der Vertragsanbahnung und auch jenes eines Vertragsentwurfes.[94] Der Brief ist demnach als eine Vorform eines Vertrages anzusehen. Der Vordere Orient der Spätbronzezeit insgesamt hat ein hochentwickeltes Vertragswesen aufzuweisen, bei dem so gut wie nichts dem Zufall überlassen ist, und der Satzbau, wie auch die

91 Zaccagnini 1990, 59–62.

92 Das hat jüngst Altman 2008, bes. 35–36 aufgezeigt.

93 DUB I^{KAM} *iš-ḫi-ú-la<-aš>* ^{m}*išpdaḫšusza* LUGAL KUR ^{URU}*kizzuu̯atna* ^{m}*telipinušša* LUGAL KUR *ḫatti* GIM-*an iš-ḫi-ú-ul ier.* – „Erste Tafel des Vertrages: Als Išputaḫšu, König von Kizzuvatna, und Telipinu, König von Ḫatti, einen Vertrag schlossen." Text hier nach Otten 1951, 130.

94 Dies ist nachweisbar zumindest für einige in Ras Schamra / Ugarit aufgefundenen Texte, die in die syro-hethitische Tradition gehören. Vgl. d'Alfonso 2006, 304–307 mit Belegen. Für die altassyrischen Quellen und die Vertragsdokumente aus der Mari-Zeit vgl. Altman 2008, 35 mit weiterer Literatur.

Wortwahl, ja jede Präposition von Bedeutung ist. Bei einer derart durchgebildeten Vertragslinguistik galt in gewisser Weise damals schon, was heute auch gilt – ins Privatrecht umgelegt: Seien Sie doch so klug und achten Sie auf das Kleingedruckte, auch wenn es Ihnen vermutlich nichts helfen wird!

Literatur

D'Alfonso 2006: Lorenzo d'Alfonso, "Die hethitische Vertragstradition in Syrien (14.–12. Jh. v.Chr)", in: Witte – Schmidt – Prechel – Gertz 2006, 309–336.

Altman 2004: Altman, Amnon, The Historical Prologue of the Hittite Vassal Treaties. An Inquiry into the Concepts of Hittite Interstate Law (Bar-Ilan studies in Near-Eastern languages and culture). Ramat-Gan 2004.

Altman 2008: Altman, Amnon, What Kind of Treaty Tradition Do the Sefire Inscriptions Represent? In: Cogan, Mordechai (ed.) Treasures on camel's humps. Historical and literary studies from the ancient Near East presented to Israel Ephal. Jerusalem 2008, 26–40.

Artzi 2005: Artzi, Pinhas, EA 42, The earliest known case of *parṣu*, "correct international custom". In: Sefati, Yitshaq – Artzi, Pinhas – Cohen, Chaim – Eichler, Barry L. – Hurowitz, Victor A. (eds.), "An experienced scribe who neglects nothing". Ancient Near Eastern studies in honor of Jacob Klein (Publications of the Samuel Noah Kramer Institute of Assyriology and Ancient Near Eastern Studies, The Faculty of Jewish Studies, Bar-Ilan University). Bethesda, Md. 2005, 462–479.

Beal 1992: Beal, Richard H., The Organisation of the Hittite Military. Heidelberg 1992.

Beckman ^{2}1999: Hittite Diplomatic Texts (Society of Biblical Literature Writings from the ancient world 7) Atlanta ^{2}1999.

Beckmann 2006: Hittite Treaties and the Development of the Cuneiform Treaty Tradition. In: Witte – Schmidt – Prechel – Gertz 2006, 279–301.

Cancik 1993: Cancik, Hubert, Herrschaft in historiographischen und juridischen Texten der Hethiter. In: Raaflaub, Kurt A. – Müller-Luckner, Elisabeth (Hgg.), Anfänge politischen Denkens in der Antike. Die nahöstlichen Kulturen und die Griechen (Schriften des Historischen Kollegs. Kolloquien 24). München 1993, 115–134.

Canfora – Liverani – Zaccagnini 1990: Canfora, Luciano – Liverani, Mario – Zaccagnini, Carlo (ed.), I trattati nel mondo antico. Forma, ideologia, funzione (Saggi di storia antica 2). Roma 1990.

Cochavi-Rainey 2003: Cochavi-Rainey, Zipora, The Alashia texts from the 14th and 13th centuries BCE. A textual and linguistic study (Alter Orient und Altes Testament 289). Münster 2003.

Cohen 1996: Cohen, Raymond, All in the Family: Ancient Near Eastern Diplomacy. In: International Negotiation Journal 1 (1996) 11–28.

Cohen – Westbrook 2000: Cohen, Raymond – Westbrook, Raymond (eds.), Amarna diplomacy. The beginnings of international relations. Baltimore, Md. 2000.

Del Monte 1986: Del Monte, Giuseppe F., Il trattato fra Muršili II di Ḫattuša e Niqmepa di Ugarit (Orientis antiqui collectio 18). Roma 1986.

De Martino 2004: de Martino, Stefano, A Tentative Chronology of the Kingdom of Mittani from its Rise to the Reign of Tusratta. In: Hunger, Hermann – Pruzsinszky, Regine (Hgg.), Mesopotamian Dark Age revisited. Proceedings of an international conference of SCIEM 2000 (Vienna, 8th–9th November 2002) (Contributions to the chronology of the Eastern Mediterranean 6 = Denkschriften der Gesamtakademie / Österreichische Akademie der Wissenschaften 32). Wien 2004, 35–42.

Devecchi (im Druck): Devecchi, Elena, Treaties and Edicts in the Hittite World. In: Kongressakten der 54. Rencontre assyriologique internationale, Würzburg 2008.

Devecchi 2008: La funzione del prologo storico nei trattati ittiti: ipotesi e discussione. In Liverani, Mario – Mora, Clelia (eds.), I diritti del mondo cuneiforme. Mesopotamia e regioni adiacenti, ca. 2500–500 a.C. Pavia 2008, 361–385.

Dietrich – Loretz 1997: Dietrich, Manfried – Loretz, Oswald, Der Vertrag zwischen Ir-Addu von Tunip und Niqmepa von Mukiš. In: Young, Gordon D. – Chavalas, Mark W. – Averbeck, Richard E. (eds.) Crossing Boundaries and Linking Horizons. Studies in Honor of Michael C. Astour on His 80th.Birthday. Bethesda, Ml., 1997, 211–242.

Dietrich – Loretz 1981: Dietrich, Manfried – Loretz, Oswald, Die Inschrift der Statue des Königs Idrimi von Alalah. In: Ugarit-Forschungen 13 (1981) 201–269.

Eidem 2008: Apum: A Kingdom on the Old Assyrian Route. In: Wäfler 2008, 265–351.

Feldman 2006: Feldman, Marian H., Diplomacy by design. Luxury arts and an "international style" in the ancient Near East, 1400–1200 BCE. Chicago 2006.

Freu 2008: Freu, Jacques, Note sur les sceaux des rois de Mitanni/Mittanni. In: Nouvelles Assyriologiques Brèves et Utilitaires 2008,1, 5–9.

Freu 2004: Freu, Jacques, Histoire du Mitanni (Collection Kubaba: Série Antiquité 3). Paris 2004.

George 2007: Babylonian and Assyrian: a history of Akkadian. In: Postgate, John N., (ed.), Languages of Iraq, Ancient and Modern. London 2007, 31–71.

Giacumakis 1970: Giacumakis, George, The Akkadian of Alalah (Janua linguarum 59). Paris 1970.

Hagenbuchner 1989: Hagenbuchner, Albertine, Die Korrespondenz der Hethiter (Texte der Hethiter 16,2) Heidelberg 1989.

Haas 1980: Haas, Volkert, Die Dämonisierung des Fremden und des Feindes im Alten Orient. In: Anniversary Volume dedicated to Rudolf Ranoszek on his Eighty-Fifth Birthday (Rocznik Orientalistyczny 41/2). Warschau 1980, 37–44.

Heinhold-Krahmer 2007: Heinhold-Krahmer, Susanne, Zu diplomatischen Kontakten zwischen dem Hethiterreich und dem Land Aḫḫiyawa. In: Alram-Stern, Eva – Nightingale, Georg (Hgg.), Keimelion: Elitenbildung und elitärer Konsum von der mykenischen Palastzeit bis zur homerischen Epoche. Akten des internationalen Kongresses vom 3. bis 5. Februar 2005 in Salzburg. Wien 2007, 191–208.
[online: http://hw.oeaw.ac.at/0xc1aa500d_0x0014459f.pdf]

Hoffner 1997: Hoffner, Harry, A., The laws of the Hittites: a critical edition. Leiden 1997.

Jakob 2006: Jakob, Stefan, Pharaoh and his Brothers. In: British Museum Studies in Ancient Egypt and Sudan 6 (2006) 12-30.
http://www.britishmuseum.org/pdf/6b%20Pharaoh%20and%20his%20Brothers.pdf

Kammenhuber – Friedrich 1975: Kammenhuber, Annelies – Friedrich, Johannes, Hethitisches Wörterbuch. Heidelberg [2]1975.

Kitz 2007: Kitz, Anne Marie, Curses and Cursing in th Ancient Near East. In: Religion Compass 1/6 (2007) 615–627.

Klengel 1981: Klengel, Horst, Historischer Kommentar zur Inschrift des Idrimi von Alalah. In Ugarit-Forschungen 13 (1981) 269–278.

Knudtzon 1915: Knudtzon, J. A., Die El-Amarna-Tafeln. Mit Einleitung und Erläuterungen (Band 1) (Vorderasiatische Bibliothek 2,1). Leipzig 1915.

Lafont 2001a: Lafont, Bertrand, Relations internationales, alliances et diplomatie au temps des royaumes amorrites. In: Durand, Jean-Marie – Charpin, Dominique Mari (éds.), Ébla et les Hourrites – dix ans de travaux. Actes du colloque international (Paris, Mai 1993) (Ammurru 2). Paris 2001, 213–328.

Lafont 2001b: Lafont, Bertrand, International Relations in the Ancient Near East. The Birth of a Complete Diplomatic System. In: Diplomacy & Statecraft 12 (2001) 39–60.

Limet 1972: Limet, Henri, L'étranger dans la societé Sumerienne. In: Edzard, Dietz Otto (Hg.), Gesellschaftsklassen im Alten Zweistromland und in den angrenzenden Gebieten. XVIII. Rencontre assyrologique internationale, München, 29. Juni bis 3. Juli 1970 (= Bayrische Akademie der Wissenschaften: Phil.-hist. Klasse, Abhandlungen, N.F. 75) München 1972, 123–138.

Liverani 2007: Liverani, Mario, International relations in the ancient Near East, 1600–1100 BC (Studies in diplomacy). Basingstoke [u.a.] 2007.

Liverani 2001: Liverani, Mario, Mesopotamian Historiography and the Amarna Letters. In: Abusch, Tzvi – Beaulieu, Paul-Alain – Huehnergard, John – Machinist, Peter – Steinkeller, Piotr (eds.) Historiography in the Cuneiform World. Proceedings of the XLVe Rencontre Assyriologique Internationale. Part I, Harvard University. Bethesda Ml., 2001, 303–311.

Liverani 2000: Liverani, Mario, The Great Powers' Club. In: Cohen – Westbrook 2000, 15–27.

Liverani 1990: Liverani, Mario, Prestige and interest. International relations in the Near East, ca. 1600–1100 B.C. (History of the ancient Near East : Studies 1). Padova 1990.

Liverani 1983: Liverani, Mario, Aziru, servitore di due padroni. In: Carruba, Onofrio (ed.), Studi orientalistici in ricordo di F. Pintore (Studia Mediterranea 4). Pavia 1983, 93–121.

Liverani 1964: Liverani, Mario, L'estradizione dei rifugiati in AT 2 in: Rivista degli Studi Orientali 39 (1964) 111–115.

Márquez-Rowe 2003: Márquez-Rowe, Ignacio, Alalaḫ. In: Westbrook 2003, 693–717.

Márquez-Rowe 1997: Márquez-Rowe, Ignacio, Ḫalab in the XVIth and XVth Centuries B.C. A New Look at the Alalaḫ Material. In: Wiener Zeitschrift für die Kunde des Morgenlandes 87 (1997) 177–205.

Mora – Giorgieri 2004: Mora, Clelia – Giorgieri, Mauro, Le lettere tra i re ittiti e i re assiri ritrovate a Ḫattuša (History of the Ancient Near East/Monographs VII) – Padova 2004.

Moran 1992: Moran, William L. (ed.), The Amarna letters. Baltimore, Md., 1992.

Müller – Sakuma, Müller, G. – Sakuma, Y, Hethitische Staatsverträge. In: DNP 16 (2003) 328–337.

Neumann 2005: Neumann, Hans, Texte des 3. Jt. v. Chr. in sumerischer, akkadischer und hurritischer Sprache. In: Janowski, Bernd –Wilhelm, Gernot (Hgg.), Staatsverträge, Herrscherinschriften und andere Dokumente zur politischen Geschichte (Texte aus der Umwelt des Alten Testaments. Neue Folge II). Gütersloh 2005, 1–26.

Neumann 2003: Neumann, Hans, Art. Keilschriftliche Staatsverträge Mesopotamiens und Nordsyriens. In: DNP 16 (2003) 312–327.

Niedorf 2008: Niedorf, Christian, Die mittelbabylonischen Rechtsurkunden aus Alalaḫ (Schicht IV) (Alter Orient und Altes Testament 352). Münster 2008.

Otten, 1951: Otten, Heinrich, Ein althethitischer Vertrag mit Kizzuvatna. In: Journal of Cuneiform Studies 5 (1951) 129–132.

Otto 2006: Otto Eckart, Völkerrecht in der Hebräischen Bibel und seine altorientalischen Wurzeln. In: Zeitschrift für Altorientalische und Biblische Rechtsgeschichte 12 (2006) 29–51.

Pintore 1978: Pintore, Franco, Il matrimonio interdinastico nel Vicino Oriente durante i secoli XV-XIII (Orientis antiqui collectio 14). Rom 1978.

Pongratz-Leisten 1997: Pongratz-Leisten, Beate, Genealogien als Kultuturtechnik zur Begründung des Herrschaftsanspruchs in Assyrien und Babylonien. In: State Archives of Assyria Bulletin 11 (1997) 75–108.

Prechel 1992: Prechel, Doris, Fremde in Mesopotamien, in: Haas, Volkert (Hg.), Außenseiter und Randgruppen. Beiträge zu einer Sozialgeschichte des Alten Orients (Xenia 32). Konstanz 1992, 173–185.

Ragionieri 2000: Ragionieri, Rodolfo, The Amarna Age: International Society in the Making. In: Cohen – Westbrook 2000, 42–53.

Röllig 1995: Röllig Wolfgang, „Drachen des Gebirges“: Fremde als Bedrohung in Mesopotamien. In: Töten im Krieg, hrsg. von Heinrich von Stietencron und Jörg Rüpke (Veröffentlichungen des Instituts für Historische Anthropologie 6) Freiburg (Breisgau) – München 1995, 87–97.

Rollinger 2009: Die Dexiosis und ihre literarische Instrumentalisierung im Werk des Curtius Rufus. In: Ganner, Michael (Hg.), Die soziale Funktion des Privatrechts. Festschrift für Heinz Barta zum 65. Geburtstag. Innsbruck 2009.

Rollinger – Niedermayer 2007: Rollinger, Robert – Niedermayer, Herbert, Von Assur nach Rom: Dexiosis und „Staatsvertrag“ – Zur Geschichte eines rechtssymbolischen Aktes. In: Rollinger, Robert – Barta, Heinz unter Mitarbeit von Martin Lang (Hg.), Rechtsgeschichte und Interkulturalität. Zum Verhältnis des östlichen Mittelmeerraums und „Europas“ im Altertum (Philippika. Marburger altertumskundliche Abhandlungen 19), Wiesbaden 2007, 135–178.

Rollinger 2005: Rollinger, Robert, Neuassyrische Staatsverträge und Homer: Ein transkultureller Vergleich, in: Barta, Heinz – Mayer-Maly,Theo – Raber, Fritz (Hgg.), Lebend(ig)e Rechtsgeschichte. Beispiele antiker Rechtskulturen: Ägypten, Mesopotamien und Griechenland (Recht und Kultur, Band 1). Wien 2005, 205–248.

Sallaberger 2008: Sallaberger, Walther, Rechtsbrüche in Handel. Diplomatie und Kult. Ein Memorandum aus Ebla über Verfehlungen Maris (ARET 13,15). In: Kaskal 5 (2008) 93–110.

Schwemer 2005: Schwemer, Daniel, Texte aus Alalaḫ. In: Janowski, Bernd –Wilhelm, Gernot (Hgg.), Staatsverträge, Herrscherinschriften und andere Dokumente zur politischen Geschichte (Texte aus der Umwelt des Alten Testaments. Neue Folge II). Gütersloh 2005, 182–186.

Sommer 2001: Sommer, Michael, Der Untergang des hethitischen Reiches. Anatolien und der östliche Mittelmeerraum um 1200 v. Chr. In: Saeculum 52 (2001) 157–176.

Steible 1982: Steible, Horst, Die altsumerischen Bau- und Weihinschriften, Teil 1. Inschriften aus Lagaš (FAOS 5). Wiesbaden 1982.

Tischler 1983: Hethitisches etymologisches Glossar. Teil I (A–K) (Innsbrucker Beiträge zur Sprachwissenschaft 20) Innsbruck 1983.

Tischler 1991: Hethitisches etymologisches Glossar. Teil III, Lieferung 8 (Innsbrucker Beiträge zur Sprachwissenschaft 20) Innsbruck 1991.

Yuval – Finkelstein – Na'aman 2002: Yuval, Goren – Finkelstein, Israel – Na'aman, Nadav, Petrographic Investigation of the Amarna Tablets. In: Near Eastern Archaeology 65/3 (2002) 196–205.

Yuval – Bunimovitz – Finkelstein – Na'aman 2004: Yuval, Goren – Bunimovitz, Shlomo – Finkelstein, Israel – Na'aman, Nadav, The Location of Alashiya: New Evidence from Petrographic Investigation of Alashiyan Tablets from El-Amarna and Ugarit. In: American Journal of Archaeology, Vol. 107 (2003) 233–255.

Yuval – Finkelstein – Na'aman 2004: Yuval, Goren – Finkelstein, Israel – Na'aman, Nadav, Inscribed in clay. Provenance study of the Amarna tablets and other ancient Near Eastern texts (Monograph series / Tel Aviv University, Sonia and Marco Nadler Institute of Archaeology 23). Tel Aviv 2004

Veenhof 2008: Veenhof, Klaas, R., The Old Assyrian Period. In: Wäfler 2008, 13–264.

von Dassow 2008: von Dassow, Eva, State and Society in the Late Bronze Age: Alalah under the Mittani Empire (Studies on the Civilization and Culture of Nuzi and the Hurrians 17) Bethesda, Ml., 2008.

von Dassow 2006: von Dassow, Eva, Beitrag: Idrimi (AT 3). In: Chavalas, Mark W. (ed.), The ancient Near East. Historical sources in translation (Blackwell sourcebooks in ancient history). Malden, Mass. 2006, 174–176.

von Dassow 2005: von Dassow, Eva, Archives of Alalaḫ IV in Archaeological Context Source. In: Bulletin of the American Schools of Oriental Research 338 (2005) 1–69.

von Dassow 2004: von Dassow, Eva, Canaanite in Cuneiform. In: Journal of the American Oriental Society 124 (2004) 641–674.

Wäfler 2008: Wäfler, Markus, Mesopotamia. The Old Assyrian Period. Annäherungen 5 (Orbis Biblicus et Orientalis 160/5). Fribourg 2008.

Weidner 1930: Weidner, Ernst, Wasašatta, König von Ḫanigalbat. In: Archiv für Orientforschung 6 (1930) 21–22.

Weinfeld 1973: Weinfeld, Moshe, Covenant Terminology in the Ancient Near East and Its Influence on the West. In: Journal of the American Oriental Society 93 (1973) 190–199.

Weinfeld 1990: Weinfeld, Moshe, The Common Heritage of Covenantal Traditions in the Ancient World. In: Canfora – Liverani – Zaccagnini 1990, 175–191.

Westbrook 2003: Westbrook, Raymond (ed.), A history of ancient Near Eastern law (Handbook of oriental studies Sect. 1, The Near and Middle East 72) Leiden 2003.

Westbrook 2000a: Westbrook, Raymond, Babylonian Diplomacy in the Amarna Letters. In: Journal of the American Oriental Society 120 (2000) 377–382.

Westbrook 2000b: Westbrook, Raymond, International Law in the Amarna Age. In: Cohen – Westbrook 2000, 28–41.

Wiseman, Donald, 1953: Alalakh Tablets, London 1953.

Wilcke 2003: Wilcke, Claus, Altmesopotamische Feindschaften. In: Medardus Brehl, Kristin Platt (Hgg.) Feindschaft (Genozid und Gedächtnis Bd. 5). München 2003, 107–123.

Witte – Schmid – Prechel – Gertz 2006: Witte, Markus – Schmid, Konrad –Prechel, Doris – Gertz Jan Christian (Hgg.), Die deuteronomischen Geschichtswerke. Redaktions- und religionsgeschichtliche Perspektiven zur „Deuteronomismus"-Diskussion in Tora und Vorderen Propheten (Beihefte zur Alttestamentlichen Wissenschaft 365) Berlin – New York 2006

Wooley 1955: Wooley, Leonhard, Alalakh. An Account of the Excavations at Telle Atchana, Oxford, 1955.

Zaccagnini 1990: Zaccagnini, Carlo, The Forms of Alliance and Subjugation in the Near East of the Late Bronze Age. In: Canfora – Liverani – Zaccagnini 1990, 37–79.

Zaccagnini 1973, Zaccagnini, Carlo, Lo Scambio dei Doni nel Vicino Oriente durante i Secoli XV-XIII. Roma 1973.

Zur rechtsgeschichtlichen und sozialpolitischen Bedeutung der hethitischen Staatsverträge aus dem 2. Jahrtausend v. Chr.

Hans Neumann, Münster

In ehrendem Gedenken an Herbert P.H. Petschow
zu seinem 100. Geburtstag am 26.12.2009

Es ist nicht zuletzt die herausragende Bedeutung des im vorliegenden Band von Herrn Allam behandelten Vertrages des Friedens und der Brüderschaft zwischen dem ägyptischen Pharao Ramses II. und dem hethitischen Großkönig Ḫattušili III. vom 21. November des Jahres 1259 v. Chr., die das Interesse am Vertragswesen der Hethiter im 2. Jahrtausend v. Chr. auch außerhalb der auf die keilschriftliche Quellenüberlieferung Kleinasiens spezialisierten Hethitologie stets wach gehalten hat.[1] Dieser paritätische Staatsvertrag dokumentiert das Ergebnis einer bis dahin auf Erringung der Vorherrschaft der beiden altorientalischen Großmächte im syrisch-levantinischen Bereich gerichteten, keineswegs immer friedlichen und in der Schlacht bei Qadeš am Orontes im Jahre 1275 v. Chr. kulminierenden Politik,[2] was unlängst von Horst Klengel unter dem auf heutige Zustände im Nahen Osten abhebenden Titel „Hethiter und Ägypter – ihr langer Weg zum Frieden" ausführlich gewürdigt worden ist.[3] Aber auch die seit einiger Zeit mehr oder weniger heftig geführte Kontroverse um die Bedeutung des antiken Troja an der Westküste Kleinasiens und um den historischen Kern der homerischen epischen Schilderung des trojanischen Krieges[4] hat den Blick erneut auf die Überlieferung hethitischer Staatsverträge gelenkt. Wird doch hier dem Vertrag zwischen dem Hethiterkönig Muwattalli II. und einem gewissen Alakšandu von Wiluša aus dem 13. Jahrhundert v. Chr.[5] eine besondere Bedeutung zugesprochen,[6] indem man von verschiedener Seite in Wiluša das antike Ilios =

1 Zum Vertrag vgl. Edel 1997; Beckman 1999, 96-100 und 189 (Texte und Literatur). Vgl im vorliegenden Zusammenhang auch Edel 1983; Schmidt 2002, 21-55; Otto 2006a.

2 Vgl. den Überblick bei Klengel 1999, 214-218 (mit Literatur); zur Qadeš-Schlacht vgl. zusammenfassend Klengel 2002a, 57-66 mit Anm. 90-92 (Literatur).

3 Vgl. Klengel 2002a; vgl. auch Klengel 2002b.

4 Vgl. zusammenfassend Ulf 2003.

5 Zum Alakšandu-Vertrag vgl. Beckman 1999, 87-93 und 188f. (Texte und Literatur); F. Starke bei Latacz 2001, 133-139; Altman 2004a; Heinhold-Krahmer 2006.

6 Vgl. Latacz 2001, 131-149.

Troja zu erkennen glaubt, was aber zur Zeit mit Sicherheit nicht mehr als eine Hypothese ist.[7]

Während also die historisch-politische Bedeutung hethitischer Staatsverträge – zumindest punktuell – häufiger im Rahmen altertumswissenschaftlicher Untersuchungen thematisiert wurde, waren Erfassung und Beschreibung der Rechtsnatur dieser Verträge dagegen seltener Gegenstand der entsprechenden Betrachtungen. Dies hat natürlich auch mit dem Problem zu tun, dass nach wie vor die spezifischen juristischen Aspekte dieser und auch der anderen zwischenstaatlichen Vereinbarungen aus Mesopotamien, Syrien[8] und eben Anatolien schwierig zu beurteilen sind. Hingewiesen sei hier etwa nur auf das ungelöste Problem der etwaigen Konkurrenz von Rechtsordnungen, wie man es z.B. für die griechisch-römische Antike und das ptolemäische Ägypten untersucht hat.[9] Auch bleibt generell umstritten, inwieweit man im Zusammenhang mit zwischenstaatlichen Auseinandersetzungen, Boten-, Gesandtschafts- und Briefverkehr sowie Vertragsabmachungen in jener Zeit überhaupt von einem irgendwie gearteten „Völkerrecht" sprechen kann. Inhalt und Begrifflichkeit eines sog. „Völkerrechts der Antike" und ihre Analogiefähigkeit zu entsprechenden Entwicklungen der frühen Neuzeit[10] sind in der Diskussion und werden kontrovers diskutiert, wie unlängst Eckart Otto im Zusammenhang mit dem Postulat eines „Völkerrechts in der Hebräischen Bibel" nochmals zusammenfassend thematisiert hat.[11]

In jedem Fall bildet das Corpus der hethitischen Staatsverträge mit seinen über 40, häufig in mehreren Archivkopien überlieferten Texten bzw. Textfragmenten aus der Zeit vom 15. – 13. Jahrhundert v. Chr.[12] einen äußerst umfangreichen und wichtigen Bestandteil der hethitischen Rechtsüberlieferung, die sich quantitativ, aber auch in Bezug auf ihre inhaltliche Breite ansonsten eher spärlich präsentiert.[13] Dabei ist die durch zahlreiche Textfragmente und Textzeugen verschiedener Jahrhunderte aus der Hauptstadt Ḫattuša überlieferte, zwei Haupttafeln bildende Hethitische Rechtssammlung gewiss die bedeutendste Quelle aus dem Bereich der hethitischen Rechtstradition.[14] Hinzu kommen königliche Erlässe und Instruktionen,[15] wie z.B. das in jüngeren Abschriften überlieferte Edikt des Telipinu aus der Zeit des älteren Hethiterreiches im ausgehenden 16. Jahrhundert v. Chr., das insbesondere durch die darin

7 Vgl. dazu Heinhold-Krahmer 2003, 2004 und 2006; Hajnal 2003a und 2003b.

8 Zu den Staatsverträgen aus Mesopotamien und Nordsyrien vgl. die Zusammenstellung (mit Literatur) bei Neumann 2003. Vgl. zusätzlich altassyrisch Günbattı 2004 und Donbaz 2005, neuassyrisch Frahm 2009, 130-136, ferner die Bemerkungen bei Krispijn 2007.

9 Vgl. etwa Wolff 1979 und Barta 2007.

10 Vgl. hierzu die Überlegungen bei Otto 2003 und 2006b, 89-91.

11 Vgl. Otto 2006a, 29-32 (mit Literatur).

12 Vgl. die Zusammenstellung bei Müller – Sakuma 2003. Zur Überlieferung vgl. jüngst auch Heinhold-Krahmer 2006, 59-66.

13 Zur hethitischen Rechtsüberlieferung vgl. im Überblick Haase 2003a und 2003b.

14 Vgl. Hoffner 1997.

15 Vgl. von Schuler 1957 und 1959; Westbrook – Woodard 1990; Güterbock - van den Hout 1991; Mora 2008.

enthaltene Thronfolgeregelung – Regelung der Thronfolge in patrilinearer Linie – maßgeblich die weitere Geschichte des Hethiterstaates beeinflussen sollte, indem nämlich diese Regelung auch noch in der Großreichszeit Geltung besaß.[16] In besagtem Edikt nun allerdings gleich eine Verfassung erkennen zu wollen, wie dies jüngst von Richard Haase zum Ausdruck gebracht wurde,[17] scheint mir jedoch nicht angemessen zu sein. Einige Gerichtsprotokolle, wohl sämtlich aus der Großreichszeit stammend,[18] sowie insgesamt 30 Landschenkungsurkunden[19] komplettieren die schmale Quellenbasis für unsere Kenntnis des hethitischen Rechts. Dass damit unter rechtsgeschichtlichem Gesichtspunkt gerade die Staatsverträge ein besonderes Gewicht erhalten, wird deutlich.

Die uns überlieferten einschlägigen Texte stammen fast alle aus der Hethiterhauptstadt Ḫattuša und erregten sehr bald nach ihrer Auffindung in den ersten zwei Jahrzehnten des 20. Jahrhunderts das wissenschaftliche Interesse der Altorientalistik. So sind die ersten Texte, die am Beginn der Edition der Tontafeln aus Ḫattuša-Boğazköy im Jahre 1916 durch die Deutsche Orient-Gesellschaft stehen, eben jene Staatsverträge, die von Hugo Heinrich Figulla und Ernst F. Weidner in Autographie als Nr. 1-8 in der Serie „Keilschrifttexte aus Boghazköi I" veröffentlicht wurden.[20] In Abhängigkeit von weiteren Fortschritten bei der Erschließung des Hethitischen war es dann Johannes Friedrich, der 1926 und 1930 die bis dahin bekannten Verträge der Großreichszeit in hethitischer Sprache komplett bearbeitete.[21] Die Staatsverträge in akkadischer Sprache hatte bereits 1923 Ernst F. Weidner umfassend behandelt.[22] Das seinerzeit bekannte Quellenmaterial bildete die Basis für die unter juristischem Gesichtspunkt auch heute noch grundlegende Arbeit von Viktor Korošec „Hethitische Staatsverträge. Ein Beitrag zu ihrer juristischen Wertung" aus dem Jahre 1931.[23] Die Veröffentlichung weiterer Staatsverträge folgte,[24] darunter das 1986 gefundene und 1988 von Heinrich Otten bearbeitete, auf einer Bronzetafel überlieferte Original eines Staatsvertrages des Großkönigs Tudḫalija IV. mit seinem Cousin Kurunta von Tarḫuntašša im Süden Kleinasiens aus dem 13. Jahrhundert v. Chr.[25] sowie weitere Texte in akkadischer Sprache aus dem seit dem 14. Jahrhundert v. Chr. von den Hethitern dominierten Ugarit an der syrischen Küste.[26] Bearbeitungen und/oder Übersetzungen einzelner Verträge oder Vertragstextgruppen der letz-

16 Vgl. Hoffmann 1984 sowie die bei Klengel 1999, 77f. Anm. 209 zusätzlich notierte Literatur.
17 Haase 2005.
18 Vgl. Werner 1967; zum Prozessrecht Archi 2008, 287-292.
19 Vgl. Riemschneider 1958; zuletzt mit Literatur und das Material zusammenstellend Wilhelm 2005a.
20 Figulla – Weidner 1916.
21 Vgl. Friedrich 1926 und 1930.
22 Vgl. Weidner 1923; vgl. ergänzend Kümmel 1985, VII.
23 Korošec 1931. Vgl. im vorliegenden Zusammenhang jetzt auch Balza 2008.
24 Vgl. etwa die Angaben bei Wilhelm 2005b, 96.
25 Vgl. Otten 1988 und 1989; vgl. darüber hinaus Beckman 1999, 114-124 und 190 (Literatur) sowie jetzt auch Klinger 2005b.
26 Vgl. die entsprechenden Angaben bei Müller – Sakuma 2003, 332-335.

ten Jahre[27] wurden begleitet von Untersuchungen, die insbesondere den Vertragstraditionen und dem wechselseitigen Einfluss von Vertragsrechtüberlieferungen im Vorderen Orient[28] sowie der (juristischen) Rolle der historischen Einleitungen[29] gewidmet waren. Für die weitere Forschung zu den Staatsverträgen des Hethiterreiches von besonderer Bedeutung ist in zunehmendem Maße das im Rahmen des Projekts „Hethitische Forschungen“ an der Mainzer Akademie der Wissenschaften und der Literatur angesiedelte Vorhaben einer „Neuedition aller Staatsverträge der Hethiter“ als digitale Publikation.[30]

Die Staatsverträge bedienten sich im Falle von Vereinbarungen innerhalb Anatoliens des Hethitischen, bei Verträgen mit Kontrahenten in Syrien und Ägypten war das Akkadische die Vertragssprache. Darüber hinaus lassen sich in Bezug auf einige wenige Verträge hethitische *und* akkadische Fassungen nachweisen. Auch ist belegt, dass Vertragspartner des hethitischen Großkönigs – so in Ägypten und Ugarit – Übersetzungen des Vertragstextes in die eigene Sprache in Auftrag gegeben hatten. Terminologisch bediente man sich bei akkadischsprachigen Verträgen des babylonischen Wortes *riksu*, *rikiltu* (abgeleitet von akkad. *rakāsu* „binden“) als Bezeichnung für die Vertragsurkunde, im hethitischen Kontext des entsprechenden hethitischen Terminus' *išḫiul* (abgeleitet von heth. *išḫija-* „binden“). Hinzu kommen babylonisch *mamītu* und hethitisch *lingai-* mit der Bedeutung „Schwur, Eid“, was auf das vertragswesentliche Element der Eidleistung Bezug nahm.[31]

Einzig der Staats- und Friedensvertrag zwischen Ramses II. und Ḫattušili III. in akkadischer und ägyptischer Sprache kann mit Sicherheit als paritätisch bezeichnet werden.[32] Möglicherweise trugen auf Grund bestimmter Formulierungen auch Vereinbarungen mit dem Königreich Kizzuwatna aus der Zeit um 1500 v. Chr. paritätischen Charakter.[33] Ansonsten handelt es sich bei den überlieferten Vereinbarungen um Verträge ungleicher Kontrahenten, d.h., die jeweiligen Partner des hethitischen Großkönigs – seien sie eigenständige Fürsten oder Personengruppen ohne monarchische Herrschaftsstruktur – standen in einem untergeordneten Verhältnis zum Hethiterkönig. Diese Verträge wurden früher in der Regel als „Vasallenverträge“, in letzter Zeit jedoch zutreffender als „Subordinationsverträge“ bezeichnet.

Diese Subordinationsverträge können in unterschiedliche Gruppen unterteilt werden, von denen hier nur einige wesentliche genannt sein sollen. Dabei handelt es

27 Zu nennen ist hier vor allem die Übersetzung der Staatsverträge bei Beckman 1999. Vgl. darüber hinaus etwa noch Wilhelm – Schwemer – Klinger 2005 sowie d'Alfonso 2007 (mit Literatur). Vgl auch die Angaben bei d'Alfonso 2006, 309f. mit Anm. 21-32.

28 Vgl. etwa d'Alfonso 2006; Beckman 2006. Vgl. im vorliegenden Zusammenhang auch Starke 1995 (Tradition der Treueide).

29 Vgl. Altman 2003a, 2004b und 2004c; Devecchi 2008.

30 Zum Projekt „Hethitische Forschungen“ in Mainz vgl. Wilhelm 2008.

31 Vgl. Beckman 1999, 2; Wilhelm 2005b, 95; Haas 2006, 85f. Vgl. im vorliegenden Zusammenhang auch Prechel 2008 sowie den Beitrag von Martin Lang in diesem Band.

32 Vgl. oben mit Anm. 1.

33 Vgl. Otten 1971, 66f.; Klengel 1990, 570; Müller – Sakuma 2003, 330f.; Schwemer 2005.

sich zum einen um Verträge mit den syrischen Königen von Ugarit, Amurru und Nuḫašše,[34] zum anderen um Vereinbarungen mit Repräsentanten der hethitischen Sekundogenituren von Karkamiš und Ḫalab (Aleppo)[35] sowie mit Prinzen vorhergehender Großkönigtümer, namentlich der Mittani.[36] Hinzu kommen die sog. Arzawa-Verträge Muršilis II. aus dem 14. Jahrhundert v. Chr., die auf eine Veränderung der politischen Verhältnisse im Westen Kleinasiens zugunsten einer hethitischen Dominanz gerichtet waren,[37] sowie die Verträge mit den in Nordkleinasien ansässigen Kaškäern, die seit etwa 1500 v. Chr. für das Hethiterreich eine latente Bedrohung darstellten und mit diesem immer wieder in (militärischen) Konflikt gerieten.[38] Während letztgenannte Verträge vor allem die Sicherung der Nordgrenzen des Reiches und die Abwehr kaškäischer Kriegs- und Beutezüge zum Inhalt hatten, zum Teil wohl verbunden mit kaškäischer Geiselstellung, scheinen andere Subordinationsverträge mit Frank Starke „der föderalen Organisation des hethitischen Großreiches (14.-13. Jh.) entsprechend", gewissermaßen „den Beitritt eines Staates zum Großreich" geregelt zu haben und „im Falle der jeweils zu einem engeren politischen Verband zusammengeschlossenen nordsyrischen und arzawischen Gliedstaaten inhaltlich aufeinander abgestimmt" gewesen zu sein.[39]

Im Zusammenhang mit der Charakterisierung der Rechtsnatur der Staatsverträge hatte Viktor Korošec seinerzeit die Frage nach dem Wesen der behandelten Rechtsmaterie gestellt, und zwar in der Weise, dass für die paritätischen Verträge am Vertragscharakter gewiss kein Zweifel bestehen könne, jedoch in Bezug auf die Subordinationsverträge dies durchaus einer Überlegung bedürfte, da man in den entsprechenden Texten vielleicht ja auch nur einseitige Verfügungen des Großkönigs der Hethiter sehen könne.[40] Letzteres verwarf Viktor Korošec allerdings dann sogleich im Zuge seiner Argumentation, die sehr genau herausstellte, dass „die Vasallenverträge in der Tat ‚Verträge' im heutigen Sinne dar(stellen), wenngleich das Moment des Konsenses weder äußerlich noch terminologisch scharf zum Ausdruck kommt. Sie schöpfen ihre Verbindlichkeit einerseits aus dem Willensakt des Ḫattiherrschers, der die Vertragsbestimmungen festsetzt, andererseits aus dem Willensakte des Vasallen, der sich dem Vertragsangebot durch dessen Beschwörung rechtlich freiwillig unterwirft und dadurch seine Zustimmung zum Ausdruck bringt, selbst wenn er auf den Vertragsinhalt keinerlei Einfluss hätte nehmen können."[41]

34 Vgl. d'Alfonso 2006, 309 mit Anm. 21-27, 310-319.

35 Vgl. im vorliegenden Zusammenhang auch Klengel 2001a.

36 Vgl. d'Alfonso 2006, 310 mit Anm. 28-32, 319-325. Zum historisch-politischen Umfeld der entsprechenden Verträge vgl. auch Klengel 2001b.

37 Vgl. dazu sowie zu den Quellen (mit Literatur) Klinger 2005a, 124f.; vgl. auch Klengel 1990, 571-574; Niemeier 2008.

38 Zu den Kaškäern und den entsprechenden Verträgen immer noch grundlegend von Schuler 1965.

39 Starke 2001.

40 Vgl. Korošec 1931, 18.

41 Korošec 1931, 20.

Darüber hinaus ist mit Viktor Korošec festzuhalten, dass auch der Großkönig gegenüber dem untergeordneten Kontrahenten seine eigenen Vorausleistungen bzw. die seiner Vorfahren, wie z.B. Gunsterweisung, Auszeichnungen und Unterstützungen jeglicher Art, im Vertrag darstellt, was den Kontrahenten zu ewiger Dankbarkeit verpflichtete und durchaus als reales Moment im Rahmen der Vertragsbeziehung und -gestaltung gesehen und unterstrichen wurde.[42]

Bei den überlieferten Texten handelt es sich fast immer um Vertragsabschriften als Archivkopien bzw. auch um Vertragsentwürfe. Nur bei drei Texten ist sicher, dass es sich jeweils um die Originalversion von Staatsverträgen handelt: so im Falle der beiden gesiegelten Verträge Šuppiluliumas I. und Muršilis II. mit den Königen Niqmadu und Niqmepa von Ugarit aus dem 14. Jahrhundert v. Chr. und bei der bereits erwähnten Bronzetafel Tudḫalijas IV.[43] Letztere könnte auch einen Hinweis darauf geben, wie die Silbertafel, auf der das Original des Staats- und Friedensvertrages zwischen Ramses II. und Hattušili III. aufgezeichnet war, ausgesehen hat. In der hethitischen Überlieferung findet sich darüber hinaus der Hinweis, dass es auch eiserne Vertragstafeln gegeben hat.[44] Anders als bei den vielen tausenden Privatrechtsurkunden des alten Vorderasien, die in der Regel Beweisurkunden waren, dürfte es sich bei den Staatsverträgen um Dispositivurkunden gehandelt haben. Der Vertrag entstand erst durch die Errichtung der Urkunde, deren Beibehaltung die Fortdauer und ihre Auslöschung die Aufhebung des Vertrages bedeuteten.[45]

Der Aufbau der hethitischen Staatsverträge ist in der Regel durch eine ausgefeilte und präzise Diktion gekennzeichnet, die – wie Frank Starke formuliert hat – „besonders auch psychologisch-politischen Momenten Rechnung" trug, was diesem Textcorpus innerhalb der Überlieferung von staatlichen Vereinbarungen des Alten Orients insgesamt eine herausragende Stellung verschafft. Frank Starke spricht in diesem Zusammenhang sogar von einem ausgeprägten politischen und staatsrechtlichen Denken der Hethiter.[46]

In der Einleitungsformel bzw. Präambel werden der Name und die Titulatur des jeweiligen hethitischen Großkönigs genannt sowie in den jüngeren Verträgen dessen Genealogie ausgeführt, zum Teil auch mit Bezug auf ältere Vorfahren. In den Subordinationsverträgen fehlen stets Name und Titulatur des Vertragspartners.[47] Logischerweise anders verhält es sich in dem paritätischen Vertrag zwischen Ramses II. und Ḫattušili III., der in der Präambel beide Herrscher als vertragschließende Seiten nennt.[48]

42 Vgl. Korošec 1931, 31.
43 Vgl. dazu d'Alfonso 2006, 308 mit Anm. 18f. (mit Literatur).
44 Vgl. Klengel 2002a, 80 mit Anm. 140; zum Problem der Metalltafeln vgl. auch die Angaben bei Prechel 2008, 124 Anm. 16.
45 Vgl. in diesem Sinne Korošec 1931, 15f.
46 Starke 2001, 880.
47 Vgl. dazu bereits Korošec 1931, 12; Beckman 1999, 2.
48 Vgl. etwa Edel 1983, 136 und 145; dazu bereits Korošec 1931, 14f.

Auf die Präambel folgt eine historische Einleitung. Sie behandelt die Geschichte der Beziehungen zwischen den Kontrahenten, vor allem auch unter besonderer Berücksichtigung der unmittelbaren Vorgeschichte des jeweiligen Vertragswerkes mit den entsprechenden Protagonisten, also dem derzeit regierenden Großkönig und seinem aktuellen Vertragspartner. Das Handeln des hethitischen Großkönigs sowie die Stellung der Hethiter gegenüber ihren Kontrahenten werden dabei stets in tendenziöser Weise als rechtmäßig dargestellt.[49] Sie sind in den Subordinationsverträgen die unmittelbare Voraussetzung dafür, dass der jeweilige Kontrahent seine Loyalität gegenüber dem Großkönig erklärte[50] und zugleich auf eigene Hoheitsrechte – vor allem im außenpolitischen Bereich – verzichtete.[51] Diese, von Amnon Altman unlängst ausführlich behandelten[52] und von Einar von Schuler als „eine zu juristischen Zwecken entwickelte Untergattung der Geschichtsschreibung" bezeichneten[53] historischen Reminiszenzen und Zusammenfassungen sind – wie bereits angedeutet – mit ihrer vertragsbegründenden und -legitimierenden Funktion ein wichtiger und integraler Bestandteil der Verträge. Dass derartiges im paritätischen Vertrag zwischen Ramses II. und Ḫattusili III. im wesentlichen fehlt, verwundert nicht, dürfte doch die Sicht der beiden Vertragspartner auf die dem Vertrag zugrunde liegenden historischen Zusammenhänge und auch Einzelereignisse, wie z.B. die Schlacht von Qadeš, sehr verschieden und kaum gegenseitig vermittelbar gewesen sein.[54]

Die eigentlichen Vertragsbestimmungen sind natürlich von Vertrag zu Vertrag verschieden, jeweils abhängig von der spezifischen Intention des konkreten Vertrages. Wichtiger Bestandteil sind u.a. die Fixierung von Grenzen, die beiderseitige Anerkennung der Thronfolge und die Zusicherung, sich gegenseitig politische Flüchtlinge auszuliefern. Im Falle der Subordinationsverträge geht es auch um die Bestimmung spezieller Pflichten des untergeordneten Kontrahenten, so die Verpflichtung zur Heerfolge[55] und zur Tributleistung, das Eingehen einer Friedenspflicht gegenüber Dritten, die Verpflichtung zur Anzeige und zum Beistand im Falle einer politisch-sozialen Revolte, die Verpflichtung zum jährlichen Erscheinen am Hofe des hethitischen Großkönigs sowie der Verzicht auf eigene außenpolitische Aktivitäten.[56]

Eine Liste mit Göttern des Hethiterreiches und aus dem Gebiet des Vertragspartners sichern als Schwurgötter den Vertrag und die entsprechende Eidleistung ab.[57] Grundsätzlich war der untergeordnete Kontrahent der Eidleistende,[58] jedoch

49 Haas 2006, 86f.
50 Vgl. dazu auch Beckman 2006, 284f.
51 So Starke 2001, 881.
52 Altman 2004b; vgl. auch Devecchi 2008.
53 Von Schuler 1987-1990, 72.
54 Vgl. in diesem Sinne auch Klengel 2002a, 86.
55 Dazu zuletzt Heinhold-Krahmer 2006.
56 Vgl. Korošec 1931, 65-92; zusammenfassend Beckman 1999, 3 und Haas 2006, 87.
57 Schwemer 2008, 139 spricht im Zusammenhang mit der Einfügung von Göttern des jeweiligen

wird man zumindest in einigen Fällen auch eine Eidleistung des hethitischen Oberherrn annehmen dürfen, so z.B. in Bezug auf Schutz- und Beistandszusagen.[59] Fluch- und Segensformeln sowie eine Deponierungsklausel, wonach der Vertrag, eine Metalltafel, im Tempel des Hauptgottes des jeweiligen untergeordneten Kontrahenten aufzubewahren sei, so dass der Vertrag gewissermaßen unter direkter Aufsicht eines Gottes stand, sind gleichfalls Bestandteil des Vertrages. Damit im Zusammenhang stehen auch Klauseln, die das zum Teil mehrmalige Vorlesen des Vertrages vor dem König und dem Volk des untergeordneten Partners festlegen.[60]

Viktor Korošec wies darauf hin, dass „die Beschwörung des Vertrags, durch die die angerufenen Gottheiten zu Garanten für die Vertragserfüllung und zu Rächern für die Vertragsverletzung gemacht wurden, ... formell die einzige Vertragssanktion" bildet.[61] Sanktionen *iuris humani*, wie etwa die weltliche Strafandrohung als abschreckende Spezialprävention bzw. die Stellung von Geiseln werden in den Verträgen dagegen nicht genannt.[62] Einzige Ausnahme sind hier die sog. Kaškäer-Verträge, die wohl auch Geiselstellung beinhalten.[63] Jedoch ergab sich dies durch die singuläre Tatsache, dass den Hethitern mit den Kaškäern in Stammesverbänden lebende Viehzüchter ohne monarchische Struktur als Vertragspartner gegenüberstanden, was auch im Rahmen der hethitischen Vertragspraxis Sonderbedingungen schuf. Die ansonsten belegbare alleinige Absicherung des Vertrages mittels Sanktionen *iuris divini* entsprach dem Denken der Zeit, bedeutete doch auch bei den Hethitern „der Eid als Vertragssanktion ... eine bedingte Selbstverwünschung für den Fall einer Vertragsverletzung".[64] Dass dies natürlich nicht losgelöst von den realen machtpolitischen Voraussetzungen und Begleitumständen des jeweiligen Vertragsschlusses betrachtet werden kann, liegt auf der Hand.

Die Staatsverträge des Hethiterreiches sind Bestandteil der hethitischen Rechtstradition, in deren Rahmen die Hethiter verschiedene Textmodelle für die Verträge entwickelten. Nach Lorenzo d'Alfonso scheint spätestens um 1500 v. Chr. das Modell für paritätische Staatsverträge in Gebrauch gekommen zu sein, wie möglicherweise die bereits erwähnten Kizzuwatna-Verträge zeigen.[65] Für die Subordinationsverträge mit den Ländern Nordsyriens wurde in der zweiten Hälfte des 14. Jahrhunderts v. Chr. unter Šuppiluliuma I. wohl ein spezieller Vertragstyp konzipiert, der

Kontrahenten des hethitischen Großkönigs in die Schwurgötterliste „an untergeordneter Stelle" von „punktuellen Modifikationen des hethitischen Reichspantheons in Hinsicht auf den jeweiligen Vertragspartner".

58 Vgl. Korošec 1931, 96f.

59 Vgl. Altman 2003b.

60 Vgl. Korošec 1931, 100-102; Beckman 2006, 286; Prechel 2008, 124f.

61 Korošec 1931, 93. Zugleich betonte er, dass dabei nicht ausgeschlossen sei, „dass der Eidbruch auch weltliche Sanktionen nach sich zog, indem es zu einem richtigen Prozeß gegen den Vasallen kommen konnte, wobei freilich immer das politische Moment eine Rolle spielte."

62 Korošec 1931, 92.

63 Vgl. von Schuler 1965, 113f.; Müller – Sakuma 2003, 330f.

64 Korošec 1931, 97; vgl. im vorliegenden Zusammenhang insgesamt ebd. 92-100.

65 S. oben mit Anm. 33.

bis in das 13. Jahrhundert v. Chr. Bestand haben sollte. Ein ähnliches Modell kam unter Muršili II. in Form der sog. Arzawa-Verträge zur Anwendung.[66]

Umstritten bleibt, ob bzw. in welcher Weise die hethitische Vertragstradition über das hethitische Einflussgebiet hinaus innovative Impulse zu geben vermochte. In Syrien wurden die hethitischen Vertragskonzepte aus der Zeit Šuppiluliumas I. und Muršilis II. nicht zuletzt auf Grund des Gebrauchs der akkadischen Sprache sehr wohl rezipiert, jedoch scheint es keinen weiteren Transfer zu den Aramäern und Assyrern zu Beginn des 1. Jahrtausends v. Chr. gegeben zu haben, da Staaten, wie Ugarit, Amurru und Nuḫašše, bereits im 13. bzw. 12. Jahrhundert v. Chr. zugrunde gegangen waren.[67] Wie Lorenzo d'Alfonso deutlich gezeigt hat, sind durchaus auch die innersyrischen Verträge aus dem hethitisierten Karkamiš in den Kontext der hethitischen Rechtsüberlieferung zu stellen, wobei sich hier aber auch regionale Besonderheiten widerspiegeln.[68]

Ein Einfluß der syrischen und damit indirekt der hethitischen Vertragsmodelle auf die spätere mesopotamische Vertragstradition ist in jedem Falle nur schwer nachweisbar. Dies gilt auch für das Modell der sog. Treu- oder Loyalitätseide, für die es ähnlich lautende Beispiele aus dem hethitischen und neuassyrischen Schrifttum gibt. Dabei dürften, wie Frank Starke gezeigt hat, die identischen historisch-politischen Ausgangssituationen, nämlich der Umstand einer irregulären Thronfolgeregelung, bei den Hethitern unter Tudḫalija IV. im 13. Jahrhundert v. Chr. und bei den Assyrern unter Asarhaddon im 7. Jahrhundert v. Chr. gewiss eine größere Rolle gespielt haben, als eine angenommene Abhängigkeit des assyrischen Konzepts von hethitischen Vorlagen bzw. Vorläufern.[69] Ob darüber hinaus vielleicht „einige Gemeinsamkeiten zwischen den hethitischen und den späteren assyrischen Verträgen ... auch als Erbe einer früheren mittannischen Tradition erklärt werden (könnten)", wie Lorenzo d'Alfonso vermutet,[70] bleibt gleichfalls Spekulation. Im übrigen sei darauf verwiesen, dass Babylonien und Assyrien selbst auf eine eigene lange Vertragstradition zurückblicken können. Sie reicht bis in das 3. Jahrtausend v. Chr. und wird nicht zuletzt durch entsprechende altbabylonische und altassyrische Verträge aus der ersten Hälfte des 2. Jahrtausends v. Chr. repräsentiert.[71] Deutlich wird allerdings, dass die hethitischen Staatsverträge im Kontext der keilschriftlichen Vertragsüberlieferung eine herausragende Rolle spielten. Sie zeigen, dass die Hethiter das rechtliche Instrument des Staatsvertrages im Rahmen ihrer (föderalen) Staatspolitik und im außenpolitischen Bereich zielorientiert und ausgewogen zu nutzen imstande waren.[72] Dies verband sich natürlich mit anderen, hier nicht weiter zu thematisierenden

66 Vgl. ausführlich d'Alfonso 2006.

67 So d'Alfonso 2006, 315f.

68 Vgl. d'Alfonso 2006, 325-327; vgl. im vorliegenden Zusammenhang auch d'Alfonso 2005.

69 Starke 1995.

70 D'Alfonso 2006, 321.

71 Vgl. oben Anm. 8 (Literatur). Vgl. auch Beckman 2006.

72 Vgl. im vorliegenden Zusammenhang auch Altman 2003a; Beal 2007; darüber hinaus kulturvergleichend Altman 2008.

Aktivitäten diplomatischen und politischen Handelns, wie z.B. den politischen Heiraten und einem ausgedehnten Brief-, Boten- und Gesandtschaftsverkehr, der übrigens nicht zuletzt auch im Rahmen der Aushandlung von Verträgen von großer Bedeutung war.[73]

73 Vgl. etwa de Roos 2005 sowie mit Bezug auf den ägyptisch-hethitischen Friedensvertrag Klengel 2002a, 75-78.

Literaturverzeichnis

Altman 2003a = A. Altman, Rethinking the Hittite System of Subordinate Countries from the Legal Point of View, in: Journal of the American Oriental Society 123 (2003) 741-756.

Altman 2003b = A. Altman, Who Took the Oath on the Vassal Treaty: Only the Vassal King or also the Suzerain? – The Hittite Evidence, in: Zeitschrift für Altorientalische und Biblische Rechtsgeschichte 9 (2003) 178-184.

Altman 2004a = A. Altman, Did Wiluša Ever Defect from Ḫatti? Some Notes on the Prologue of the Alakšandu Treaty (CTH 76), in: Altorientalische Forschungen 31 (2004) 57-65.

Altman 2004b = A. Altman, The Historical Prologue of the Hittite Vassal Treaties. An Inquiry into the Concepts of Hittite Interstate Law, Ramat Gan 2004.

Altman 2004c = A. Altman, The Role of the "Historical Prologue" in the Hittite Vassal Treaties: An Early Experiment in Securing Treaty Compliance, in: Journal of the History of International Law 6 (2004) 43-64.

Altman 2008 = A. Altman, Hittite Imperialism in Perspective. The Hittite and the Roman Treatment of Subordinate States Compared, in: G. Wilhelm (Hrsg.), Ḫattuša – Boğazköy. Das Hethiterreich im Spannungsfeld des Alten Orients. 6. Internationales Colloquium der Deutschen Orient-Gesellschaft, 22.-24. März 2006, Würzburg (Colloquien der Deutschen Orient-Gesellschaft 6), Wiesbaden 2008, 377-396.

Archi 2008 = A. Archi, Le 'leggi ittite' e il diritto processuale, in: M. Liverani – C. Mora (Hrsg.), I diritti del mondo cuneiforme (Mesopotamia e regioni adiacenti, ca. 2500-500 a.C.), Pavia 2008, 273-292.

Balza 2008 = M.E. Balza, I trattati ittiti. Sigillatura, testimoni, collocazione, in: M. Liverani – C. Mora (Hrsg.), I diritti del mondo cuneiforme (Mesopotamia e regioni adiacenti, ca. 2500-500 a.C.), Pavia 2008, 387-418.

Barta 2007 = H. Barta, Zum Umgang mit ‚Rechtskollisionen' im archaischen Griechenland. Das Entstehen von ‚intermunizipial-zwischenstaatlichem' Kollisionsrecht während der Großen Kolonisation, in: R. Rollinger – H. Barta (Hrsg.), in Verbindung mit M. Lang, Rechtsgeschichte und Interkulturalität. Zum Verhältnis des östlichen Mittelmeerraums und »Europa« im Altertum (Philippika 19), Wiesbaden 2007, 31-115.

Beal 2007 = R.H. Beal, Making, Preserving, and Breaking the Peace with the Hittite State, in: K.A. Raaflaub (Hrsg.), War and Peace in the Ancient World (The Ancient World: Comparative Histories), Malden – Oxford – Carlton 2007, 81-97.

Beckman 1999 = G. Beckman, Hittite Diplomatic Texts. Second Edition (Society of Biblical Literature. Writings from the Ancient World 7), Atlanta 1999.

Beckman 2006 = G. Beckman, Hittite Treaties and the Development of the Cuneiform Treaty Tradition, in: M. Witte – K. Schmid – D. Prechel – J.Ch. Gertz (Hrsg.), Die deuteronomistischen Geschichtswerke. Redaktions- und religionsgeschichtliche Perspektiven zur „Deuteronomismus"-Diskussion in Tora und Vorderen Propheten (Beihefte zur Zeitschrift für die alttestamentliche Wissenschaft 365), Berlin – New York 2006, 279-301.

d'Alfonso 2005 = L. d'Alfonso, Le procedure giudiziare ittite in Siria (XIII sec. a.C) (Studia Mediterranea 17), Pavia 2005.

d'Alfonso 2006 = L. d'Alfonso, Die hethitische Vertragstradition in Syrien (14.-12. Jh. v. Chr.), in: M. Witte – K. Schmid – D. Prechel – J.Ch. Gertz (Hrsg.), Die deuteronomistischen Geschichtswerke. Redaktions- und religionsgeschichtliche Perspektiven zur „Deuteronomismus"-Diskussion in Tora und Vorderen Propheten (Beihefte zur Zeitschrift für die alttestamentliche Wissenschaft 365), Berlin – New York 2006, 303-329.

d'Alfonso 2007 = L. d'Alfonso, The Treaty between Talmi-Teššub King of Karkemiš and Šuppiluliịama Great King of Ḫatti, in: D. Groddek – M. Zorman (Hrsg.), Tabularia Hethaeorum. Hethitologische Beiträge Silvin Košak zum 65. Geburtstag, Wiesbaden 2007, 203-220.

de Roos 2005 = J. de Roos, Die Hethiter und das Ausland, in: D. Prechel (Hrsg.), Motivation und Mechanismen des Kulturkontaktes in der späten Bronzezeit (Eothen 13), Firenze 2005, 39-58.

Devecchi 2008 = E. Devecchi, La funzione del prologo storico nei trattati ittiti. Ipotesi e discussione, in: M. Liverani – C. Mora (Hrsg.), I diritti del mondo cuneiforme (Mesopotamia e regioni adiacenti, ca. 2500-500 a.C.), Pavia 2008, 361-385.

Donbaz 2005 = V. Donbaz, An Old Assyrian Treaty from Kültepe, in: Journal of Cuneiform Studies 57 (2005) 63-68.

Edel 1983 = E. Edel, Der ägyptisch-hethitische Friedensvertrag zwischen Ramses II. und Hattusili III., in: Texte aus der Umwelt des Alten Testaments I/2 (1983) 135-153.

Edel 1997 = E. Edel, Der Vertrag zwischen Ramses II. von Ägypten und Ḫattušili III. von Ḫatti (Wissenschaftliche Veröffentlichungen der Deutschen Orient-Gesellschaft 95), Berlin 1997.

Figulla – Weidner 1916 = H.H. Figulla – E.F. Weidner, Keilschrifttexte aus Boghazköi. 1. Heft (Wissenschaftliche Veröffentlichungen der Deutschen Orient-Gesellschaft 30/1), Leipzig 1916.

Frahm 2009 = E. Frahm, Historische und historisch-literarische Texte (Keilschrifttexte aus Assur literarischen Inhalts 3. Wissenschaftliche Veröffentlichungen der Deutschen Orient-Gesellschaft 121), Wiesbaden 2009.

Friedrich 1926 = J. Friedrich, Staatsverträge des Ḫatti-Reiches in hethitischer Sprache, 1. Teil (Mitteilungen der Vorderasiatisch-Aegyptischen Gesellschaft 31/I), Leipzig 1926.

Friedrich 1930 = J. Friedrich, Staatsverträge des Ḫatti-Reiches in hethitischer Sprache, 2. Teil (Mitteilungen der Vorderasiatisch-Aegyptischen Gesellschaft 34/I), Leipzig 1930.

Günbattı 2004 = C. Günbattı, Two Treaty Texts Found at Kültepe, in: J.G. Dercksen (Hrsg.), Assyria and Beyond. Studies Presented to Mogens Trolle Larsen (Publications de l'Institut historique-archéologique néerlandais de Stamboul C), Leiden 2004, 249-268.

Güterbock – van den Hout 1991 = H.G. Güterbock – Th. van den Hout, The Hittite Instruction for the Royal Bodygard (Assyriological Studies 24), Chicago 1991.

Haas 2006 = V. Haas, Die hethitische Literatur. Texte, Stilistik, Motive, Berlin – New York 2006.

Haase 2003a = R. Haase, Recht im Hethiter-Reich, in: U. Manthe (Hrsg.), Die Rechtskulturen der Antike. Vom Alten Orient bis zum Römischen Reich, München 2003, 123-150.

Haase 2003b = R. Haase, The Hittite Kingdom, in: R. Westbrook (Hrsg.), A History of Ancient Near Eastern Law I (Handbuch der Orientalistik 72/I), Leiden – Boston 2003, 619-656.

Haase 2005 = R. Haase, Darf man den sog. Telipinu-Erlaß eine Verfassung nennen?, in: Die Welt des Orients 35 (2005) 56-61.

Hajnal 2003a = I. Hajnal, Troia aus sprachwissenschaftlicher Sicht. Die Struktur einer Argumentation (Innsbrucker Beiträge zur Sprachwissenschaft 109), Innsbruck 2003.

Hajnal 2003b = I. Hajnal, Ụiluša – Taruiša. Sprachwissenschaftliche Nachbetrachtungen zum Beitrag von Susanne Heinhold-Krahmer, in: Ulf 2003, 169-173.

Heinhold-Krahmer 2003 = S. Heinhold-Krahmer, Zur Gleichsetzung der Namen Ilios-Wiluša und Troia-Taruiša, in: Ulf 2003, 146-168.

Heinhold-Krahmer 2004 = S. Heinhold-Krahmer, Ist die Identität von Ilios mit Wiluša endgültig erwiesen?, in: Studi Micenei ed Egeo-Anatolici 46 (2004) 29-57.

Heinhold-Krahmer 2006 = S. Heinhold-Krahmer, Zur Festlegung und Bedeutung der Heerfolge im Vertrag Muwatallis II. mit Alakšandu von Wiluša, in: R. Rollinger – B. Truschnegg (Hrsg.), Altertum und Mittelmeerraum: Die antike Welt diesseits und jenseits der Levante. Festschrift für Peter W. Haider zum 60. Geburtstag (Oriens et Occidens 12), Stuttgart 2006, 53-80.

Hoffmann 1984 = I. Hoffmann, Der Erlaß Telipinus (Texte der Hethiter 11), Heidelberg 1984.

Hoffner 1997 = H.A. Hoffner, Jr., The Laws of the Hittites. A Critical Edition (Documenta et Monumenta Orientis Antiqui XXIII), Leiden – New York – Köln 1997.

Klengel 1990 = H. Klengel, Anatolische Königtümer der Hethiterzeit, in: X. Türk Tarih Kongresi'nden ayrıbasım, Ankara 1990, 565-576.

Klengel 1999 = H. Klengel, Geschichte des Hethitischen Reiches (Handbuch der Orientalistik 34), Leiden – Boston – Köln 1999.

Klengel 2001a = H. Klengel, Nochmals zur Rolle der Herrscher von Ḫalab und Karkamiš in der hethitischen Großreichszeit, in: Th. Richter – D. Prechel – J. Klinger (Hrsg.), Kulturgeschichten. Altorientalistische Studien für Volkert Haas zum 65. Geburtstag, Saarbrücken 2001, 191-196.

Klengel 2001b = H. Klengel, Einige Bemerkungen zur hethitischen Herrschaftsordnung in Syrien, in: G. Wilhelm (Hrsg.), Akten des IV. Internationalen Kongresses für Hethitologie, Würzburg, 4.-8. Oktober 1999 (Studien zu den Boğazköy-Texten 45), Wiesbaden 2001, 255-271.

Klengel 2002a = H. Klengel, Hattuschili und Ramses. Hethiter und Ägypter – ihr langer Weg zum Frieden, Mainz 2002.

Klengel 2002b = H. Klengel, From War to Eternal Peace: Ramesses II and Khattushili III, in: Canadian Society for Mesopotamian Studies, Bulletin 37 (2002) 49-56.

Klinger 2005a = J. Klinger, Die historischen Einleitungen der Arzawa-Verträge Muršilis II. mit Manapa-Tarḫunta von Šeḫa und Kupanta-Kurunta von Mira und Kuwalija, in: Wilhelm – Schwemer – Klinger 2005, 124-129.

Klinger 2005b = J. Klinger, Der Vertrag Tutḫalijas von Ḫatti mit Kurunta von Tarḫuntašša, in: Wilhelm – Schwemer – Klinger 2005, 130-138.

Korošec 1931 = V. Korošec, Hethitische Staatsverträge. Ein Beitrag zu ihrer juristischen Wertung (Leipziger rechtswissenschaftliche Studien 60), Leipzig 1931.

Krispijn 2007 = Th.J.H. Krispijn, Verdragen en internationale politiek in het oude Nabije Oosten, in: K. Spronk (Hrsg.), Deuteronomium (Amsterdamse Cahiers voor Exegese van de Bijbel en zijn Tradities, Cahier 23), Amsterdam 2007, 23-41.

Kümmel 1985 = H.M. Kümmel, Nichtliterarische Texte in akkadischer Sprache (Keilschrifttexte aus Boghazköi 28), Berlin 1985.

Latacz 2001 = J. Latacz, Troia und Homer. Der Weg zur Lösung eines alten Rätsels, München – Berlin 2001.

Mora 2008 = C. Mora, La 'Parola del re'. Testi ittiti a carattere politico-giuridico e politico-amministrativo: editti e istruzioni, in: M. Liverani – C. Mora (Hrsg.), I diritti del mondo cuneiforme (Mesopotamia e regioni adiacenti, ca. 2500-500 a.C.), Pavia 2008, 293-323.

Müller – Sakuma 2003 = G.G.W. Müller – Y. Sakuma, Hethitische Staatsverträge, in: Der Neue Pauly. Enzyklopädie der Antike 16 (2003) 328-337.

Neumann 2003 = H. Neumann, Keilschriftliche Staatsverträge Mesopotamiens und Nordsyriens, in: Der Neue Pauly. Enzyklopädie der Antike 16 (2003) 321-327.

Niemeier 2008 = W.-D. Niemeier, Ḫattusas Beziehungen zu West-Kleinasien und dem mykenischen Griechenland (Aḫḫijawa), in: G. Wilhelm (Hrsg.), Ḫattuša – Boğazköy. Das Hethiterreich im Spannungsfeld des Alten Orients. 6. Internationales Colloquium der Deutschen Orient-Gesellschaft, 22.-24. März 2006, Würzburg (Colloquien der Deutschen Orient-Gesellschaft 6), Wiesbaden 2008, 291-349.

Otten 1971 = H. Otten, Das Siegel des hethitischen Großkönigs Taḫurwaili, in: Mitteilungen der Deutschen Orient-Gesellschaft zu Berlin 103 (1971) 59-68.

Otten 1988 = H. Otten, Die Bronzetafel aus Boğazköy. Ein Staatsvertrag Tutḫalijas IV. (Studien zu den Boğazköy-Texten Beiheft 1), Wiesbaden 1988.

Otten 1989 = H. Otten, Die 1986 in Boğazköy gefundene Bronzetafel. Zwei Vorträge (Innbrucker Beiträge zur Sprachwissenschaft. Vorträge und Kleinere Schriften 42), Innsbruck 1989.

Otto 2003 = E. Otto, Völkerrecht in der Antike, in: Zeitschrift für Altorientalische und Biblische Rechtsgeschichte 9 (2003) 201-209.

Otto 2006a = E. Otto, Völkerrecht in der Hebräischen Bibel und seine altorientalischen Wurzeln, in: Zeitschrift für Altorientalische und Biblische Rechtsgeschichte 12 (2006) 29-51.

Otto 2006b = E. Otto, Völkerrecht und Völkerordnung in der Tora der Hebräischen Bibel in achämenidischer Zeit, in: J. Hengstl – U. Sick (Hrsg.), Recht gestern und heute. Festschrift zum 85. Geburtstag von Richard Haase (Philippika 13), Wiesbaden 2006, 89-96.

Prechel 2008 = D. Prechel, Zum festlichen Rahmen von Eid und Vertrag, in: D. Prechel (Hrsg.), Fest und Eid. Instrumente der Herrschaftssicherung im Alten Orient (Kulturelle und sprachliche Kontakte 3), Würzburg 2008, 121-133.

Riemschneider 1958 = K.K. Riemschneider, Die hethitischen Landschenkungsurkunden, in: Mitteilungen des Instituts für Orientforschung 6 (1958) 321-381.

Schmidt 2002 = K. Schmidt, Friede durch Vertrag. Der Friedensvertrag von Kadesch von 1270 v. Chr., der Friede des Antalkidas von 386 v. Chr. und der Friedensvertrag zwischen Byzanz und Persien von 562 n. Chr. (Europäische Hochschulschriften. Reihe II: Rechtswissenschaft, Bd. 3437), Frankfurt/M. – Berlin – Bern – Bruxelles – New York – Oxford – Wien 2002.

Schwemer 2005 = D. Schwemer, Der Vertrag zwischen Tutḫalija von Ḫatti und Šunaššura von Kizzuwatna, in: Wilhelm – Schwemer – Klinger 2005, 97-106.

Schwemer 2008 = D. Schwemer, Fremde Götter in Ḫatti. Die hethitische Religion im Spannungsfeld von Synkretismus und Abgrenzung, in: G. Wilhelm (Hrsg.), Ḫattuša – Boğazköy. Das Hethiterreich im Spannungsfeld des Alten Orients. 6. Internationales Colloquium der Deutschen Orient-Gesellschaft, 22.-24. März 2006, Würzburg (Colloquien der Deutschen Orient-Gesellschaft 6), Wiesbaden 2008, 137-157.

Starke 1995 = F. Starke, Zur urkundlichen Charakterisierung neuassyrischer Treueide anhand einschlägiger hethitischer Texte des 13. Jh., in: Zeitschrift für Altorientalische und Biblische Rechtsgeschichte 1 (1995) 70-82.

Starke 2001 = F. Starke, Staatsvertrag III. Hethiter, in: Der Neue Pauly. Enzyklopädie der Antike 11 (2001) 880-881.

Ulf 2003 = Ch. Ulf (Hrsg.), Der neue Streit um Troia. Eine Bilanz. München 2003.

von Schuler 1957 = E. von Schuler, Hethitische Dienstanweisungen für höhere Hof- und Staatsbeamte. Ein Beitrag zum antiken Recht Kleinasiens (Archiv für Orientforschung Beiheft 10), Graz 1957.

von Schuler 1959 = E. von Schuler, Hethitische Königserlässe als Quellen der Rechtsfindung und ihr Verhältnis zum kodifizierten Recht, in: R. von Kienle – A. Moortgat – H. Otten –

E. von Schuler – W. Zaumseil (Hrsg.), Johannes Friedrich zum 65. Geburtstag am 27. August 1958 gewidmet, Heidelberg 1959, 435-472.

von Schuler 1965 = E. von Schuler, Die Kaškäer. Ein Beitrag zur Ethnographie des alten Kleinasien (Untersuchungen zur Assyriologie und Vorderasiatischen Archäologie 3), Berlin 1965.

von Schuler 1987-1990 = E. von Schuler, Literatur bei den Hethitern, in: Reallexikon der Assyriologie und Vorderasiatischen Archäologie VII (1987-1990) 66-75.

Weidner 1923 = E.F. Weidner, Politische Dokumente aus Kleinasien. Die Staatsverträge in akkadischer Sprache aus dem Archiv von Boghazköi (Boghazköi-Studien 8), Leipzig 1923.

Werner 1967 = R. Werner, Hethitische Gerichtsprotokolle (Studien zu den Boğazköy-Texten 4), Wiesbaden 1967.

Westbrook – Woodard 1990 = R. Westbrook – R. Woodard, The Edict of Tuthaliya IV, in: Journal of the American Oriental Society 110 (1990) 641-659.

Wilhelm 2005a = G. Wilhelm, Zur Datierung der älteren hethitischen Landschenkungsurkunden, in: Altorientalische Forschungen 32 (2005) 272-279.

Wilhelm 2005b = G. Wilhelm, Staatsverträge mit dem Hethiterreich (Einleitung), in: B. Janowski – G. Wilhelm (Hrsg.), Staatsverträge, Herrscherinschriften und andere Dokumente zur politischen Geschichte (Texte aus der Umwelt des Alten Testaments. Neue Folge 2), Gütersloh 2005, 95-96.

Wilhelm 2008 = G. Wilhelm, Die Edition der Keilschrifttafeln aus Boğazköy und das Projekt „Hethitische Forschungen“ der Akademie der Wissenschaften und der Literatur, Mainz, in: G. Wilhelm (Hrsg.), Ḫattuša – Boğazköy. Das Hethiterreich im Spannungsfeld des Alten Orients. 6. Internationales Colloquium der Deutschen Orient-Gesellschaft, 22.-24. März 2006, Würzburg (Colloquien der Deutschen Orient-Gesellschaft 6), Wiesbaden 2008, 73-86.

Wilhelm – Schwemer – Klinger 2005 = G. Wilhelm – D. Schwemer – J. Klinger, Staatsverträge mit dem Hethiterreich, in: B. Janowski – G. Wilhelm (Hrsg.), Staatsverträge, Herrscherinschriften und andere Dokumente zur politischen Geschichte (Texte aus der Umwelt des Alten Testaments. Neue Folge 2), Gütersloh 2005, 95-138.

Wolff 1979 = H.J. Wolff, Das Problem der Konkurrenz von Rechtsordnungen in der Antike (Sitzungsberichte der Heidelberger Akademie der Wissenschaften, Philosophisch-historische Klasse, Jg. 1979/5), Heidelberg 1979.

Biblische Motive des Völkerrechts in persischer Zeit

Eckart Otto (München)

Mit *ius gentium* wird in der Antike bis in das Mittelalter neben dem für alle Menschen universal geltenden Recht vor allem das zwischen Menschen verschiedener staatlicher Rechtseinheiten und das zwischen diesen selbst geltende Recht bezeichnet[1] Im 16. Jahrhundert verengt sich der Begriff auf diesen letzteren Aspekt. Im Folgenden soll unter Völkerrecht in der Antike eine rechtlich verbindliche Ordnung verschiedener unabhängiger, sich gegenseitig als im Prinzip gleichberechtigt anerkennender und durch einen rechtlich geregelten Austausch politischer, kultureller und wirtschaftlicher Art verbundener Staaten verstanden werden.[2] Soll aber der so gefaßte Begriff des Völkerrechts auf die altorientalisch- und biblisch-vorklassische Antike angewandt werden, stellt sich die Frage, ob hier nicht eine „anachronistische Begriffsbildung" vorliegt, da jeder dem Begriff des *ius gentium* oder *ius inter gentes* vergleichbare Begriff in den altorientalischen Sprachen fehlt. So ist es nicht verwunderlich, dass gegen die Anwendung des Begriffs des Völkerrechts auf die altorientalische Antike Vorbehalte angemeldet wurden, für die neben der Anachronie des Begriffs Völkerrecht ins Feld geführt wurde, dass sowohl das vorauszusetzende säkulare Vertragsrecht, das auf religiöse Sanktionen verzichtet, als auch die Konzeption der souveränen Nation[3] und die Vorstellung einer völkerübergreifenden Rechtsordnung erst frühneuzeitlichen Ursprungs seien.[4] Doch ist die religiöse Bindung des Vertragsrechts noch kein überzeugendes Argument, um ihm einen imperfektiven Charakter zuzuschreiben.[5] Staatsverträge wie der zwischen Ramses II. und Ḫattušili III. als Vertreter Ägyptens und Ḫattis[6] sind wie gleichermaßen die neuassyrischen Staatsverträge,[7] die von den Loyalitätseiden, die insbesondere durch die VTE repräsentiert werden,[8] zu unterscheiden sind,[9] durchaus

1 Siehe Steiger 2002, 1096f.

2 Siehe Otto 2005, 1158f. Der Begriff des Völkerrechts soll also enger gefaßt werden als der des international law in dem Handbuch der Orientalistik (Westbrook 2003), das nicht das international public law, sondern vor allem grenzüberschreitendes Privatrecht und politische Vasallitätsverhältnisse im Blick hat.

3 Siehe dazu u. a. Brierly 1977, 20.

4 S. dazu u.a. Besta 1946, 10 Anm. 73.

5 So mit Bederman 2001, 11–15 (s. dazu die Rezension von Ziegler 2004, 526–535); Ziegler 1994, 1–5; Steiger 2006, 13ff.

6 Siehe Edel 1997. Vgl. dazu Klengel 2002.

7 Siehe dazu Parpola 1987; ders. / Watanabe 1988. Diese Vertragstradition ist von einer westmediterranen zu unterscheiden, die von der hethitischen Tradition des Staatsverträge beeinflußt ist; siehe dazu Korošec 1931; Altman 2004; Kestemont 1974. Für eine Übersicht über die altorientalischen Staatsverträge in Syrien und Mesopotamien siehe Neumann 2003.

8 Siehe dazu Watanabe 1987.

analogiefähig zu modernen Verträgen des Völkerrechts.[10] So haben u.a. Wolfgang Preiser,[11] Karl-Heinz Ziegler[12] und David J. Bederman[13] der Kritik zum Trotz an der Möglichkeit festgehalten, den Begriff des Völkerrechts auf die vorklassische Antike des Alten Orients anzuwenden. Damit stellt sich die Frage, ob auch auf Rechtsverhältnisse, die sich in der Bibel niedergeschlagen haben, der Begriff des Völkerrechts anwendbar ist, wenn, wie jüngst Steven Grosby gezeigt hat, die Konzeption nationaler Souveränität nicht erst frühneuzeitlich ist, sondern antike Wurzeln auch in der Bibel hat,[14] die einen nicht geringen Einfluss auf die europäische und amerikanische Rechts- und darüber hinaus Kulturgeschichte hat.

I. Biblische Völkerrechtsmotive in vorpersischer Zeit

Das biblische Juda unterscheidet sich von anderen Rechtsprovinzen des Alten Orients dadurch, dass rechtshistorisch auswertbare Primärquellen in Gestalt von Urkunden, Königsinschriften und Briefliteratur aufgrund des verwendeten Schreibmaterials fehlen, so dass nur die Hebräische Bibel als Sekundärquelle, die einen langen literarischen Fortschreibungsprozess gerade auch im Pentateuch von über

9 Die neuassyrischen Loyalitätseide knüpfen an die junghethitischen Treueide bei irregulärer Thronfolge aus dem 13. Jahrhundert v. Chr. an, die Schuler (1957) als Dienstanweisungen edierte; siehe dazu Starke 1995; ders. 1996, sowie Otto 1999, 15–32.

10 Hinter der Bestreitung der Analogiefähigkeit des altorientalischen Rechts mit dem der Moderne stehen überholte, auf Henry S. Maine (1906) zurückgreifende Evolutionshypothesen der Rechtsgeschichte, die sich weder für das biblische Recht (siehe Otto 1988, 60–79) noch für das Keilschriftrecht (siehe Diamond 1951) bewährt haben. Zur Kritik an A. S. Diamond, der ebenfalls einer Evolutionshypothese verhaftet bleibt, wenn er die eines Henry S. Maine nur auf den Kopf stellt, siehe Moore 1978, 215ff.; Otto 1988, 94. Weiterführend ist mit einer Ungleichzeitigkeit des Gleichzeitigen von der Gesellschaftsstruktur entsprechend sich überlagernden Rechtsgestalten zu rechnen, wie sich wieder anhand des biblischen Rechts (siehe Otto 2003), insbesondere des Bundesbuches (siehe Otto 1988 a. a. O.) aufzeigen läßt. Zu den methodischen Grundsätzen der Korrelierung von Gesellschaftsstrukturen und sich überlagernden Rechtsgestalten siehe auch Pospíšil 1967 und 1982. Im Handbuch der Orientalistik (Westbrook 2003) wird das Problem imperfektiven Rechts des Alten Orients im Vergleich zum modernen dadurch minimiert, daß es der religiösen Dimension weitgehend entkleidet und so dem römischen Recht angepaßt wird. Die dadurch gewonnene Analogiefähigkeit des altorientalischen Rechts ist aber nur eine scheinbare, da die Rechte der differenzierten altorientalischen Rechtsprovinzen um der These eines altorientalischen „common law" willen ihrer kulturhistorischen Kontexte entkleidet werden. Zur religiösen Bindung des vorklassischen Völkerrechts siehe Bederman 2001, 48–87, mit weiterer Literatur. Zur religiösen Motivierung der Völkerrechtsmotivik in der Hebräischen Bibel siehe im folgenden.

11 Siehe Preiser 1953, 1956 und 1984.

12 Siehe Ziegler 1994, 12–27.

13 Siehe Bederman 2001.

14 Siehe Grosby 2002. Siehe dazu auch Otto 2004. Zur kanonistischen Rezeptionsgeschichte des Alten Testaments, insbesondere der David- und Salomoerzählungen, in der Definition der Staatssouveränität im Mittelalter siehe Paradisi 1984.

einem halben Jahrtausend durchlaufen hat[15] und dort religiöse Programmtexte liefert,[16] die allenfalls indirekt Auskunft über faktisch vollzogenes Recht geben, zur Verfügung steht. Wir müssen uns die Frage vorlegen, was das für die Beantwortung der Frage nach einem praktizierten Völkerrecht im biblischen Juda im 1. Jahrtausend v. Chr. bedeutet. In zwei Richtungen ist zu fragen, zunächst ob sich in den Überlieferungen der Hebräischen Bibel als völkerrechtlich zu bezeichnende Regelungen widerspiegeln. Ist dies der Fall, ist weiter zu fragen, ob diese Regelungen als allgemein verbindlich vorausgesetzt und praktiziert wurden oder ob solche Regelungen nur als Idee in ein narratives Programm religiöser Utopie eingegangen sind. Nun zeigen einige Erzählungen der Hebräischen Bibel völkerrechtliche Praxis, die zwar in das Narrativ eingebunden sind, aber nicht die *intentio operis* ausmachen, sondern ihr dienende Funktion haben. So finden wir Regeln des Vertragsrechts und Kriegsrechts, sowie des Gesandtschaftsrechts, die bis heute Teil des Corpus des Völkerrechts sind. Ein Beispiel liefert die Erzählung 2 Sam 10,1–6:

> „(V. 1) Als danach der König der Ammoniter starb und sein Sohn Ḥanun statt seiner König wurde, (V. 2) sagte David: Ich will Ḥanun ben Naḥasch meine *ḥaesaed* (siehe dazu im folgenden) zeigen, so wie sein Vater mir seine *ḥaesaed* gezeigt hat. Und er sandte eine Gesandtschaft zu ihm und ließ ihm durch seine Beauftragten sein Beileid zum Tod seines Vaters aussprechen. Als die Beauftragten in das Land der Ammoniter kamen, (V. 3) sagten die ammonitischen Hofbeamten zu ihrem Vorgesetzten Ḥanun: Will David wirklich deinem Vater vor dir Ehre erweisen, wenn er Personen schickt, die dir sein Beileid aussprechen sollen? Hat David seine Beauftragten nicht vielmehr zu dir gesandt, um die Stadt auszuspionieren und auszukundschaften, um sie dann zerstören zu lassen? (V. 4) Darauf ließ Ḥanun die Beauftragten Davids festnehmen, ihnen die Hälfte des Bartes abscheren und ihnen die Kleidung zur Hälfte abschneiden bis zum Gesäß herauf. So schickte er sie fort. (V. 5) Als man David das meldete, sandte er ihnen jemand entgegen und ließ ihnen, weil sie so schwer gedemütigt waren, ausrichten: Bleibt in Jericho und kehrt erst zurück, wenn der Bart wieder gewachsen ist. (V. 6) Als die Ammoniter merkten, dass sie sich bei David verhasst gemacht hatten, schickten sie Boten und warben die Aramäer von Bet-Rehob und von Zoab an, zwanzigtausend Mann Infanterie, außerdem den König von Maacha mit tausend Mann und die Soldaten von Tob mit zwölftausend Mann."

In dieser Erzählung wird nicht von historischem Geschehen der Davidszeit des 10. Jahrhunderts v. Chr. berichtet, sondern auf dem Hintergrund der neuassyrischen Zeit des 8./7. Jahrhunderts v. Chr.[17] wird eine ursprünglich selbständige Erzählung von

15 Siehe dazu Otto 2003a und 2007, mit weiterer Literatur.

16 Siehe Otto 2002, 92ff.

17 Zum neuassyrischen Kontext von 2 Sam 10,6b–14.16–19a siehe Kunz 2000. Die davidischen Feldzugserzählungen einschließlich 1 Sam 10,1b–6a sind wie auch die Kriegserzählungen des

einem Kriegszug Davids gegen die Ammoniter in 2 Sam 10,1.6b–14 durch 2 Sam 10,(15.)16–19a und 2 Sam 10,2–6a gerahmt, wobei 2 Sam 10,15.19b einen redaktionell weiteren Horizont der Einbindung der Kriegsberichte in 1 Sam 11,1; 12,26–31 hat. Der Anlass des Krieges in der ursprünglichen Erzählung ist die ammonitische Anwerbung (*śkr*) von aramäischen Truppen, was gemäß dem zeitgenössischen Völkerrecht als Kriegserklärung galt. In neuassyrischen Inschriften ist die *kitru*-Institution[18] der Anwerbung ausländischer Truppen in feindlicher Absicht wiederholt als Kriegsgrund genannt.[19] 2 Sam 10,2–6a setzt noch einen weiteren Kriegsgrund davor mit dem Ziel, die Person Davids von jedem Vorwurf der Provokation der Ammoniter als Ursache für die Truppenanwerbung zu entlasten. Das wechselseitige Treueverhältnis zwischen David als Repräsentanten Judas und Naḥasch als dem Ammons, das durch den hebräischen Begriff *ḥaesaed,* der dem griechischen Begriff der πίστις und dem lateinischen der *fides* jeweils als Begriffen des Völkerrechts nahekommt, zum Ausdruck gebracht wird, wurde durch Ḥanun gröblich verletzt, indem er die Gesandten Judas demütigte. Das bedeutet, dass das Verhalten den Gesandten gegenüber einem entsprechenden Verhalten demjenigen gegenüber, der die Gesandten geschickt hatte, gleichkam. Der Kriegsgrund war also der Bruch der *ḥaesaed* zwischen Ammon und Juda in Gestalt der Demütigung des judäischen Königs durch Demütigung seiner Gesandten. Wir werden hier einer Vorform der Verletzung des Rechts diplomatischer Immunität ansichtig. Ein Angriff auf das Leben von Gesandten musste auch schon in vorklassischer Zeit zu ernsthaften Sanktionen führen. Herodot (Hist. III:13–14) berichtet, dass Kambyses jeweils zehn Ägypter für ein Mitglied einer persischen Gesandtschaft, die von Ägyptern in Memphis getötet wurden, seinerseits töten ließ.

II. Biblische Völkerrechtsmotive in persischer Zeit

Num 20,14–21 liefert ein weiteres Beispiel von Völkerrechtsmotiven in biblischen Erzählungen.[20] Die Erzählung Num 20,14–21 ist in nachexilischer Zeit im Zuge der postpriesterschriftlichen und postdeuteronomistischen Formierung des Hexateuch (Gen 1–Jos 24)[21] aus der dtr Erzählung Dtn 2,1–8 der Moabredaktion (DtrL) heraus postdtr entwickelt und in den Kontext der Wüstenerzählungen des Numeribuches

vordtr Josuabuches an den neuassyrischen Königsinschriften ausgerichtet; siehe dazu Younger 1990, 61ff. 197ff. In diese Zeit sind auch die ältesten Saul-Erzählungen in 1 Sam 8–2 Sam 1 zu datieren; siehe dazu Otto 2006.

18 Siehe dazu CAD/K, 303f. (*katāru* A). 467 (*kitru* A).

19 Siehe Liverani 1982; Oded 1992, 47f. Das mit der *kitru*-Institution in assyrischen Königsinschriften verbundene Motiv der Rebellion wird auch in Ps 2 aufgenommen; siehe Otto 2004a.

20 Siehe dazu Otto 2006a.

21 Zur Hexateuchredaktion im Pentateuch siehe Otto 2000, 110–173. Zum Diskussionsstand der postdtr Formierung des Pentateuch siehe Otto 2002a.

eingearbeitet worden.[22] Auf der Wanderung durch die Wüste vom Berge Sinai unter Moses Führung in das Verheißene Land, so die Erzählung aus der persischen Zeit des 5. Jahrhunderts v. Chr., erreichen die Israeliten die Oase von Kadesch im Negev. Mose beabsichtigt auf dem Wege nach Moab das Gebiet der Edomiter mit dem Heereszug der Israeliten zu durchqueren. Er sendet Emissäre zum König von Edom mit dem Auftrag, über die Bedingungen für eine Durchzugserlaubnis durch das edomitische Territorium zu verhandeln:

> „(V. 14) Und Mose sandte Emissäre von Kadesch zum König von Edom und ließ folgende Botschaft überbringen: So spricht dein Bruder Israel: Du kennst alle die Mühsal, die uns getroffen hat. (V. 15) Unsere Väter zogen nach Ägypten und wir haben in Ägypten viele Jahre gewohnt. Aber die Ägypter haben uns und unsere Väter schlecht behandelt. (V. 16) Da schrieen wir zu JHWH, und er hörte auf unser Geschrei und sandte einen Boten, und der führte uns aus Ägypten. Jetzt sind wir in Kadesch, einer Stadt an der Grenze deines Territoriums. (V. 17) Wir wollen durch dein Gebiet ziehen. Wir werden nicht deine Felder und Weinberge betreten und kein Brunnenwasser trinken. Auf der via regis werden wir marschieren. Wir werden weder nach links noch nach rechts abweichen, bis wir dein Territorium durchquert haben. (V. 18) Edom aber ließ sie ausrichten: Du darfst nicht durch mein Gebiet ziehen. Andernfalls werde ich dir mit gezücktem Schwert entgegenmarschieren. (V. 19) Da sprachen zu ihm die israelitischen Emissäre: Nur auf der befestigten Straße (*mesillāh*) werden wir marschieren. Und wenn wir Wasser trinken, ich und meine Herde, dann zahle ich dafür. Nur darum geht es: zu Fuß will ich durch dein Territorium marschieren. (V. 20) Aber Edom entgegnete: Du darfst nicht durchmarschieren. Und Edom zog mit einer hochgerüsteten Streitmacht Israel zum Kampf bereit entgegen. (V. 21) Da sich die Edomiter weigerten, den Israeliten die Durchzugsrechte durch ihr Territorium zu gewähren, wandte Israel seine Marschrichtung von den Edomitern ab" (Num 20,14–21).

Als Kondition für eine Durchzugserlaubnis lässt Mose anbieten, die *via regis* als Durchzugsstraße nicht zu verlassen, Felder und Weinberge nicht zu betreten und Brunnenwasser für Mensch und Vieh nur gegen Bezahlung zu entnehmen. Da die Edomiter auf diese Bedingungen nicht eingehen, müssen die Israeliten einen erheblichen Umweg machen, um in die moabitischen Gefilde gegenüber von Jericho als Ausgangspunkt für den Zug über den Jordan (Jos 3–4) ins cisjordanische Territorium zu gelangen.[23] In Dtn 2,8aαb (Moabredaktion) ist uns noch die im

22 Siehe Otto 2000, 132ff. 137, sowie Achenbach 2003, 335–344. Zur dtr-exilischen Verbindung des dtr Deuteronomiums mit den Kriegserzählungen des Josuabuches durch die Moabredaktion siehe Otto 2009. Daß das Josuabuch in den Kontext eines Hexateuch gehört (siehe bereits Otto 1975, 26–103), ist lange durch die Großhypothese eines Deuteronomistischen Geschichtswerkes verdunkelt worden. Siehe dazu jetzt auch Achenbach 2005.

23 Diese Lokalisierung des Einzugs in das cisjordanische Territorium ist bereits durch die vordtr

Rahmen des deuteronomistischen Deuteronomiums formulierte Erzählung, die Quelle für den Autor in Num 20,14–19 war, erhalten. Mose berichtet in diesem von dem dtr Autor formulierten Rahmen des Deuteronomiums[24] rückblickend von dem Weg Israels vom Gottesberg zu den Gefilden Moabs und so auch von dem Zug durch edomitisches Territorium auf diesem Weg:

> „(Dtn 2,7) Denn JHWH, dein Gott, hat dich gesegnet in allem Tun deiner Hände. Er weiß, dass du durch die große Wüste gegangen bist. Diese vierzig Jahre lang war JHWH, dein Gott, mit dir, so dass du keinen Mangel gelitten hast. (V. 8aαb) So zogen wir durch das Gebiet unserer Brüder,[25] der Söhne Esaus, die in Seir wohnen. Dann wandten wir uns um und zogen in Richtung auf die Wüste Moab."

Der nachexilische Autor der Erzählung in Num 20,14–19 verwendet hier Motive, die ihren Ort im zeitgenössischen Völkerrecht haben, das auch von der persischen Reichsregierung beachtet wird. Herodot (Hist. III:4–9) berichtet, dass Phanes, ein Überläufer der Ägypter, Kambyses auf seinem Feldzug gegen Ägypten rät, mit den arabischen Stämmen über freien Durchzug durch ihr Territorium zu verhandeln und im Zuge dieser Verhandlungen auch die Wasserrechte zu klären:

> „Damals aber war noch kein Wasser (in der Wüste) bereit, weshalb Kambyses auf den Rat des halikarnassischen Fremden Boten zu dem König der Araber sandte und auf seine Bitten freien Durchzug erlangte, nachdem beide gegenseitig sich Treue gelobt hatten" (Herodot, Hist. III:7).[26]

Die Perser folgen hier Standards des zeitgenössischen auch in Griechenland gültigen Völkerrechts.[27] Herodot (Hist. IX:1) berichtet, dass Thorax von Larissa,[28] der Xerxes auf der Flucht geleitet hatte, Mardonius (Mardunija), den Neffen, Schwiegersohn und Schwager Dareios' I., der bei Plataiai fallen sollte, Durchzug gewährte. Nach Herodot (Hist. IV:203) gewährten die Bewohner von Kyrene nach

mit dem Raum von Gilgal und Jericho verbundenen Heiligtums- und Kriegserzählungen in Jos 3–6* vorgegeben; siehe dazu Otto 1984 und 1975, 104ff. Die exilisch-dtr Redaktor Moabredaktion, die das dtr Deuteronomium der Horebredaktion fortschrieb und mit dem dtr Josuabuch verband, war bereits an die Vorgabe gebunden und hat entsprechend die Promulgierung des Deuteronomiums von der die Horebredaktion kennzeichnenden Lokalisierung am Gottesberg in die Gefilde Moabs verlegt. Diese Lokalisierung wird dann von der nachexilischen Hexateuchredaktion aufgenommen.

24 Siehe Otto 2009, 354-365.

25 So als lectio difficilior mit LXX und Vulg., während MT, Sam. und Targ. in später schriftgelehrter Korrektur an Num 20,14–21 angleichen.

26 Siehe auch Herodot, Hist. III:88: „Die Araber nämlich waren in keiner Weise den Persern dienstpflichtig, sondern gewährten Gastfreundschaft, als sie Kambyses im Feldzug gegen Ägypten hatten durchziehen lassen: denn gegen den Willen der Araber hätten die Perser nicht in Ägypten eindringen können."

27 Siehe dazu Mosley 1973.

28 Siehe dazu auch Plutarch, Demetr. 29.

einem entsprechenden Götterspruch den Persern Durchzugsrechte durch ihre Stadt. Der persische Heerführer Amasis widersetzte sich dem Ansinnen des Flottenführers Bares, den Durchmarsch durch die Stadt als Gelegenheit zu ihrer Eroberung zu nutzen. Als das persische Heer durch die Stadt marschiert war und sie bereits verlassen hatte, bereuten die Perser, die Stadt nicht genommen zu haben, und griffen, nachdem die Kyrenäer ihnen nun den Zutritt verwehrten, die Stadt an. Nun aber legte sich eine von den Göttern gesandte Panik auf das persische Heer, so dass die Perser flohen, obwohl es zu keinem Kampf gekommen war. In dieser von Herodot berichteten Episode zeigt sich sehr deutlich, wie die Verletzung des Völkerrechts von den Göttern geahndet wird.

Die Idee territorialer Souveränität war nicht nur im antiken Griechenland, sondern auch im Alten Orient zu dieser Zeit bekannt. Herodot (Hist. VII:30) berichtet, der König Kroisos habe die Grenze zwischen Phrygien und Lydien durch eine Säule markieren lassen, „welche durch eine Inschrift die Grenze bezeichnet“. In einem Vertrag zwischen Athen und dem Dreibund von Argos, Mantinea und Elis wird verfügt, dass Durchzugsrechte durch das Territorium eines der Vertragspartner Gegenstand gemeinsamer Beschlussfassung sein müsse:

> „Bewaffneten sollen sie (sc. die Vertragspartner) nicht erlauben, zum Kriege durchzuziehen durch ihr eigenes Land noch durch das der Verbündeten, die sie beidseits beherrschen, auch nicht zur See, wenn nicht alle Städte den Durchmarsch beschlossen haben, Athen, Argos, Mantinea und Elis“ (Thukydides, Geschichte des Peloponnesischen Kriegs V,47:5).[29]

Der in der Achämenidenzeit des 5. Jahrhunderts v. Chr. schreibende Autor von Num 20,14–21 zeichnet Mose, den Führer der Israeliten, als Wahrer des zeitgenössischen Völkerrechts.[30] Die *intentio auctoris* wird noch deutlicher, wenn man die Erzählung Num 20,14–21 auf dem Hintergrund der Vorlage in Dtn 2,8* liest, wird doch dort erzählt, die Israeliten seien mit dem Segen JHWHs durch das edomitische Gebiet marschiert: Der nachexilische Autor wollte in Num 20,14–21 die Respektierung des Territoriums der Edomiter durch Mose gezielt verdeutlichen.

Die Motive der Verhandlung der Emissäre des Mose mit dem König von Edom entnimmt der Autor von Num 20,14–21 ebenfalls dem dtr Rahmen des Deuteronomiums (Moabredaktion) als seiner Quelle, finden sich diese Motive doch in der Siḥon-Erzählung in Dtn 2,9aα.24aα.26–28.30a.31–35:[31]

> „(Dtn 2,9aα) Da sprach JHWH zu mir (sc. Mose): (V. 24aα) Steht auf, brecht auf und überschreitet den Fluss Arnon. (V. 26) Da sandte ich Emissäre aus von der Wüste Kedemot zu Siḥon, dem König von Ḥesbon, mit einem Friedensangebot: (V. 27) Ich will durch dein Territorium marschieren und dabei weder zur Rechten noch zur Linken abweichen. (V. 28) Nahrungsmittel

29 Siehe dazu Bengston 1975, Nr. 193; Grewe 1995, II.4c (S. 55–57).

30 Zum Mosebild in persischer Zeit siehe Otto 2001, 49–58, und 2006b, 54–64.

31 Siehe Otto 2009, 365-377.

> sollst du mir gegen Geld verkaufen, damit ich zu essen habe, und auch Wasser sollst du mir gegen Bezahlung geben, damit ich zu trinken habe. Ich will nur zu Fuß durchmarschieren (V. 30a) Siḥon aber, der König von Ḥesbon, verweigerte uns den Durchzug durch sein Gebiet. (V. 31) Da sprach JHWH zu mir: Siehe, ich habe ins Auge gefasst, dir Siḥon und sein Land auszuliefern. Triff nun die Vorbereitungen, sein Land zu erobern. (V. 32) Da marschierte Siḥon gegen uns auf, er und seine ganze Streitmacht, um sich bei Jaḥaz der Schlacht zu stellen. (V. 33) JHWH, unser Gott, lieferte ihn uns aus, und wir schlugen ihn, seine Söhne und seine ganze Armee. (V. 34) Wir nahmen danach alle seine Städte ein und bannten jeweils die ganze Stadt, die Männer, die Frauen, die Kinder, wir verschonten niemanden von den dem Kampf Entronnenen".

Der Gedanke an ein Völkerrecht ist diesem in der Exilszeit schreibenden Autor (Moabredaktion) hier wie auch in seiner dtr Bearbeitung der Erzählungen des Josuabuches fremd. Zwar kennt schon dieser Autor der spätbabylonischen Zeit im 6. Jahrhundert v. Chr. die Verhandlung um Durchzugsrechte, doch will er Mose hier wie Josua im dtr Josuabuch als erfolgreichen Heerführer und als solchen als Werkzeug JHWHs im JHWH-Krieg, nicht aber als Wahrer des Völkerrechts zeichnen.[32]

Auch die Intention des nachexilisch-hexateuchischen Autors von Num 20,14–21 besteht nun aber keineswegs nur darin, Mose als Wahrer eines Völkerrechts vorzuführen, der im Gegensatz zu Dtn 2,9*.24*.26–35* die Integrität des Territoriums eines anderen Volkes respektiert, da dieser Autor in der Erzählung Num 21,21–32 der dtr Quelle (Moabredaktion) in Dtn 2,9*.24*.26–35* folgt.[33] Erneut habe Mose Emissäre diesmal zu dem amoritischen König Siḥon gesandt, um über Durchzugsrechte zu den Konditionen zu verhandeln, die auch den Edomitern angeboten wurden. Doch im Gegensatz zu Num 20,14–21 lehnen die Amoriter das Ansinnen ab, so dass es zu einer militärischen Auseinandersetzung kommt. Doch anders als in der dtr Quelle dieser Erzählung im Rahmen des Deuteronomiums in Dtn 2* (Moabredaktion), die einen Angriffskrieg der Israeliten andeutet (Dtn 2,31: „Triff nun die Vorbereitungen, sein Land zu erobern"), wird in der Erzählung des nachexilischen Numeribuches der Angriff den Amoritern zugeschrieben:

> „Doch Siḥon ließ Israel nicht durch sein Territorium ziehen. Er versammelte seine ganze Armee und marschierte Israel in die Wüste entgegen" (Num 21,23).

32 Zur Komplexität des dtr-exilischen Mosebildes siehe Otto 2001, 33–48, und 2006b, 42–54. Zweifelsohne werden mit der Zeichnung des Mose als erfolgreichen Heerführer die Erfahrungen der Niederlage von 586 v. Chr. wie bereits in den vordtr Erzählungen des Josuabuches solche der militärischen Übermacht der Assyrer verarbeitet. Eine ähnliche Tendenz zeigt sich in der ebenfalls in der Exilszeit bearbeiteten Meerwundererzählung der Priesterschrift in Ex 14.

33 Siehe Otto 2009, 365ff.

Dieser Entlastung des Mose in der nachexilischen Version der Erzählung des Hexateuch-Autors liegt nun wiederum ein Motiv des damaligen Völkerrechts zugrunde, dass Verteidigungskriege legitim seien, eine *incursio hostilis* also als ein legitimer Grund für Waffengewalt galt.[34] Doch in der Darstellung dieser Motive des Völkerrechts gehen die Intentionen des Autors, auf den Num 20,14–21 und Num 21,21–32 gleichermaßen zurückgehen, nicht auf. So stellt sich die Frage, warum dieser Autor zwischen den Edomitern und den Amoritern so unterscheidet, dass es mit diesen zum Krieg kommt, nicht aber mit jenen, obwohl beide Völker das jeweils identische Angebot zum Erwerb der Durchzugsrechte ablehnten. Die Motive des zeitgenössischen Völkerrechts stehen für den nachexilischen Autor des Numeribuches in einem weiteren religionshistorischen Kontext der Auseinandersetzung mit der achämenidischen Reichsideologie. Erst auf diesem Hintergrund wird die Erzählstrategie des Autors verständlich. Die Reichsideologie der achämenidischen Hegemonialmacht Judas sprach den Völkern der Erde einen der Schöpfung gemäßen Lebensraum und eine entsprechende Lebensweise (*gathu-*) durch Aufrichten des Gesetzes (*data-*) zu. Dareios I. bezeichnete sich als „König der Länder/Völker" und konnte dieses Epitheton zu „König der Länder, die alle Stämme enthalten" erweitern, was Xerxes zu dem Epitheton „König der Länder, die viele Stämme enthalten" weiterentwickelte. Der Begriff der „Herrschaft" (*xšaça-*) kann in den Königsinschriften, die die Beauftragung des Königs durch den Gott Ahuramazda in der Selbstvorstellung des Königs thematisieren, mit „Land" (*dahyu-*) gleichgesetzt werden, so dass sich für *xšaça-* eine Bedeutung als „Gebietsbezeichnung für die dem achämenidischen Großreich insgesamt einzugliedernden Länder nahe(legt)".[35] In fünf großen Dareios-Inschriften und der Daiva-Inschrift des Xerxes finden sich ausführliche Listen der Völker, auf die sich der Herrschaftsanspruch des persischen Königs erstreckt, wobei das persische Kernland das Zentrum bildet. Der achämenidische König begreift sich also nicht nur wie die mesopotamischen Könige als „Herr über die vier Weltgegenden" (*šar kibrāti*[*m*] *arba'i*[*m*]) oder als „Herrscher der gesamten Welt" (*šar kiššati*), sondern einer nach Nationen differenzierten Menschheit. Innerhalb des achämenidischen Imperiums sei jedem Volk ein ihm zustehender Platz (*gathu-*) zugewiesen. So heißt es in der Behistun-Inschrift Dareios' I.:

> „Ich stelle das Volk (*kara-*) an seinen Platz (*gathu-*), so wie vordem Persien, Medien und die übrigen Länder (*dahyāva-*)."

Wesentlicher Teil der mit der Schöpfung der Welt durch Ahuramazda geschaffenen Weltordnung (*arta-*) ist es, dass jedem Volk sein spezifischer Platz (*gathu-*) zugewiesen sei. In diese Ordnung eingegliedert unterliegen die Völker dem Gesetz des Königs:[36]

34 Siehe Oded 1992, 45ff.

35 Siehe Ahn 1992; Otto 2009a.

36 Zum Zusammenhang zwischen achämenidischer Herrscher- und Rechtslegitimation siehe Otto 2005a, 85–90.

> „In diesen (sc. untertanen) Ländern habe ich einen Mann, der treu war, reich belohnt, doch wer treulos war, den habe ich streng bestraft. Nach dem Willen Ahuramazdas haben diese Länder mein Gesetz (*data-*) befolgt. Wie ihnen von mir gesagt wurde, so taten sie."

Der Autor des Hexateuch in Gen 1–Jos 24 setzt dem entgegen, daß nicht Ahuramazda, der Reichsgott der Achämeniden, sondern JHWH Schöpfer der Welt sei (Gen 1), und er, JHWH, es sei, der seinem Volk „Israel" das Land zugewiesen habe, dessen Besitz nicht ein persisches Königsgesetz, sondern die Befolgung der von JHWH gegebenen Tora sichere (Jos 24).[37] In den persischen Königsinschriften hat die achämenidische Herrscherlegitimation ein Hauptargument in den militärischen Erfolgen des Königs, die als Werke des Reichsgottes Ahuramazda gelten und den König als legitimen Herrscher beglaubigen. Der Autor des Hexateuch überträgt dieses Argumentationsfigur in Num 21,21–32 auf Mose, um die Frage zu beantworten, wer Herr der Geschichte sei. Der hier vom Autor des nachexilischen Hexateuch geführte Diskurs mit der achämenidischen Reichsideologie und ihrer religiösen Legitimation ist der Horizont seiner narrativen Strategie in Numeri 20–21. Weist nicht der achämenidische Reichsgott Ahuramazda Israel seinen Platz (*gathu-*) in einer auf Persepolis zentrierten Ordnung zu, sondern JHWH mit dem Zentrum in dem für Israel seit der Frühzeit – so die Sicht dieses Autors des Hexateuch – wichtigen Ort Sichem,[38] so haben auch Hebräervölker wie die Edomiter ihren Platz im Zuge ihrer Geschichte mit Israel – so zeigt der nachexilische Autor in Gen 36,6–8 – erhalten. Entsprechend wird das Recht Edoms auf territoriale Integrität in Bezug auf das Durchzugsrecht, wie es die Regeln des zeitgenössischen Völkerrechts fordern, respektiert. Davon hebt sich die kriegerische Auseinandersetzung mit den Amoritern, die genealogisch mit Israel nicht verbunden sind, ab: Sie werden vernichtet und Israel erhält nach dem Willen JHWHs ihr Territorium. Mose ist in Num 20–21 weit mehr als nur als ein Wahrer des Völkerrechts, sondern wird in der Dialektik dieser beiden Episoden als ein Heerführer gezeichnet, der um den von JHWH jeweils den Völkern zugewiesenen Platz weiß, welcher sich aus dem hexateuchischen „Ursprungsmythos" Israels in der Genesis ergibt, so dass Mose entsprechend als Werkzeug JHWHs handeln kann. Das ist es, was nach Meinung des Autors des Hexateuch Mose als Führer Israels vor allen Großkönigen der achämenidischen Hegemonialmacht auszeichnet. Im Gegensatz zu deren Kriegszügen lässt Mose die Amoriter nicht angreifen. Obwohl er sie um die Durchzugs-

37 Zur Abfassung von Jos 24 in nachexilischer Zeit als Teil der Hexateuchredaktion siehe Otto 2000, 219–222. 244–247, mit weiterer Literatur.

38 Zur Bedeutung Sichems in der Geschichte Israels siehe Otto 1979 und 2004b, 1295–1296, mit weiterer Literatur. Diese nachexilischen Autoren des Hexateuch vertreten ein großisraelitisches Ideal unter Einschluß des samaritanischen Gebietes der früheren zehn Stämme Israels im Gegensatz zu den Pentateuchredaktoren, die das Josuabuch vom Hexateuch abtrennen und so den Pentateuch schaffen. Diese den Hexateuchredaktoren in der Fortschreibung des Pentateuch folgenden Autoren stellen anstelle des Landes das Gesetz ins Zentrum jüdischer Identität.

rechte ersucht, greifen sie die Israeliten an, die nun zur Verteidigung gezwungen sind. Indem die Amoriter aber völkerrechtswidrig angreifen, werden auch sie – so der Autor des Hexateuch – zu einem Werkzeug JHWHs, der ihr Territorium Israel zukommen lässt, nachdem die Amoriter gebannt, d.h. ihm geweiht, also vernichtet wurden.[39]

Die achämenidischen Großkönige – so die abschließende Kritik des Autors des Hexateuch – legitimieren ihre Herrschaft mit dem Erfolg völkerrechtswidriger Angriffskriege, Israel aber komme zum Ziel unter Wahrung des Völkerrechts.[40]

In den Erzählungen der Hebräischen Bibel haben Motive des zeitgenössischen Völkerrechts dienende Funktion für den jeweiligen theologischen Skopus. In der Gesetzesüberlieferung der Hebräischen Bibel lässt sich dagegen die Entstehung völkerrechtlicher Normen zunächst als Teil religiös motivierter Programmtexte erkennen, die nicht faktisch vollzogenes Recht, sondern Vorstellungen eines idealen Sollens zum Ausdruck bringen, die – wie an den Gesetzen zu Schuldenerlass und Zinsverbot erkennbar – dem faktischen Wirtschaftsverhalten ihrer Zeit weit voraus waren.[41] Das gilt auch für die nun in den Blick zu nehmenden Normen des Völkerrechts.

Das Völkerrecht des Alten Orients steht in keiner unmittelbaren Verbindung mit dem modernen, in der Frühen Neuzeit seinen Ausgangspunkt nehmenden Völkerrecht, sondern nur vermittelt durch das römische Recht und das der Bibel. Das biblische Völkerrecht hat nun allerdings einige wichtige Impulse für die Formierung des okzidentalen Völkerrechts gegeben. Das durch die Septuaginta zum Teil des christlichen Kanons gewordene Alte Testament dient dabei vornehmlich als Quelle von legitimierenden exempla des Völkerrechts. In der Entwicklung einer Lehre des *bellum iustum*[42] hat Augustinus unter Anknüpfung an die römische Tradition, wie sie u.a. Cicero (De re publica III,23) zusammengefasst hat, und ihre Verinnerlichung auf Num 21,21–25 als exemplum eines gerechten Krieges

39 Hier wird deutlich, daß es nicht um den Bericht von historischem Geschehen, sondern um eine theologische Diskussion der Frage, wer den Völkern ihr Land zuweist, geht. Religionshistorisch gefährlich werden derartige Erzählungen erst, wenn die für die antiken Erzähler und Leser selbstverständliche Differenzierung zwischen Erzählzeit und erzählter Zeit verlorengeht. Dem Erzähler wie seinen Lesern war klar, daß Israel in nachexilischer Zeit keinen Bann an einem fremden Volk vollziehen kann und, da es um die Erzählzeit geht, auch in der erzählten Zeit so niemals vollstreckt hat.

40 In der vom Autor des Hexateuch stark bearbeiteten Gibeoniten-Episode in Jos 9 kommt diese intentio auctoris ebenfalls zum Ausdruck. Israel hält sich an die von ihm eingegangenen Vertragsverpflichtungen und verzichtet auf einen Angriff selbst dann, wenn der Vertragspartner sich bei dem Zustandekommen des Vertrags des Mittels des Täuschung bedient hat; siehe dazu auch Steiger 2006, 16f. Im literaturhistorischen Kern aber ist diese schon vordtr im 8./7. Jahrhundert v. Chr. verfaßte Erzählung ein Protest gegen die neuassyrische Praxis, den tatsächlichen vielmehr aber noch nur behaupteten Vertragsbruch als legitimen Kriegsgrund ins Feld zu führen.

41 Siehe dazu Otto 1997, 1994, 187–190. 251. 254f. und 2002, 195–239.

42 Siehe dazu Ziegler 1971, mit weiterer Literatur.

verwiesen: Gegen die Amoriter, die den Israeliten den Durchmarsch verweigerten, habe Mose einen gerechten Krieg geführt:

> *Notandum est sane quemadmodum iusta bella gerebantur. Innoxius enim transitus negabatur, qui iure humanae societatis aequissimo patere debeat* (Quaestiones in Heptateuchum 4,44; CChrL 33,263).
>
> „Es ist zu beachten, wie gerecht die Kriege waren, die geführt wurden. Es wurde nämlich der unbeschwerliche Durchzug (*transitus innoxius*) verweigert, der nach den einfachsten Grundsätzen des menschlichen Zusammenlebens freigestellt werden musste."

Wird hier das Durchzugsrecht als *ius humanae societatis* bezeichnet, das zu verweigern gerechter Kriegsgrund sei, so kommt für Augustinus als weiterer legitimer Kriegsgrund das Geheiß Gottes hinzu:

> *Sed etiam hoc genus belli sine dubitatione iustum est, quod deus imperat, apud quem non est iniquitas et nouit quid cuique fieri debeat. In quo bello ductor exercitus uel ipse populus non tam auctor belli quem minister iudicandus est* (Quaestiones in Heptateuchum 6,10; CChrL 33,19).
>
> „Ohne Zweifel sind auch solche Kriege gerecht, die auf Geheiß Gottes unternommen werden, bei dem es keine Ungerechtigkeit geben kann und jeder das erhält, was ihm gebührt. In einem solchen Kriege kann der Heerführer oder das Volk selbst nicht als Urheber des Krieges, sondern nur als Werkzeug Gottes angesehen werden."

Augustinus ist hier nicht an der Begründung der Staatssouveränität, zu der die Verweigerung von Durchzugsrechten legitimerweise gehört, interessiert und nutzt also das biblische exemplum nicht zu einer derartigen Begründung, sondern ist an der Definition des *bellum iustum* interessiert.

Im 12. Jahrhundert nimmt Gratian in seinem Decretum im II. Teil, causa 23, quaestio 2, „*quomodo a filiis Israel iusta bella gerebantur*", im canon 3 das augustinische exemplum von Num 21,21ff. wieder auf. Bereits Augustinus nannte als weiteres exemplum Davids Feldzüge zum Beweis dafür, dass Krieg keine Sünde sein müsse:

> *Noli existimare neminem deo placere posse, qui in armis bellicis militat. In his erat sanctus Dauid, cui dominus tam magnum perhibuit testimonium, in his etiam plurimi illius temporis iusti* (Epist. 189,4; CSEL 57,133).
>
> „Glaube nicht, dass niemand Gott gefallen könne, der Kriegsdienste leistet; leistete solche doch der heilige David, dem der Herr ein so herrliches Zeugnis gibt. Das gleiche taten sehr viel Gerechte in jener Zeit."[43]

43 Siehe auch Augustinus, Epist. 138,1 (CSEL 44,141) mit Hinweis auf Lk 3,14. Zur jüdischen

Die aus den Kriegsgesetzen des Deuteronomiums stammende Regel in Dtn 20,10, dem Gegner sei ein Friedensangebot zu unterbreiten, ehe die Kriegshandlungen eröffnet werden,[44] wird im 9. Jahrhundert auch in den Annales Fuldenses vertreten. Thomas von Aquin nimmt im 13. Jahrhundert in der Summa theologica II,II qu. 105,3 auf Dtn 20,10 Bezug. Für Hugo Grotius dagegen basiert die Pflicht der Kriegserklärung auf dem Naturrecht. Auch da, wo sie nicht durch das Naturrecht gefordert sei, sei sie lobenswert und angebracht, um dem Feind die Möglichkeit der Reue und Genugtuung zu geben. Doch sei die Einladung zum Frieden vor Kriegsbeginn, die Dtn 20,10 von Gott geboten werde, nicht Teil des Völkerrechts, da dieses Gebot nur an die Juden ergangen sei.[45]

Die Entfaltung der Rezeptionsgeschichte der Bibel als Rechtsgeschichte steht noch ganz in den Anfängen.[46] Vor allem eine Rezeptionsgeschichte der Tora, insbesondere des Deuteronomiums[47] ist unter rechtshistorischer Perspektive sehr vielversprechend, nicht nur unter wirtschaftsrechtlichen Gesichtspunkten, sondern auch unter solchen des Völkerrechts.[48]

Rezeptionsgeschichte der Rechtstraditionen der Hebräischen Bibel siehe Maier 2000.

44 Siehe Otto 1999a, 37-75.

45 Siehe Grotius, De iure belli ac pacis libri tres III,6,3; cf. Schätzel 1950, 422. Zu den mittelalterlichen Vorstufen zu der sich hier bei Hugo Grotius niederschlagenden Tendenz zur Säkularisierung des Rechts siehe Berman 1983, 273ff. Eine Historisierung der Gebote der Kriegsführung im Alten Testament als nur für die Juden gültig wird u. a. von Johannes Calvin für die wirtschaftsethischen Gebote wie das Zinsverbot vertreten.

46 Siehe dazu nur die Skizze von Erler 1971.

47 Siehe dazu McBride 1999, mit weiterer Literatur.

48 Siehe dazu auch Steiger 2003, mit weiterer Literatur.

Literaturverzeichnis

Achenbach R., Die Vollendung der Tora. Studien zur Redaktionsgeschichte des Numeribuches im Kontext von Hexateuch und Pentateuch (BZAR 3), Wiesbaden, 2003.

–, Pentateuch, Hexateuch und Enneateuch. Eine Verhältnisbestimmung, in: ZAR 11 (2005) 122–154.

Ahn G., Die religiöse Herrscherlegitimation im achämenidischen Iran, in: Acta Iranica 31, Leiden / New York, 1992, 255ff..

Altman A., The Historical Prologue of the Hittite Vassal Treaties. An Inquiry into the Concepts of Hittite Interstate Law (Bar-Ilan Studies in Near Eastern Languages and Cultures), Ramat-Gan, 2004.

Bederman D. J., International Law in Antiquity, Cambridge Studies in International and Comparative Law, Cambridge, 2001.

Bengston H., Die Staatsverträge des Altertums, Bd. II, München, ²1975.

Berman H. J., Law and Revolution. The Formation of the Western Legal Tradition, Cambridge/Mass., 1983.

Besta E., Il diritto internationale nel mondo antico, Mailand, 1946.

Brierly J., The Basis of Obligation in International Law and Other Papers, hg. v. H. Lauterpacht / C. H. M. Waldock, Aalen, (1958) 1977.

Diamond A. S., The Evolution of Law and Order, London, 1951.

Edel E., Der Vertrag zwischen Ramses II. von Ägypten und Ḫattušili III. von Ḫatti (WVDOG 95), Berlin, 1997.

Erler A., Bibel, in: Handwörterbuch zur Deutschen Rechtsgeschichte I, 1971, 411–416.

Grewe W. G. (Hg.), Fontes Historiae Gentium, Bd. I: 1380 v. Chr. – 1493, Berlin / New York, 1995.

Grosby S., Biblical Ideas of Nationality. Ancient and Modern, Winona Lake, 2002

Kestemont G., Diplomatique et droit international en Asie occidentale (1600–1200 av. J.C.) (PIOL 9), Louvain-La-Neuve, 1974.

Klengel H., Hattuschili und Ramses. Hethiter und Ägypter – ihr langer Weg zum Frieden, Mainz, 2002.

Korošec V., Hethitische Staatsverträge. Ein Beitrag zu ihrer juristischen Wertung (LRWS 60), Leipzig, 1931.

Kunz A., Zum rechtlichen Hintergrund der ammonitisch-aramäischen Militärkoalition, in: ZAR 6 (2000) 126–154.

Liverani M., *kitru, katāru*, in: Mesopotamia 17 (1982) 43–65.

Maier J., Kriegsrecht und Friedensordnung in jüdischer Tradition (ThFr 14), Stuttgart, 2000.

Maine H. S., Ancient Law. Its Connection with the Early History of Society and its Relation to Modern Ideas, London, (1861) ¹⁰1906.

McBride S. D., Deuteronomy, in: Dictionary of Biblical Interpretation I, Nashville, 1999, 273–294.

Moore S. F., Law as Process. An Anthropological Approach, London, 1978.

Mosley D. J., Crossing Greek Frontiers under Arms, in: RIDA III/20 (1973) 161–169.

Neumann H., Keilschriftliche Staatsverträge Mesopotamiens und Nordsyriens, in: B. Egger / J. Derlien (Hg.), Register – Listen – Tabellen, Der Neue Pauly. Enzyklopädie der Antike XVI, 2003, 321–327.

Oded B., War, Peace and Empire. Justification for War in Assyrian Royal Inscriptions, Wiesbaden, 1992.

Otto E., Das Mazzotfest in Gilgal (BWANT 105), Stuttgart, 1975.
–, Jakob in Sichem. Überlieferungsgeschichtliche, archäologische und territorialgeschichtliche Studien zur Entstehungsgeschichte Israels (BWANT 110), Stuttgart, 1979.
–, Gilgal, in: TRE XIII, Berlin / New York, 1984, 268–270.
–, Wandel der Rechtsbegründungen in der Gesellschaftsgeschichte des antiken Israel. Eine Rechtsgeschichte des „Bundesbuches" Ex XX 22–XXIII 13 (StB 3), Leiden / New York, 1988.
–, Theologische Ethik das Alten Testaments (ThW 3/2), Stuttgart, 1994.
–, Programme der sozialen Gerechtigkeit. Die neuassyrische *(an-)durāru*-Institution sozialen Ausgleichs und das deuteronomische Erlaßjahr in Dtn 15, in: ZAR 3 (1997) 26–63.
–, Das Deuteronomium. Politische Theologie und Rechtsreform in Juda und Assyrien (BZAW 284), Berlin / New York, 1999, 15–32.
–, Krieg und Friedern in der Hebräischen Bibel und im Alten Orient, Stuttgart, 1999 (1999a).
–, Das Deuteronomium im Pentateuch und Hexateuch. Studien zur Literaturgeschichte von Pentateuch und Hexateuch im Lichte des Deuteronomiumrahmens (FAT 30), Tübingen, 2000.
–, Die Tora des Mose. Die Geschichte der literarischen Vermittlung von Recht, Religion und Politik durch die Mosegestalt (Berichte aus den Sitzungen der Joachim-Jungius-Gesellschaft der Wissenschaften Hamburg, 19 Heft 2), Göttingen, 2001.
–, Gottes Recht als Menschenrecht. Rechts- und literaturhistorische Studien zum Deuteronomium (BZAR 2), Wiesbaden, 2002.
–, Forschungen zum nachpriesterschriftlichen Pentateuch, in: ThR 67 (2002) 125–155 (2002a).
–, Recht im antiken Israel, in: Manthe U. (Hg.), Die Rechtskulturen der Antike. Vom Alten Orient bis zum Römischen Reich, München, 2003, 151–190.
–, Pentateuch, in: RGG^4 VI, Tübingen, 2003, 1089–1102 (2003a).
–, Recht und „Nation" im Antiken Israel. Zu einem Buch von Steven Grosby, in: ZAR 10 (2004) 365–370.
–, The Judean Legitimation of Royal Rulers in Its Ancient Near Eastern Contexts, in: Human D. J. / Vos C. J. A. (Hg.), Psalms and Liturgy (JSOT.S 410), London / New York, 2004, 131–139 (2004a).
–, Sichem, in: RGG^4 VII, Tübingen, 2004, 1295–1296 (2004b).
–, Völkerrecht III. Alter Orient und Israel, in: RGG^4 VIII, Tübingen, 2005, 1158f.
–, Die Rechtshermeneutik des Pentateuch und die achämenidische Rechtsideologie in ihren altorientalischen Kontexten, in: Witte M. / Fögen M. Th. (Hg.), Kodifizierung und Legitimierung des Rechts in der Antike und im Alten Orient (BZAR 5), Wiesbaden, 2005, 71–116 (2005a).
–, Tora und Charisma. Legitimation und Delegitimation des Königtums in 1 Samuel 8 – 2 Samuel 1, in: ZAR 12 (2006) 29–51.
–, Völkerrecht und Völkerordnung in der Tora der Hebräischen Bibel in achämenidischer Zeit, in: Hengstl J. / Sick U. (Hg.), Recht heute und im Alten Orient. Festschrift R. Haase (Philippika 13), Wiesbaden, 2006, 89–96 (2006a).
–, Mose. Geschichte und Legende (Beck'sche Reihe 2400), München, 2006 (2006b).
–, Das Gesetz des Mose, Darmstadt, 2007.

–, Deuteronomium 1-3 als Schlüssel der Pentateuchkritik in diachroner und synchrone Lektüre, in: ders., Die Tora. Studien zum Pentateuch. Gesammelte Schriften (BZAR 9), Wiesbaden, 2009, 284-420.
–, Anti-Achaemenid Propaganda in Deuteronomy, in: Galil M. / Geller M. / Millard A. (Hg.), Homeland and Exile. Biblical and Ancient Near Eastern Studies. Festschrift B. Oded (VT.S), Leiden / Boston, 2009 (im Druck) (2009a).
Paradisi B., Formùle di sovranità e tradizione biblica (Contributo alla storia della sovranità medievale), in: Studia et Documenta Historiae et Iuris 50, Rom, 1984, 99–166.
Parpola S., Neo-Assyrian Treaties from Royal Archives of Niniveh, in: JCS 39 (1987) 161–189.
– / Watanabe K., Neo-Assyrian Treaties and Loyalty Oaths (SAA 2), Helsinki, 1988.
Preiser W., Zum Völkerrecht der vorklassischen Antike, in: Archiv für Völkerrecht 4 (1953/54) 257–289.
–, Epochen der antiken Völkerrechtsgeschichte, in: Juristen-Zeitung 23/24 (1956) 737–744.
–, History of the Law of Nations. Basic Questions and Principles, in: Encyclopedia of Public International Law VII: History of International Law; Foundations and Principles of International Law; Sources of International Law; Law of Treaties, Amsterdam / New York, 1984, 126–160.
Pospíšil L., Legal Levels and Multiplicity of Legal Systems in Human Societies, in: Journal of Conflict Resolution 11 (1967) 2–25.
–, Anthropologie des Rechts. Recht und Gesellschaft in archaischen und modernen Kulturen, München, 1982.
Schätzel W. (Hg.), Hugo Grotius. Drei Bücher vom Recht des Krieges und des Friedens Paris 1625 nebst einer Vorrede von Christian Thomasius zur ersten deutschen Ausgabe des Grotius vom Jahre 1707. Neuer deutscher Text und Einleitung von W. Schätzel (Klassiker des Völkerrechts I), Tübingen, 1950.
Schuler E., Hethitische Dienstanweisungen für höhere Hof- und Staatsbeamte. Ein Beitrag zum antiken Recht Kleinasiens (AfO Beiheft 10), Graz, 1957.
Starke F., Zur urkundlichen Charakterisierung neuassyrischer Treueide anhand einschlägiger hethitischer Texte des 13. Jh., in: ZAR 1 (1995) 70–82.
–, Zur „Regierung“ des hethitischen Staates, in: ZAR 2 (1996) 140–182.
Steiger H., Völkerrecht, in: Historisches Wörterbuch der Philosophie XI, Basel, 2002, 1096–1100.
–, Völkerrecht, in: Der Neue Pauly. Enzyklopädie der Antike XV/3, Stuttgart, 2003, 1043–1049.
–, Religion und historische Entwicklung des Völkerrechts, in: Zimmermann A. (Hg.), Religion und internationales Recht. Vortragsreihe am Walter-Schücking-Institut für Internationales Recht an der Universität Kiel im Wintersemester 2004/05 und Sommersemester 2005 (Veröffentlichungen des Walter-Schücking-Instituts für Internationales Recht an der Universität Kiel 159), Berlin, 2006, 11–50.
Watanabe K., Die *adê*-Vereidigung anläßlich der Thronfolgeregelung Asarhaddons (BaghM Beiheft 3), Berlin, 1987.
Westbrook R. (Hg.), A History of Near Eastern Law I/II, HdO 72/1–2, Leiden / Boston, 2003.
Younger K. L., Ancient Conquest Accounts. A Study of Ancient Near Eastern and Biblical History Writing (JSOT.S 98), Sheffield, 1990.
Ziegler K.-H., Gerechter Krieg, in: Erler A. / Kaufmann E. (Hg.), Handwörterbuch zur Deutschen Rechtsgeschichte I, 1971, 1532–1536.

–, Völkerrechtsgeschichte, München, 1994.
–, Rezension von Bederman D. J., International Law in Antiquity (2001), in: ZSRG.R 121 (2004) 526–535.

Personenindex

Ortsindex